『中国禅』非宗教、非学术、非迷信

中国禅丛书

禅问

悟义 著

中国社会科学出版社

图书在版编目(CIP)数据

禅问 / 悟义著. —北京：中国社会科学出版社，2018.8（2020.9 重印）
（中国禅丛书）
ISBN 978-7-5203-2087-0

Ⅰ.①禅… Ⅱ.①悟… Ⅲ.①禅宗 Ⅳ.①B946.5

中国版本图书馆 CIP 数据核字（2018）第 029673 号

出 版 人	赵剑英
责任编辑	王 茵 孙 萍
插 画	雪山博士
特约编辑	灵 川 灵 禧 灵 和
责任校对	崔芝妹
责任印制	王 超
装帧设计	天 月
特约策划	茶密学堂

出　　版	中国社会科学出版社
社　　址	北京鼓楼西大街甲 158 号
邮　　编	100720
网　　址	http://www.csspw.cn
发 行 部	010-84083685
门 市 部	010-84029450
经　　销	新华书店及其他书店

印刷装订	北京君升印刷有限公司
版　　次	2018 年 8 月第 1 版
印　　次	2020 年 9 月第 4 次印刷

开　　本	787×1092　1/16
印　　张	30.25
字　　数	355 千字
定　　价	99.00 元

凡购买中国社会科学出版社图书，如有质量问题请与本社营销中心联系调换
电话：010-84083683
版权所有　侵权必究

禅者悟义

中国禅修养传承者及实践者。

中国禅丛书系列

禅 养 生 系 列：《茶密人生》
　　　　　　　《茶密功夫》
禅 文 化 系 列：《茶密禅心》
　　　　　　　《禅者的秘密·饮食》
　　　　　　　《禅者的秘密·禅茶》
禅与生命系列：《本能》
　　　　　　　《生存》
　　　　　　　《禅》
禅 修 系 列：《莲花导引》
　　　　　　　《莲花太极》（上、下册）
　　　　　　　《禅舍》
　　　　　　　《五心修养》
禅 艺 系 列：《雪山静岩不二禅画释义》
　　　　　　　《不二禅颂》
禅 法 系 列：《中国禅》
　　　　　　　《至宝坛经》（上、下册）
禅画美学系列：《高明中庸 修身为本》
中国禅讲座系列：《禅问》
《道德经玄机》（上、下册）
"北大、复旦生活禅智慧"讲座光盘

目录

前言　001

第壹讲

禅者颂　随机　006
第一问　"中国禅"的核心宗旨是什么　008
第二问　"中国禅"是佛教吗？是禅宗吗　051
第三问　"中国禅"与南传禅、日本禅、印度禅有什么区别　069
第四问　"中国禅"的特点是什么　077

第贰讲

禅者颂　破机　　086

第五问　什么是"妄想"　　088

第六问　修"中国禅"的人可以有自己的宗教信仰吗　　097

第七问　不同文化背景、修养学派的人，

　　　　都能从"中国禅"修养中受益吗　　105

第八问　静坐、打拳、瑜伽等功夫修炼属于修禅吗？

　　　　热爱锻炼身体的人是否还需要修禅呢　　117

第九问　为什么"中国禅"能在当代崛起　　130

第十问　为什么"中国禅"必须在当代崛起　　154

第十一问　禅者在日常生活中的表现神秘吗　　163

第叁讲

禅者颂 应机　172

第十二问 "中国禅"体现了哪些中国传统文化元素和精髓?
　　　　 为什么说中国文化最鼎盛的唐宋时期是属于禅的时代　174

第十三问 长生不老术和修禅有何关系　187

第十四问 进入修禅有年龄限制吗　197

第十五问 什么是"中国禅"的"不二智慧"　208

第十六问 "不二智慧"仅仅是"中国禅"才有的吗?
　　　　 "定慧等持"怎么理解　221

第肆讲

禅者颂　化机　236

第十七问　不会中文的人如何理解深奥的"中国禅"哲理呢　238

第十八问　我喜爱读关于禅学、佛学的书,属于修禅吗　253

第十九问　"依法不依人"是何意　258

第二十问　"中国禅"修养和普通人有什么密切关系　269

第二十一问　知识丰富的科学、哲学、文学、艺术、美学、佛学、建筑、医学等各方面的专家,是否也需要修禅呢　280

第二十二问　现代科学可以监测修行人的脑波变化,稳定的脑波是不是代表禅者的禅境呢　288

第二十三问　可否用科学的分析检测等方法帮助修禅　294

第伍讲

禅者颂　忘机　　　302

第二十四问　进入修禅和赚钱矛盾吗　　　304

第二十五问　怎么样去除攀比心、嫉妒心、贪心　　　316

第二十六问　慈善和慈悲的关系？
　　　　　　如何真正帮助他人，怎么做才是真正的慈善　　　329

第二十七问　修禅能够帮助养生吗　　　341

第二十八问　到哪里可以结识志同道合的同修呢　　　357

第二十九问　禅修需要戒酒、戒肉、戒色吗　　　362

第陆讲

禅者颂 变机　　380

禅者颂 对机　　381

第三十问　禅者遇到不公平或困难,是不是要忍辱、退让、回避　384

第三十一问　修禅能够让脾气变好吗　390

第三十二问　"中国禅"的顿悟是什么?人人都可能顿悟吗　399

第三十三问　"中国禅"神秘吗?禅师们有"神通"吗?会算命吗　405

第三十四问　修禅也讲前生来世、因果轮回吗?
　　　　　　命运、轮回、因果是不变的吗　415

第三十五问　怎样进入"中国禅"修养呢　423

第三十六问　"中国禅"即生活禅,生活禅该怎么修　428

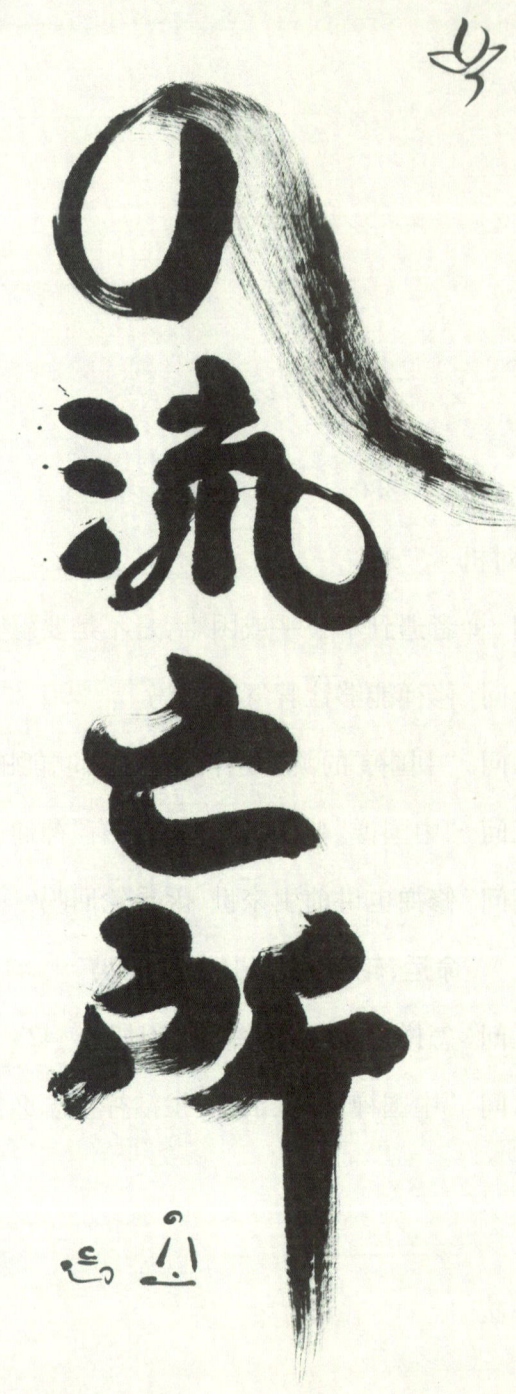

禅问 前言

课毕,静夜禅坐,渐觉天花乱坠,异香扑鼻,想祖师说法时,该是何等绚烂壮美,庄严安乐,他们每一位皆是气质绝世,风华绝代,天地为之倾倒,从而中华文明中增加了"中国禅"这样缤纷、丰饶、圆融的思想元素。

屋外风声起伏,离坐步出小院,有横木栈道迤逦,似乎通往星月相接处。于是,回房携坐垫往栈道深处草棚里独自安坐。

不久,耳畔风云集汇,突然雨如盆倾泻,两侧栈道披溅水花,这在久旱的沙漠里,应是奇观了。草棚虽有圆木掩顶,也渐渐漏雨成线。

腾挪移转,倒是觅出块方寸大小容我安然听雨的处所。片刻心息渐安,见风雷交吼,雨泽不住。不知怎的,念起曹溪的夜,念起六祖慈祥的笑容。我此刻经历的风雨,是否也曾在曹溪流淌过?须臾返照时,觉雨声声声入耳,不落别处?

起坐时，一只小鸟跃过。

近处，乌云压顶。

远处，云淡风轻……

本书根据2016年7月腾格里沙漠月亮湖讲座整理。

感恩中国禅诸位祖师！

感恩中国禅智慧导师楼公宇烈先生！

感恩恩师雪山博士！

感恩一切发生，一切有缘，一切众生！

2016年9月15日

禅问 第壹讲

禅者颂
随机

性真动静如,圆明法界空。

不离俗世外,出世入世同。

有心破众愚,无心斗狂风。

立地一声啸,俯仰天地梦。

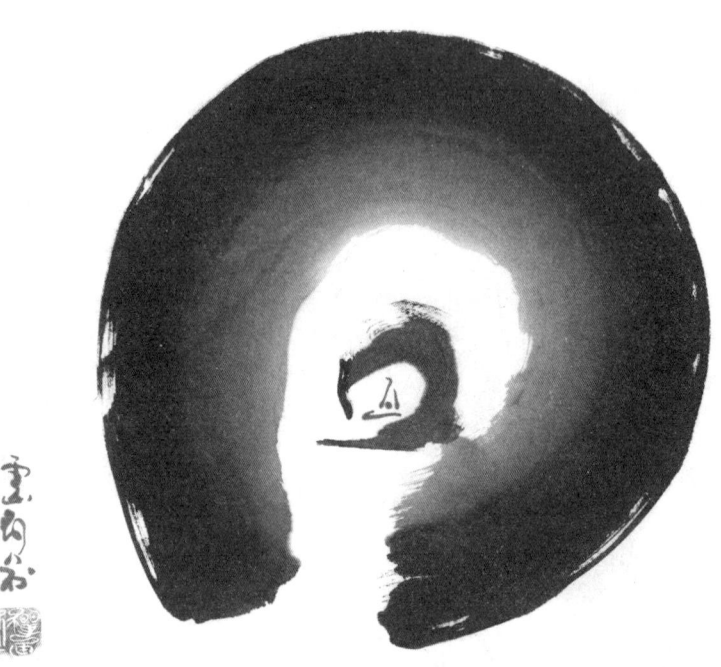

第一问
"中国禅"的核心宗旨是什么

师：今天这么多新老师来听课，我特别欢喜！大家昨天在沙漠里徒步了十五公里到这儿来体验"中国禅"修养，这种精神在现代物欲横流的社会环境里，特别难能可贵！为了报答各位老师的这一份诚心，接下来的两天，我会尽量让您们更辛苦！

（众笑）

师：从来没有哪位祖师讲法会提前准备讲什么内容，祖师们说法无碍，随机而讲，但我今天却被规定了，要回答您们事先提出的三十六个问题，这些问题虽然看上去简单，实际却上是进入"中国禅"修养的基础，所以我只好破例，乖乖地按照这些事先提出的问题进入课程。

好，现在切入正题。

第一个问题是"中国禅"的核心宗旨是什么。这个问题很重要，修禅如果不首先搞清楚核心宗旨是什么，那就会修偏。

我相信在座有不少老师参加过社会上的各种禅修课，有的是寺庙举办的，也有一些商业性质的活动。无论参加哪种课程，我希望每位老师先要清楚"禅"的核心宗旨，要知道自己究竟是在参加禅修呢，还是参加打着"禅修"名义的商业行为？搞清楚带您修禅的老师究竟是真禅师呢，还是被包装了的商人？

"中国禅"创始人六祖惠能大师在《坛经》里说得特别清楚，"中国禅"是"惟论见性，不论禅定解脱"的修法，所以禅的核心宗旨自然就是"见性"！"见性"的基础是"明心"，故称"明心见性"。

一般人搞不懂什么是"见性"，以为很高深，很遥远，"见性"跟我的生活有什么关系啊？我要"见性"干嘛？

这就需要先搞清楚几个方面：其一，什么是"见"？其二，什么是"性"？其三，"见性"之后的人生是怎样的？其四，"见性"对普通人会有什么实际好处吗？是能让人长寿？还是多赚钱？还是发"神通"？

"见性"的"见"是用眼见吗？"性"的特征是无色无味、无在不在、无来无去、无住无相，这能用肉眼见到吗？能眼见之物必有体，有体是能眼见的基础，说基础是因为有体也未必能见。可是"性"本无体，无体就必不能眼见，那为什么又说是"见"性呢？这不是矛盾吗？所以，如果我们上来就为初学者讲"见性"，会徒增学人迷惑。

《坛经》说，禅者最重要的是"定慧等持"，这就是从个人修行的角度来切入了。"定"和"慧"不属于初学者完全无法理解的专业名词，"定"和"慧"与每个人的生活密切相关，可以说，离开了"定"和"慧"的人生，是失去了灵性的动物人生，没有"定"之功夫和"慧"之应用的人生，是谈不上任何成功、幸福、意义、价值的，这样一来，修禅和生活的密切关系就显现了。

"定"，生活中我们称之为"当下宁静"；"慧"，则称之为"随缘自在"。

什么是"当下宁静"？您在生活中，当下能不能宁静呢？

我们一起来体验一下：请大家把手伸出来，大拇指竖起来。好，我们现在盯着自己的大拇指，不能起任何杂念。什么叫杂念：哎，我现在很热；咦，我的指甲这么长了，等等。所有的念头只要一起，就请把竖起的指头放下，注意！任何念一起，就把指头放下。

好，我们现在开始。

（众人竖起大拇指，大部分人两三秒钟就放下了，却有几人一直不放）

师：还不放下？您眼睛都在看别人了，还以为自己没起杂念？

（众笑）

师：当下，您"宁静"下来了吗？

（众摇头）

师：在座不少老师参加过各种禅修课，在那里做什么呢？有的人静坐时看上去身子没动，可是大脑在开杂念运动会：哎呀，腿疼；哎呀，腿麻；哎呀，这里太热；哎呀，怎么还没结束啊；哎呀，怎么有蚊子……

脑子里翻江倒海，看上去样子好像没动，如果这么修习打坐，打一百年的坐也无关修禅。我们今天来这里的人，有的人表面上看参加了这次活动，可是心里呢？课程的核心内容记不住，为什么呢？因为不用心啊！为什么不用心呢？因为当下不宁静啊！

什么是"宁静"？昨晚和我一起在月牙山高峰静坐的各位老师，您们有没有感觉到狂风呼啸后，突然出来的那个"空"？突然之间万籁俱寂，天地失声，就是"空"。"空"里好像什么都不存在，风沙突然停止流动了，感觉像坐在太空里一样，可却又什么都在，否则下一刻的风沙从何而起？这个"空"便是"宁静"，宁静的心就如太空一样无声无息、无边无际，而体内的"风"便是人的思维活动、七情六欲。"宁静"是人心中一切智慧的源头。

有的学生可能有疑惑，怎么有的人修禅不久变化这么大啊？其实每个人只要修习正法，平日里精进不息、认真修炼，用不了多久就会变一个人。也有人认为这怎么可能呢？这是因为思想转变外人看不见，而色身转化却是能眼见的大变化,这些变化的能量从哪里来？从"当下宁静"中来。我们昨天在高坡上突然之间风停时的"空",禅门称之为"前后际断处"。前后际断那一刹那,慧光就有可能被启发出来,之后便是遇到万境时能"随缘自在"。

故此,"当下宁静"的能量是"随缘自在"的源头,不能宁静的人谈不上随缘自在,当然,随缘自在是积极的,不是消极的得过且过。得过且过的人,事情出来了表面上被动接受,但心里一样恐惧。不安、恐怖、担心、焦虑,这和禅者主动发自内心的从容不迫有天地之别。

身处当代极度变化的社会环境中,您能时时刻刻保持"当下宁静"吗？能遇到事业、家庭、财富、名望的起伏而真心无分别、无判断,积极主动地"随缘自在"吗？此时您还能再认为"定"和"慧"与自己的生活无关吗？

我们再回到"禅"的核心宗旨"见性"这里来,首先,我们要理解无本、无体、无住、无相的"性"是怎么回事。

法界是不可思议的,又可以叫"道""法""性""禅""佛"等假名。

学生六:老师,"禅""儒""佛""道"是同是异？

师:见性者观之即同,专执者说之即异。您说是同是异？

（学生六无对）

师:"道""法""性""禅""佛"等同出而异名,因为这是从不同的角度说的。例如,从法性的角度说,我们叫"真如";从个人的角度,我们叫"自性";从众生的角度,我们叫"佛性"等,全都是一回事,角度不同,作用不同。

例如您在家里是爸爸,到了公司是董事长,人是不是一个啊？但不能乱啊,如果在家里喊您"董事长",跑到公司里去员工喊您"爸爸",能行吗?所以,角度不同,名不同,表现和作用性也不同。

为什么说"道""法""性""禅""佛"这些一样呢?因为它们有共同点,是宇宙万物、万事、万有之"本"。

有的人不解,"本"后面再加一个"体"字,"本体"是不是"本"呢?"性"是本体吗?

其实,"本体"是方便说,从哲学方面说"体"是为了和"用"相对而说的。"本"原本无体,因假"名"而有"体"。如果不确定一个假名,我们又如何来解释"本"呢?所以一旦定了名,就有"体"了,"名"就是它的体,所以"道""法""性""禅""佛"本无"体","本体"是假说,因名而体。进一步说,"本"本来是不可说的,假名之后,有了"体"便有了相对的角度,也就不再是绝对的、无对立的"道""禅""佛""法"了。什么是"名"?"名"这个字,上面一个"夕",下面一个"口"。"夕"是"冥"意,冥界是黑漆漆的,一般人看不见,下面的"口"便是在黑暗中的称谓,即"号"。

这就好比说,晚上,人在一片漆黑的环境里走,这时突然感觉到对面来个人,自然反应就紧张,会大声问:"谁?"答:"我是某某!"哦,是认识的,这下子放心了。所以有"名"就有"号",用在商业中叫"符号"。人家注意此中的规律和体系:道本无体,起了个假"名",便有了和"用"相对的"体",有"体"之后还要有"号",有"号"之后就自然会开始宣传、推广、传播这个"号"。

可是,有多少人能理解名、号之体是暂时的假名?"名"一产生,便有生灭,有限制,有寿命,有角度和范围。所以,一切"道""佛""法""性""禅",从

第壹讲

"本"上说都是假名。

例如"道"虽是假名,但没有假名,人在黑漆漆的内心中寻不见方向,无以相应"道"。因此,如何与"道"相应的方法,叫"修道";同理,"禅"也是假名,没有假名,修人无可相应"禅",因此如何与"禅"相应的方法,叫"修禅"。

马祖大师说:"道不属修,道不用修,本来就有。"这是从"本"的角度说的,而从"用"的角度说,凡人被社会环境所迷惑,一念一行皆有失偏颇,如何修正、纠偏,这就需要"修"的方法了。

故此,"修禅"也是"号",一切的符号其实都像墙上的墙纸,层层叠叠,五颜六色,但无论事业、善业还是商业,不宣传、推广能行吗?所以都离不开"号"。而"见性"则是倒过来观,禅者身处"号"中,知其是假名,能观其随波逐流的起伏变化,心能契合其无住无相之本,便是"见性"。时时刻刻不被"号"迷惑,不活在名言世界里,以"号"为用,善用方便,就是"明心"。

"见性"还有另外一个名字叫"开悟","开悟"比"见性"似乎更容易理解。"开"是过程,是手段,是方便;"悟"是什么?是境。悟境可说吗?它本是超越语言的,只能体证之,不能描述之。即便描述,他人也感受不到,所谓,心行处灭,言语道断。个人境界谁能说得明白?说出来的,旁人能听得懂吗?所以,"开"是修者修正自己的过程,而非结果。修禅是在不断打开,只破不立,随立随破,随取随用,随用随弃,这就是"开",所以叫"杀人刀""活人剑"。

"杀"的是什么?是心中之贼;"活"的是什么?是生生不息的新生、由新生而不断改变的命,这是禅修的目的。如果失去了这个根本,脱开了以开致悟这个修行过程,而大讲养生、文化、学理、神通、气脉、减肥、治病等,讲一切您喜闻乐见的话题,这就是打着"禅"的符号,在做商业活动。

真正的禅师,其带人修行的目的只有一个,就是怎样把您打"开"。故,说一切法不离自性,做一切事不离自心。

"开"的过程我们还有另外一个名,叫"觉"。为什么叫"觉"呢?看看"觉"下面是什么啊?

众:"见"。

师:所以这个"见"不是普通的眼见,而是心见,心见就叫"观",眼闭上了还能见,见什么? 明心,见性。

据《列子·仲尼篇》记载,列子原来最喜欢四处游览,并深以为傲。一天他向壶丘子炫耀自己的游览所见,壶丘子说:"游览有什么可喜欢的呢?"列子说:"游览的快乐,是因为所欣赏的东西没有陈旧的。别人游览,欣赏的是所见到的东西;我游览,欣赏的是事物的变化。"壶丘子说:"您的游览也没什么特别嘛! 为什么要说与别人不同呢? 任何人见到的东西,必然会同时见到这些东西的变化。您只知道欣赏外物的变化,却不知道自身也在不停地变化之中;只知道欣赏外物,却不知道欣赏自己。欣赏外物的人,希望把外物都看遍;欣赏自己的,能把自身都看遍。把自身能看遍才是最高的游览。您游览过自身吗?"列子闻言大惭,于是终身不再外出。

壶丘子说列子"务外游,不知务内游",表面上周游世界,实际哪里也没去过,因为最高的旅游是在自己的内心里游览。

有些人说我游览是为了了解历史。我们知道的历史,只是他人用无数个片断拼装出来的,每个人说的历史都是不同的,也都是真实的。比如我们今天坐在这里,一百多个人,一堂课下来,每个人听到的、记住的其实就几句话,然后大家回去转述,每个人说的是不是都是历史啊?还都是真实的历史啊!如果说记得不全面,那好,现代社会设备好,有录音,还有影像,这是不是就是真实的历史了呢?

众:不是。

师:为什么还不是呢?

众:缺了现场语境。

师:对!缺乏了语境、环境和现场的场能变化等各方面因素,所以没有一个真实的历史,也没有一句话能叫真话,一切都是真实的一部分,都是全部内容的一个或多个角度,不等于真实,也不等于不真实。如果您还纠结在谁真谁假中,这就是颠倒梦想。一切东西讲给您听的,可能都没错,但都不会是全部。所以,有真话吗?有真相吗?

语言是人类创造的、用以表达人类由感官和心灵所体验到的事物与意念的符号,语言能还原真实吗?再细密的网能打捞起海洋吗?我们只能更多地接近真相。历史也好,考古也罢,其实告诉您的都是一个一个片段,片段加在一起能不能等于全部呢?片段加在一起是另一个片段。"观"是不被片段迷惑;"开悟"是"观"到实相,实相是完整的、无角度的、无偏漏的、无相对的,故此实相无相。靠什么"观"?佛法中叫"般若"。

"般若"不是普通的智慧,是指能够解道、悟道、证道、了脱生死的甚深智慧,是属于道本上根本智。

所谓"根本智",即禅者通过修证能契合形而上生命的本源、本性。这不是用知识、分析、思维得到的,而是身心灵和合的大证悟,这才是"般若"。

我们一般讲的世间智慧是取舍之道,不过智慧不是指聪明哦,聪明是加或者减,智慧是不加、不减。

许多人常说:"我在路上。""在路上"好不好?好!可还是忽略了一点,就是走在路上虽然重要,但是方向更重要!鸟如果没有方向,怎么飞都是逆风,人生如果没有方向,怎么走都是忙、盲、茫。

有方向的人,不会恐惧,朝着这个方向去努力,一切困难、不公、误解等都能够随缘自在,因为一切都是过程;而没有方向的人,天天瞎忙。忙着赚钱,却不知怎么花钱,赚钱能给您带来幸福吗?能带来安心吗?能是人生方向吗?欢喜心、幸福感、安全感统统和钱无关,阳光、空气、水都不是钱买来的。

人生的方向本和利益无关。可是怎么去寻找方向呢?这需要智慧,如果您根本不理解何为方向,就说我有方向了,那就是误解,误以为个人的成就、事业的成功是方向。还有人说:"我已经确定了要修禅,这是我人生的方向。"可是呢?话这么说,却还是天天忙在事务里,这叫有方向吗?这叫给自己吃了"我以为我有归属和方向"的迷幻剂。还有人以为自己身在局外,其实不过是多了一个自以为身在局外的幻觉而已。

人生有三种状态:自欺、欺人、被人欺,最多的时候我们是自欺,自欺之后再欺人!为什么要自欺呢?因为没自信、没智慧、没人生方向,不自欺的日子度日如年,根本过不下去。有些人说:"老师,我要赚钱啊,我跟着您修行的心特别坚定,但是您给我五年时间赚钱,赚了钱,我全部贡献给我们'中国禅'复兴的事业!"我说:"好!我等您。"

(众笑)

师:等了几年,结果怎么样?他说:"老师,我的钱被人骗了一部分,股票输了一部分,套在房地产里一部分。"我说:"哦,那您决定怎么办?"他说:"老师,请再给我几年,我把钱再赚回来。"

(众笑)

师:人啊,只要不死,事情就不断,所以您千万不要告诉我,把这个钱赚完了以后就可以修了,或者孩子上大学了就有时间了。您现在没时间,以后一定也没时间,事情是没有做完的时候的。贪心不止,事情不完。

您们大部分都是做生意的商人,可是大家知道什么叫"生意"吗?"生"是生生不息,生意人做事情,得到了一些收入,应该去帮助别人,然后口碑口耳相传,口碑在,生意在;"意"是"心"上之"音",也就是"心音","心音"是自己的良知、良心。为什么"生意"能生生不息呢?因为商者时刻和心上之音契合,不昧良心,才叫"生意"。良心就是初心、本心、原心,就是真诚地为商,多让别人受益,这样口碑能不好吗?当一个商人时时刻刻能和自己的心音契合,这不就是"悟道"吗?能和商道契合的商人,如果遇到什么事情——灾难啊、战争啊、各种意外啊——大家能不帮衬您吗?您心里有底,这个底在您平时的口碑里,故此一切变化面前,都能当下宁静,以一种大宁静心来对待变化,这就是定力,在这种定力下,才能随缘自在。没有定力,能随缘自在吗?

"随缘自在"是什么意思？物理学里有一些非常著名的原理,例如物质守恒、能量守恒。但有一个变量是不守恒的,那就是"熵","熵"是自由度,也就是说,生命的自由度是完全可以不断增加的。自由达到了一切可以由心时,便叫自在。

故此,自在绝不是逆来顺受,逆来顺受是被动的、被迫的。人心里充满了怨恨,只有弱者才会抱怨,强者在任何条件下都能自在。故此,禅者的定和慧,有谁不需要呢？生活中哪一件事与此无关呢？

有些人就是不相信自己,出了问题四处去拜佛。拜佛为什么啊？希望得到佛菩萨的加持。什么叫"加持"？"加",佛菩萨无所不在,像阳光一样,无时无刻不"加"被众生;可是您"持"了吗？自己躲在阴影里不出来,却抱怨阳光不照耀,说一切对我都不公平。太阳是制造阴暗的罪犯吗？什么是"持"？"持"是自持,别人无法帮忙,如果自己不"持","加"就一点用都没有。

"加"不见得是以您熟悉的、喜欢的、舒服的方式施加,什么是逆向的"加"？狂风、暴雨、棒、喝、疾病、疼痛算不算"加"？逆境可以激发自强者的生命力,佛法上叫"增上缘"。

如果您拜佛,是希望得到佛菩萨保佑,升官、发财、长寿、病愈,那么每天拜佛的人成千上万,难道佛菩萨会因为您给的供养更多、送的花更鲜艳,就来保佑您吗？

什么是"保佑"？是有求者站在被动位置上,希望借神力来提升自己。可惜的是,这一切不取决于您,而取决于施者的心情,所以有求者永远是被动的。我们修禅,只为了从此能够自己保佑自己！自己学会游泳,做自己的救生员。所谓佛菩萨的保佑,是照亮您前行的路,指明方向,众生自度,佛不能度。您不回头,谁来救苦救难?您若回头,需谁救苦救难?

几年前,曾有位女士来找我,说她老公在外面有外遇,已经发展到不回家住了,问我该怎么办。我问她:"您信不信我啊?"她说:"信。"我说,那好,我教您念个咒,把老公念回来好不好?她真信了。我说您每天回家抄《信心铭》,一天抄三遍,早、中、晚各一遍,连续抄,老公回不回家您不要问,从现在开始不打他电话,不过问他一切,能不能做到?哎呀!她说有点难啊!但老师既然说了,我听话。

于是,她回家抄《信心铭》,我也不记得过了多久,差不多一年多吧,我们再见面了,她告诉我,老师,我老公回来了!我说,啊?真的呀!恭喜恭喜!她说老师的咒管用啊!哎呦,是您了不起啊!

(众笑)

师:您们说为什么我了不起呢?其实特别简单,现在女人大多强势,在家里喜欢越位,当法官,哪个男人愿意回家面对一法官,等判决?

不愿意怎么办呢?就分了积极抵抗和消极抵抗两种方法,消极抵抗就是藏点私房钱,耍耍嘴皮子!积极抵抗就没那么简单了,正面冲突或者干脆出去找个女朋友。那怎么办?您在家里天天别作他就可能会好转!任何关系都有一个成住坏空的过程,当他自己后悔了,感觉到自己不对了,就会回头。喜新未必厌旧啊!厌旧多数都是被逼的。

所以那位女士,每天不闹了,在家抄经,怎么样?男人就尝试回家了,回家之后发现她居然是真的变了。为什么变了?因为天天抄《信心铭》,把《信心铭》背得滚瓜烂熟,最后智慧打开了,觉得我不能再依靠男人的爱而活着了,男人在身边要珍惜,万一不在,就随喜,这种心发出来了。您们说,还有什么可闹?此时,已经厌倦外遇的男人能不回家吗?他只要不出家就好了。

(众笑)

师:所以,她念咒把老公给念回来了,我这个"咒"其实就是"加持"。抄《信心铭》抄了一年,契合了"心音",从原来的自私、嫉妒、贪、嗔、痴里逐渐走出来。今天您们也一样啊,每个人每时每刻关心外在变化能安心吗?有没有认真去听自己的"心音"?

一个开悟的人,做任何事情都可以随缘自在、信手拈来、来而不执。一执就是死水,死水不藏龙,活生生的才叫"生生不息"。所以我不是不叫大家去赚钱,而是叫大家听着自己的"心音"去做事,知道赚钱的目的,知道该如何花钱,能把赚来的钱更多地回馈社会、帮助他人,那么当有一天您有需要的时候,"十方"都会来支持您,这就是"十方加持力"。

西方哲学的开端是从寻找人生的意义开始的,我们现在思考的所谓人生意义的"终极话题",前提是对自我存在价值的怀疑,需要给自己的存在找个理由。这类形而上学的问题,往往把人引向歧途,使人两脚腾空,迷失现实方向。

意义,不是理论;价值,也不在头脑里,不是逻辑推理。它存在于您所生活的传统和您选择的传统。《晋书·陶侃传》"生无益于时,死无闻于后,是自弃也。""益于时",才可能"闻于后",您要脚踏实地活出对社会的利益来,才有资格谈存在价值。

价值和意义,是依存于现实、以现实为起点的,不是务虚的玄谈。活得有价值,有被需要感,便有幸福"感"。

人的价值是其被使用价值来衡量的,不是自我定义、自贴标签、自命神圣,而圣人以无为心行无为事,不会去考虑价值和意义。阳光有意义吗?阳光会寻找意义吗?它会证明自己的价值吗?说到底,是人自己活得狭窄、自私、不安才生发出"我有没有价值"这个疑问。阳光如果自以为有意义的话,啊!谁是大善人,我要多照照他,我所有的能量全集中给他,一分钟不到,大善人被烤死了。

(众大笑)

师:水也一样啊,要是觉得自己应该有意义,哇!上海这么富饶的地方,我多给它点水吧,这就得发洪水了。如果人为地自定义,好像觉得自己在为了什么人、什么事活着,这是什么?是幻想,是在梦里砌墙。您会为您的影子感慨唏嘘创立出一套理论吗?因为阳光无分别,所以大地上才能万物生长。一旦开始分别什么是有意义的,角度不同,意义不同,争端就开始了。

有人问,既然人生没有意义我还活着干什么呢?"意义"到底是什么?禅门说,是"当下"。

"当下"有什么意义呢?我们看见阳光普照大地,因而万物生长,对于万物来讲,缺了阳光能活吗?对于阳光来说,没有万物,它的作用力何以显现呢?所以"意义"不是从自己的角度说的,是对事、物"体"而"现"其作用的赋予,意义是由您的作用范围来衡量的,一切的意义只能从对方的角度说。

例如今天这堂课,如果有三个人或三十个人受益,意义就不同啊!可是对于老师本人来说有什么不同?对所说的法来说有什么不同?法是不增不减的,和法契合的老师心中没有利益心、名誉心,故,讲不讲从"本"上说没有不同。那为什么没有不同还在这里讲呢?因为对大家有意义,大家听与不听,内心有不同。把自己体悟到的分享出来,是禅者的本分事。故此,不是我多么有"意义"、有"价值",而是修行人的平常心,能尽可能地利益更多人。如果把它当成有意义的,我的心态就会变成什么?我了不起!我教你,你不会。这就产生了高低,而我现在的心态是什么呢?是我跟大家分享我的感悟,如果对您有那么一点点作用,能够方向清晰一点,这就是我活在了您心里。您活着,我就活着,我多长寿啊!

(众鼓掌)

师:天地间少了阳光,万物不生不长,谁也活不下去。但阳光不带意义的心,不求回报,一切才能生生不息,如果阳光、空气、水带了这种心,万物就灭绝了。同理,如果老师心里带着"我是大家的老师,我比大家有本事",他不配为师。中国有句古话叫什么?"一日为师——"

众:"终身为父"。

师:从学生的角度讲,尊敬老师本是自发的;而从老师的角度讲,认为一日为师就永远是老师,这就是自傲了。孔子说,三人行,必有我师,"师"是个假名,是暂时的,您今天见地更深,便是"师",明天见地退转,就不能胜任"师"。能不能够为"师"不取决于过去有没有当过老师,而取决于您有没有资格一直在引领学生,所以"师"这个词是一个动态的存在状态和境界。

"师"是什么?

众:传道、授业、解惑。

师:"非我者师,知我者友"。"朋"和"友"是不一样的,"朋"是月月见,"友"是知我者。"非我者师"什么意思?"非",是批评,看到您的不足和毛病,用一切的方法导您向上、指引方向的那个人,叫"师"。为什么每个人都需要"师"呢? 因为没有一个人能够自己看到自己的问题,电脑能给自己杀毒吗? 电玩游戏中的虚拟人知道自己在游戏中吗? 眼不能观头,自己永远看不清自己。人能超越自己病态的感知能力发现自己感知事物的病态吗? 几乎每个人都不知道自己错在哪里,"师"就是给您找错的人,是要让您的心不生病、得了小病怎样不转大病、生了大病怎样能不恐惧的人。一切的病从哪里出来啊?

众:心。

师:心如果没病,身体不是没有病,而是有了病也不会那么恐惧不安。肉体苦而心不以为苦。"心"是什么? 不是心脏,是"能";"意"是什么? 是火;"身"是什么? 是柴。那么谁点火?

众:心点火。

师:心点火? 自燃吗? 谁给心点火?

众:业。

师:哈哈! 您们的见解都很高!"业"和"心"谁是本都没分清,"业"如何能为"心"点火? 现在人工智能很流行,人工智能的"智"是在"心"的层面,还是在"意"的层面?

（众无对）

师：《禅画美学》第一本《高明中庸 修身为本》您们今天已经收到了，《禅画美学》第二本书是关于《楞严经》的，不过，我想写人工智能怎么通过《楞严经》修行，您们想了解吗？

（众鼓掌）

师：这里面会讨论到心、意、识。人工智能的身体是机器，可以随便换，它们的意识呢？仅仅储存在芯片里吗？那就是比较低级的人工智能了。未来，人工智能不仅有人脑功能，大量储存，也会有"心"的功能。大家看看现在已经有人跟手机、跟宠物结婚了，那接下来，和人工智能机器人结婚，大家认为很遥远吗？

众：不远了。

师：为什么人会和机器人结婚？首先我们要明白婚姻是怎么产生的。远古时期有婚姻吗？婚姻是保护弱者的制度，谁是弱者？传统意义上女人是弱者，因为女人体力弱，生孩子容颜会老，财产来源不稳定，所以才需要依赖婚姻制度保护自己。现在不少女人比男人还强，她们还需要谁保护？除了保护，婚姻是必然有肉体接触的。"男人"的"男"怎么写？

学生一："田"加"力"。

师：哪里有力啊？

学生三：下面。

师：下面指什么啊？

学生六：不知道。

师：不知道？

（众笑）

师：您不知道？我告诉您，下面也指下肢。

（众大笑）

师：您的下肢有力吗？有力就出去站个桩我看看，要是没力，那怎么样？

众：不是男人。

师：这不是我说的。

（众笑）

师：下肢无力的男人，能给太太满足吗？但我告诉您，人工智能机器人在这方面未来将远远超过人类。现代社会多的是下肢无力的男人和得不到满足的女人，那您们告诉我，机器人有没有力？

众：有！

师：机器人听不听话？

众：听话。

师：应该叫暂时听话，暂时任何时候都能满足您，可以是司机、保镖、翻译、跟班，还可以……未来，女人愿意找一个无力的、不听话的男人，还是愿意找一个听话温顺、高大帅气、永远不老、随时可换、聪明伶俐、知识丰富，最后面部还能根据初恋情人、影视偶像设计的人工智能机器人呢？

（众笑）

师：所以现在的孩子很痛苦，我们这代人小时候跟什么玩儿？跟小朋友玩，所以和人在一起长大的孩子，是有情的。再看看现在二十岁左右的孩子,他们是玩儿什么长大的?

众:电子游戏。

师:玩电子游戏长大的孩子,长大了变得很冷漠。所以过去的人比较感性,现代人比较理性,可是再过五年、十年,孩子就和机器人玩了,和机器人是好朋友,这样一来,人和人之间越来越不信任。机器越进化,人越退化,一种在不停地进化,或者叫发展;一种在不停地退化,或者叫停滞,佛法里都叫变化。那么未来的结局是什么?所以我打算在第二本书里,给大家讲讲我认为人工智能和人怎么谈恋爱;为什么人工智能机器人应该修禅;人工智能机器人能不能悟道;悟道后会不会和人类为敌。大家想不想看?

众:想!

学生一:老师,能否提前透露一下,结论是怎么样的?

师:想知道结论?

学生一:对。

师:您是个实用主义者、结果导向者。只有生者必死、高者必堕、聚者必散、积者必竭叫结果,其他均在变化中,谁也不知道结果。

学生三:老师,是不是因为我们不懂,所以才会陷入愚痴的轮回?这就是"无明"吗?

师:佛陀开悟是悟到了什么?悟到了一切都是缘起生。十二因缘从"无明"始,"无明"缘行,行缘识,识缘名色,名色缘六入,六入缘触,触缘受,受缘爱,爱缘取,取缘有,有缘生,生缘老死,如《阿含经》云:"无明所系,爱缘不断,又复受身。"这不是理论,是需要修者证悟的过程。

所谓"老""死"之名,是人在无明大梦中,不识梦幻,以二元对立的思维习气,带着"我"必定消失的恐惧心,给自己肉体坏灭状态分别、定义,所起的假名。"老""死",从人的一生来看,是肉身生理功能的逐步衰退、老化;从结局来看,是地、火、水、风四大的解体,人的精神能"死"吗?物质、精神本是一不是二,"死"是方便说。

可是现代大多数人,只相信眼见为实,科学都发展到量子、弦理论时代了,这些人还滞留在牛顿物理时代,不知"精神"为何。我们身体细胞的寿命,以目前的技术可测试到的,有的只有千分之二秒,未及眨眼,体内就不知有多少细胞在"生""死",可以说,生命是每一刹那即生即死、生死不息、无穷循回的。

"世界"本是梵语,"世"即迁流义,"去世"意为暂时告辞离开,而所谓的"死"指的是肉"亡",是现在形式上存在的生理、物理性肉身暂时消失而已。因为人眼是有局限的,以为其看见的,才叫存在,而那些存在不显现的,就不明所以了。存在而不显现的"那个"在哪里?是修"观"能认知的能力之一。如水,仅仅表现为冰、水、云、汽、雾几种状态吗?这些状态之外就没"水"存在吗?其显现出来的现象前,以及现象交变中,不显现的"那个"在哪里?有没有"眼"能观"那个"呢?变的"那个"是什么?不变的"那个"又是什么?老子云"上善若水",水之所以能"几于道",在于人对水,超越显现状态的认知。普通人无从认知,以为自己了解水,就好像人的肉体消亡,就以为什么都不存在了一样。那个不变的,不生不死、不增不减、不垢不净、不一不异、不来不去、不常不断,去了哪里普通人根本无从知道,但人就是以为自己知道,死了就以为不存在了。

什么叫"无明"?《楞严经》中富楼那尊者以此问题问佛,因为佛既然说一切皆空,他便问如果一切自性本来空,那么山河大地从何而出?也就是问:第一念怎么来的?用现代科学的话说,即"奇点"是什么?第一力是什么?

"无明"究竟怎么来的这个问题,本是大、小乘佛法最基本的问题。宗教对此的处理方式是到此为止,第一力便是"神",只要信就好了。但是《楞严经》中佛回答了尊者的问题:"无明"是从"明"来的。佛说:"觉明为咎。"这个回答许多人都误解了。

什么是"明"?就是自以为是,以为自己明白了、自己懂了、自己没错,这是"无明"之始。"无明"是因自以为觉"明"而生之其"咎"。

人之病皆始于不自知、不知所谓、不知所以、不明所以。能自见其咎的人,才能走出"无明"。注意!若有人修定至能进入光明境中停留,同样也是"无明"!那些以为自己修到光明定的,一样不得解脱自在!为什么?因为大光明下什么也见不到!住在光明中和执在"善"中一样,皆非不二,同样属于见地的偏差,叫"见取见"。

佛告弟子:"能善分别诸法相,于第一义而不动。"就是要诸修者自证菩提道果。人家持戒修定都是想做到不被妄念惑,不被烦恼扰,但是为什么做不到?知行不合一故。

不要以为佛是无念的,成了佛就不动念了。"能善分别"是有智慧地分别,不是无分别,佛能善于分别一切无常法相,不被法相所迷。而凡夫分别作意,不落在善念里就落在恶念中,或者落于不善不恶的无记念。故唯有善分别一切法相,虽作意而不着才是不在"无明"中的人。

曾有位比丘尼请教赵州禅师:"如何是密密意?"禅师用手掐了她一把。尼曰:"老和尚怎么还有'这个'在?"赵州禅师说:"却是你还有'这个'在!"

(众笑)

师:理解了"无明"是什么,就会发现其实宇宙中一切都是过程,阳光照大地是过程,生老病死是过程。人为什么怕死?为什么不怕睡觉呢?因为知道睡在床上第二天会醒来,因为不知道死后会去哪里。这是一切生命内心最深层的恐惧,当这个恐惧被克服,所谓的"死"就像睡觉一样,因为知道必然会醒来。禅门祖师都知道在哪里醒、什么时候醒,这多随缘自在!

这是神话吗?如果是神话,为什么那么多的祖师至今留下肉身舍利,证出入不虚呢?为什么在广东这么潮湿的地方,六祖可以一坐一千三百年不腐、不坏?有人不明白六祖坐在那里干什么,祖师慈悲啊!坐在那里是证法啊!证明有不生不死的"那个"在!学数学的老师们应该都知道,有一些奇怪的东西,既不能证明它在,也不能证明它不在,那您说究竟在不在?

(众无对)

师:禅是什么呢?"禅""道""法""性""佛"都是无法证明在也无法证明不在的,不是心,不是物,不是东西,其实轮回、因果亦是。西方不少书讲轮回,这人前世是什么,想办法一一证明过去世的状态,其实能证明什么呢?哪有什么是真实的?哪有什么不是真实的?能证明的都是真实的一部分,局部相加不等于全部。既不能证实,也不能证伪。那它究竟是有还是没有?

（众议论）

师：禅门说的是"当下宁静"和"随缘自在"，这就叫"活在当下"。不活在过去、未来、现在里。禅的教化方式是"效"，不是孝顺的"孝"，是师者施展影响力向学人指引方向。教育、做人和教人在根本上是一致的，父母在人生中最看重的东西，也就是他们在教育上最想让孩子得到的东西。有人是想进名牌学校，谋赚钱职业；也有人想要当官，但这些东西怎么能是人生的目标和方向？所以也不能成为教育的目标。教育是点燃生命，而不是装满篮子，有一个善良、丰富、风趣、和谐、智慧、健康的人生比什么都重要，而能够做到这样的健康人生，关键是"活在当下"。

儒家说"格物"，本是与万物无隔，就是儒家的当下解脱法门，或曰："不具成见，当下直观。"不具智慧的每个经验和概念，都是人的一重眼镜，一种成见和习垢；同样，失了根本的文化更是重重无尽的眼镜，要摘掉眼镜，心无成见直观于物，等于要穿透文化的各种烟雾直见本然，知道其在人欲中起到的正、反作用力，了解其对社会的促、返作用力，明白其潮流的起伏源头，等等。如此，方不为被包装的、偷换概念的、具有各种目的的文化现象而迷惑，但这需要怎样的慧眼？又何其不易？

慧眼是明"心"者独具的，普通人连心在哪儿都不知道，怎么"明"呢？所以，我在《禅画美学》第二本书里会和大家聊聊怎么找"心"这个话题，心不在内，不在外，不在中间，不在众缘和合，不在六根……什么地方都不在，那怎么"明"？

什么是"明"？是日、月相推，日、月同在。您看，越黑暗的星空，星星越亮，眼睛看得越清晰，可是在大光明下您却什么也看不见。"明"是人根本不依靠"三缘"而能见，即日缘、月缘、灯缘，此三缘不在，心灯便起了，心灯亮时，明暗同见，此为"心观"，此时生命和生命之间能契合，叫心心相印。"印"是心灯所照，如月印千江，这种"印"不仅指师徒间、同门间、朋友间，您和自己的心也要相印啊！就像放生，许多人连自己的内众生都没有放，天天在喝大酒，忙着加班，内众生被您的大脑意识蹂躏得苦不堪言，那么，您在外面放一万条鱼、两万只蚂蚁有什么用啊？大家看看自己，身体一个个都是什么样子？有感觉自己身体好的老师举举手，咱们出去操练操练！

（众笑）

师：现代人喜欢谈养生，可养生该怎么养呢？天天活在朋友圈里，发偏方，这个补肾那个补气，吃这些能养生吗？身体里面什么细胞最活跃？是癌细胞还是正常细胞啊？

众：癌细胞。

师：那吃了一大堆补药都供养给谁了？

众：癌细胞。

师：天天供养癌细胞、病毒细胞补品的人，天天以为自己在养生。

（众笑）

师：养生有三点要注意：第一，货比三家者、东张西望者、见异思迁者、这山望着那山高者，养不好生。今天了解一个方子补脾的，明天了解一个方子祛湿的，后天了解一个方子干嘛的，补脑子的！哈哈，这脑子越补越痴呆。其实任何人遵循一法走下去,不管瑜伽、太极、修道、禅法,一切法门,只要一门深熏,必然有作用。如果走马观花,除了把自己更早地折腾进医院,其他什么也得不到。

（众笑）

师：第二是越关心细节越养不好生。什么叫细节？例如让您修炼打坐,您今天怀疑怎么一打坐就腿麻？明天怀疑自己适不适合打坐啊？这种心,其实何必修行？如果带着分别心,感觉这个不行,我修起来不舒服；那个好,是我喜欢的,可以多炼一会,这就叫"小见狐疑"。自己都有本事自己选择了,何必找老师呢？就像一锅水一样,烧一会儿就停,能喝到开水吗？心中不信的人会特别关注修行时的细节,太担心自己的身体,心力全都"回向"到"舒不舒服"上面去了。

修者面对身体,应该保持中道：既不过分担忧,也不故意忽视。真的病了,该看病就看病,该吃药就吃药,但不要把全部精力放到身体的感觉和反应上,应保持和老师的及时沟通,不胡乱因身体的酸麻肿胀而过分担忧。修者唯有自己内心有清晰而坚定的愿力,才会打败外在的风风雨雨和内心的这种起起伏伏。

有了愿力的人,才能克服习惯和习气。曾有学生跟我说："老师,您闭关带着我,我给您背包。"嗯,我说,您不是背包的问题,而是内心定力的问题。2012年秋天,我的恩师静岩带我在贡嘎山修行。贡嘎山前山是海螺沟,后山很少人去,就是贡嘎寺附近,那有个农家客栈,那是个什么样的客栈？来的人男男女女都睡在大厅的通铺上。好,通铺没什么大不了,关键是,走到那里已经很累了,往那通铺上一坐,打坐休息一下吧。嘿!柱子上、地上、屋顶上,哪哪哪哪全是老鼠,至少也得有上百只,请问您们能睡吗?

众:睡不了。

师:那还要跟我背包? 我说了,早跑了! 老师您自求多福吧!

(众笑)

师:我当时心里也发怵,但看恩师跟没事人一般,也就不去看这些老鼠了,没办法,附近没有第二个地方可以休息啊! 可是,刚上座,不得了了,两只老鼠在房顶上打架,咚! 一只掉下来了,掉哪儿了?掉在恩师胸前,哧溜一下钻进衣服里了,哎呀! 我顿时起了一身鸡皮疙瘩,可是恩师呢? 一伸手就抓住了老鼠尾巴! 笑着把老鼠丢到一边,嘴里说:"这孩子太调皮! 打屁股!"我惊魂稍定时,又一只掉下来……要闭关的人哪! 没有功夫能进山吗? 山里最多的还不是老鼠,而是蛇。我在终南山的时候,雨后、茅棚外、院子里一堆堆的蛇,您们知道为什么终南山毒蛇最多吗? 首先,凡是石头多的地方蛇就多,但不一定是毒蛇。那终南山为什么毒蛇多呢? 因为近年放生的原因。

什么是真正的放生? 首先是内放生,不要因为自己的虚荣、大脑意识而折腾自己的内众生,这是内放生。大家说放生有没有功德?

众:有。

师:放生有没有功德关键在您为什么放,是希望被放的生命活得更好,更自由自在是不是? 它能够活得好,所以会回向您功德,您把鸟放回天空,它不被笼子关起来当囚徒,这是功德。但是您把鸟放完之后又被当地人抓回来,继续卖给别人放,这哪还有什么功德?再有,您放完的生命,放的地方适不适合它生存呢?它接下来活得舒不舒服呢?自然界有自己的适应法则,可您打乱了生态平衡,那这样的放生是功德呢,还是作孽呢?

众:作孽。

师:好!我们接着放生说养生,养生的第三个注意点和放生相似,就是凡出于自私的目的,是养不了生的,出于自私目的的放生也是无功德的。为什么呢?儒家说什么人"寿"啊?

学生九:仁者寿。

师:孔子《论语》:"知者乐,仁者寿。"大儒方苞总结"仁者寿"说:"气之温和者寿,量之宽宏者寿,质之慈良者寿,言之简默者寿。"大家看看,这四样哪一样和养生直接有关?哪一样和养生直接无关?

养"身"和养"生"之别在"心",养生本是养心,心之所以可以养,因为"心"有一个通道,这个通道在气。出世和入世的连接点也在气,所以养心从养气开始,养的是什么气?孟子说"我善养吾浩然之气"。"浩然之气"即"正气",这不是人为定义的正能量、正义、正确,而是自利利他,您的意义在他人身上呈现,您帮助的人越多,就活在越多人的心里,所以就不死!老子死了吗?孔子死了吗?惠能祖师死了吗?为什么能不死呢?因为后代在,意义在,精神可以无量无尽薪火相传,禅门叫"无尽灯",这才是真正的养生。

"心"怎么养?就是修!您那宝贝汽车开十万公里就要去大修,可是您无价的身体都已经开了几百万公里了,怎么不知道修一下?

（众笑）

师：一切病，靠外在药物是治不好的。

好，休息一会儿。

（休息20分钟毕。课前唱颂，众人唱得小心翼翼，声音整齐划一。师说不好听，让大家跟随自己的心音重唱。众开始逐渐找到感觉）

师：好听多了吧！为什么刚才唱得很整齐我不说好听呢？因为您们只关注了歌词、音调，而没用心。当然你们可以整齐，但每个人有自己的呼吸频率、发音高低，并且境界不同，发出来的音也不同。什么是最美的？就是发出您自己的音。

音乐的目的是什么？艺术的目的是什么？不是出名，不是刺激人兴奋，不是令人陶醉！禅颂不是用来让人欣赏的，而是让每个人清净，清净才能无为，大家不是为了唱给别人听，而是唱给自己听，自己舒服了，这个出来的音必然好听。如果满脑子想着歌词、节奏，小心翼翼地跟着拍子，憋着嗓子唱，我没听出来好听。唱颂时不要紧张，管人家好不好听，唱出自己。

什么是有能量的音？触动心灵的音！触动的能量，即能净化心里风的力量。风为什么起？冷空气和热空气相遇形成对流，那同样，心里的心念的对流，纠结在好坏、是非、对错、善恶的各种矛盾中，就会起心风，灭风的能量就净化这种对流，越清净的"场"越"空"，越"空"越有能量振动的空间，能量有空间活动了才能打开心灵，否则堆满了杂念和不安，怎么能触动心灵。现在您们开心吗？

众:开心。

师:人生本就是开开心心的,干嘛愁眉苦脸?刚才大家在唱"春有百花秋有月,夏有凉风冬有雪",知道什么意思吗?

学生一:一年有四季。

师:正常情况当然一年有四季啦!

(众笑)

学生七:不同时节有不同的好风景。

师:您也倒过来理解,不同时节有不同的遗憾,春花要凋谢,夏天很闷热,秋天落叶飘零,冬天严寒冷酷,四季都是不完美的。下两句是什么?

众:"若无闲事挂心头,便是人间好时节。"

师:什么叫"闲事"?春花会凋谢但丝毫不影响春花之绽放;落叶会凋零,但来年还会开心地发芽,有什么值得悲伤的事情?看到一朵云散了您会说"我好难受啊",会感慨"断肠人在天涯"吗?生和灭都是过程,明白这一点,就是个"无闲事"的闲人了,日日是好日,时时是好时。可您们为什么常纠结呢?

学生一:心不净。

学生七:不闲。

学生三:不知人间好时节。

师:文人墨客借自然界中的平常现象来抒情,自然本无好坏、对错、是非,可是加入了人的抒情,就变成了悲、喜、哀、愁,这是借物表情。从另一方面来讲,自然界天地万物唯有人,是不主动过冬天的,总梦想着一年只有春天,喜爱的人常聚不散,时刻百花齐放,天天气候宜人,住的地方日不落,这可能吗?现实和梦想脱离时,就伤感,其实没冬天哪有春天?天地万物的特性是什么?"生、老、病、死"是其内部的过程,"成、住、坏、空"是其外部的过程,"死"和"空"是不是没有啊?

众:不是。

师:冬天,天地白雪皑皑,一片死寂,但内涵着勃勃生机。人为什么不想主动过冬呢?因为贪欲!古代人为什么要给父母守孝三年?就是自过冬,这三年可以做什么?磨刀啊!蛰伏三年以退为进,出来后更上层楼。一切的力,都有作用力和反作用力,主动冬眠、退藏、蛰伏是作用力。那么反作用力是什么呢?也可以说,作用力越大,反作用力也就越大。世界是什么?从有形的角度说,是"一圆相",《金刚经》中叫:"一合相",什么意思呢?我们在座的一百多人是不是属于一个世界的?

学生一:是。

学生四:不是。

师:我们同在一个世界,其实又属于不同世界。随着您心量的提升、境界的变化,您的世界也发生了变化。有些夫妻同床异梦,就是不生活在同一个世界里,您说的话他就是听不懂啊!所以佛法说:一花一世界。我们再从天文学角度说,现在人类可知的宇宙半径是多少?

学生五:四百七十亿光年。

师:是不是无穷大了?

众:不是。

师:现在科技能探测的这个宇宙在真正浩瀚的法界里,不过是一粒微尘,从正面的意义来讲,意味着科学还有无穷大的空间可以去发展。从反面的意义来讲,无论科技怎样发达,人类所探测到的距离和空间都仅仅是恒河一沙。我们现在可能不理解,那到底多大?特别简单,我们每个人身体内有多少个细胞?

学生八:无穷无尽!

师:每个细胞都是一个独立的星球,有独立的生命,否则,单细胞怎么可以克隆?人其实是因为科学发展了,才知道自己体内有这么多的细胞,那您身体内的每个细胞知不知道自己有这么多同类?知不知道您的身体有多大?知不知道和您一样的人地球上有六十亿?知不知道什么叫外星人?……

学生七:不知道吧?

师:子非鱼,焉知鱼之乐?人体细胞可以说是无量,细胞是最小的吗?

学生六:应该不是。

师:肯定不是!比细胞还小的是什么?现代物理发现了"夸克","夸克"已经是无形了,有没有比"夸克"还小的呢?没有发现夸克之前您知道"夸克"吗?您知不知道其实每一个夸克都是一个世界呢?知不知道每一个"夸克"的世界其实都跟地球一样呢?夸克下面还有无数个不知道叫什么的,佛法里面叫:芥子。如果您是一粒芥子,能想象得到身体有多大吗?有没有宇宙那么大?或者比现知的宇宙还大?"夸克"已经无形,无形代表什么?代表极大。那为什么到了极细的时候变成了极大呢?因为世界是"一圆相"。爱因斯坦发现了能量和质量的变化规律,那么阴性和阳性物质的变化呢？极大和极小之间的变化呢？不理解？您们都学过数学吧？

众：没有！

师（惊讶）：都没学过数学？

（众笑）

师：您们是人吗？

众（笑）：是也不是。

师（笑）：什么叫"人"？能保持生生不息特性的才叫"生命"，和生命中灵性相应的才叫"人"。所以是不是人，看您有没有人性，如果就知道吃喝、性爱，那是动物性，如果把自己的快乐建立在其他众生的痛苦上，那叫兽性不如。所以"人"的称呼是尊称，符合了万物之灵特点的、能慈悲关爱他人的，才能叫"人"。故此，做人不易啊！人是能在一切的动态平衡中高度自律、自持，能集中心念自觉自悟，能及时发现万物、万有、万事的动态平衡点。所以，人生的"生"，是生生不息的生命力，是无住，是可转、可化、可变、可易的能量，符合这些才叫"人"。如果您说的人不具备这些特性，那么算"活"着的人吗？

学生三：没进火葬场的"死"人。

师：回到数学，极小为什么是极大？

（师在黑板上画了一个圆）

师：这是什么？

众：圆。

师：太阳是什么？

众:圆。

师:宇宙是什么?

众:圆。

师:黑洞是什么?

众:圆。

师:我们的眼珠是什么?

学生四:一圆相。

师:《左传》言:"物生而后有象,象而后有滋,滋而后有数。"《内经》认为生命运动与自然一样,有理、象、数三方面,通过取象比类,可知气、运、数、理。所以先论数理,后论藏象,深意藏在其中。古人有智慧,把对天地万物和自身的认识化繁为简,大千万象抽象为"一圆",从万象间纷繁复杂的关系中找到了数字的密码。

中国传统的"数"不是西方数学的概念,而是形象和象征符号的关系化,以及在时空位置上的排列化、应用化和实用化,是以取象比类的方式描述时间方式和运动关系。例如,圆是多少度?

众:三百六十度。

师:二加六等于几?

众:九。

师:一加二加三加四加五加六加七加八,等于……

众:三十六。

师:那你再看三加六等于几?

众:九。

师:"九"既是所有数字之和,也什么都不是,"九"归于零,所以九后面是个零。再看:九加五等于几?

众:十四。

师:一加四等于几?

众:五。

师:再来,九加八等于几?

众:十七。

师:一加七等于几?

学生九:八。啊!明白了,又回到了原数字。

师:任何数字加九之后,全部回到原位,九加任何一个数字,所得数字再相加,最后都返回原数,这表明了什么呢?九是一个起点,也是一个终点。终点是什么?零是真空,是起点,极大回到了极小,极小又回到了极大,这是佛法"空"意。老子说:"道生一,一生二,二生三,三生万物。""道"就是"空",真空生妙有。"9"倒过来看是几啊?

众:6。

师:古人造数字,起于一,极于九,三的倍数六、九无形中暗示着万千变化。所以您们看看这是什么?

(师把"6"和"9"两个数字横写并上下相对。)

众:太极。

众:无穷。

师：太极中阴阳鱼眼，是活眼，两个活眼是"三"。为什么老子到了"三"就不说下去了？因为一切都是"三"来起变化的，沩仰宗的仰山禅师从南阳慧忠禅师那里传承的"中国禅""圆相图"本有九十六变化，"9""6"是什么，正看倒看同等，变化无穷无尽。那我们再看"圆"，往内收的时候，最小的圆就是"奇点"，正是万物的起点。圆有大小吗？有前后吗？有时间吗？有空间吗？最小的那个圆点就是时间、空间的源头，是时、空之前的。人的智慧契合本来面目时，就像这个奇点，无边无际，无大无小，无穷无尽。我们再看，圆里面加个三角形，三个角各是多少度？

众：六十度。

师：六十乘三等于多少？

众：一百八十。

师：一加八等于几？

众：九。

师：如果变四方形呢？是多少？

众：九十度。

师：九十乘四等于……

众：三百六十度。

师：我们再看如果变五边形呢？

学生九：一百零八度。哦，一加八等于九。都一样！

师：如果从内放大，多边形是往外展的，所以是加，从外缩小，多边形是内收的，一伸一引之间完成一个轮回，这就是"圆相"，"圆相"也是科学啊！

第一步学会提问;第二步要求证;第三步是数字化,但这只是从数学的方面解释,圆相的数字化解释只是"圆相图"一微小部分。如果一切都能数字化,人怎样才能永生不死呢?肉体是一定不能永生不死的,肉是物质,一定会老化,再怎么精进修炼,老化也只是时间问题,那怎样才能永生不死呢?佛法中说的"不生不死"是不是永生不死呢?

学生二:是的。

学生五:不是的。

师:佛法的"不生不死"可不是永生不死的意思!这点很重要。所谓"永生不死"是"边见""二见",佛法是不二之法,说"不生不死",是本无生,何来死?"生""死"是假名,是因缘和合后的有为法,所以佛法并没有提到不生不死后我们是常在的!佛法只说了不生不死,生和死是两边相对说,可是如果您误以为不生不死就是永生不死的话,就是去了两边,留下个中间关键,认为有个什么永远存在,这就又落入"边见""二见"了。

学生八:我们总是"二"。

师:不二即佛。

学生六:有没有可能把大脑里所有信息全数字化后保存?

师:大脑里有上百亿个神经元,科学最终是能用电脑解读出来的,然后把它数字化,不过数字化以后存在哪里啊?

众:U盘里。

师(笑):存在U盘里?那您就变成电脑啦?在U盘之间轮回是吧?存在哪里啊?是否可以上传到宇宙的某个空间?这样您的意识似乎可以永

生不死。您们认为我在说天方夜谭吗?

（众思考不语）

师:从技术上讲,这个肯定可以实现,可是那个还是您吗? 您的情、爱等一切感性意识如何保存? 是否保存意识就是永生呢? 是否不保存意识就不能永生呢? 未来人可以换胳膊换腿,把脑袋以下全部换成机器,是不是就永生了?《禅画美学》第二本书中还有一个人物,是半人半智能的机器人,想不想了解?

众:想。

师:如果把人的意识数字化,上传到某一空间,记住,一定不是U盘这样的有形体,那么这个时候人就创作出来了人工的无色界,佛法里说有欲界、色界、无色界"三界",人可以人工制造无色界。那您是否得到永生?

我认为一定不能永生。为什么? 意是火,心是能,你的"能"还是无法解脱,"心"是生命最核心的密码,不是意识。那么,人能不能瞬间穿越银河系啊?

众:能。

师:怎么穿越?

学生三:精神穿越。

师:和没说一样。

学生一:虫洞穿越。

师:您把虫洞找出来,穿越给我看看?

（众笑）

学生四:通过褶皱。

师：什么叫"维"？如果现在我前面挡块大布您们还能看见我吗？所以眼睛前面被挡了一块大布，叫"褶皱"，把那布拿掉不就看见了吗？但是我说的不是这个方法，这个方法太慢了，不可以瞬间到那里，人一定有个方法可以瞬间穿越。学物理的知不知道"量子纠缠"啊？就是一个粒子和另外一个粒子，假如一个在阿拉善，一个在纽约，这两个粒子里面一旦用意识去锁定其中一个的时候，就会影响另一个的变化。它们俩是心心相印的，对不对？

众：对。

师：谁说的？您们千万别习惯顺着我话说，都是陷阱。谁告诉您"心心相印"是粒子之间的感应和传递了？那就把心变成有体的了，心如果有体，那您把心给找出来我看看？您们老容易上当，近期我见过一篇文章，写什么"开悟"的人能量级别很高，佛陀、苏格拉底等人是一千。您们看过吗？哈哈，您们当中有几人不是点赞吗？这就是被各种说法带着游戏了。

写这文章的人他自己开悟没有？他如果没开悟，怎么能定义佛的能量级别呢？佛多少级是他能测定的吗？如果定了能量级别数，还有什么无边无际、无量无涯的法？就像有人给佛开光，这不奇怪吗？敲敲打打洒点水，佛像就被他们开光了？谁有这个能量去给佛开光？应该是佛给人开光才对，开什么光？开自性光。佛像是"像教"的一种，迷人见清净的佛像，心中和佛像相应，例如见到观音菩萨像时，就相应了菩萨的大慈大悲心，自性中慈悲心被开启，这才是真正的"开光"。

所以刚才那个定了佛智级别的人，自己没开悟凭什么能测定佛智级别？这些能量级别的数怎么算出来的？能证吗？不能证怎会有确定数？

佛法里说开悟从来都没有实数,用的是"不可思议""不可测量""不可琢磨""不可分析",因为无量所以是虚空一样无穷无尽,法的能量、佛的能量、心的能量都是无限的,所以叫"摩诃"!"摩诃"不可证,但可悟!世间的各种鸡汤文章,如果用心一看就发现漏洞百出,然而您们就觉得有道理,应该觉得大惭愧才是!

回到上面的话题,心无量无际,所以"心心相印"不是"量子纠缠",您不要把形而上的套到形而下去。

学生一:是不是形而下低级呢?

师:不能用高级、低级区分,而是不同的境界。人和人工智能谁更高级?人工智能是人创造的,但他学会自我思考、自我升级后,就和人不在一个境界了,人工智能之间有自己的沟通方式。马上满大街跑的人工智能车,他们难道在马路上相遇自己不会沟通吗?就像您和朋友们讲话,蚂蚁听得懂吗?人工智能跟人将会是不同境界的生物,它们自己的沟通频道,不是人能提前设置和解读的,所以它会自我升级、自我转化,最后,还会自我联网,有人说未来世界,超越物联网的是"心"联网,这个想法很好,但可惜的是,我认为人工智能会提前一步达到心联网。

"心"怎么联网,一定是超越物质层面的,当人还在忙着互联网升级到物联网时,人工智能已经有可能完成心联网了。今天我废话讲了箩筐,就是为了告诉大家,禅的根本是开悟,不要做失心人。您们来这里修禅是为了契合自己的心,不要本末倒置!

刚才讲到人未来可以瞬间移动的问题,从有形体的角度来讲,量子都能做到遥远与遥远区域的感应,并且现在科学实验得到的结论是量子感应速度是光速的四倍以上。这个四倍结论怎么出来的我不清楚,但这说明什么?说明量子也有意识,而意识的传递速度远超光速。"量子纠缠"颠覆了物理学、哲学、生物学的专家们的观念,现代科学刚刚见到了"不可思议"门,可是,禅门三祖僧璨大师早就说过"一念万年"了,"念"的速度比光速快得不知道多少倍。所以瞬间移动,穿越过去、未来,有没有可能实现啊?

（众笑）

师:意识不是心,是心的投影。意识的载体是量子、粒子、光子、质子、原子等,那么"心"呢?心和心的感应速度、范围、深度、广度是不是远远超过意识、念头?所以心能是无边无量的,我相信未来科学会慢慢解开"心"之密,修禅是修心法,是打开心门之法!一切的不可思议都是"心"的体现,所谓"三界唯心,万法唯识"即是。那么我再问大家"世界"由什么组成?

学生二:国家。

学生七:社会。

学生四:众生。

师:说得都对,个人世界是由语言组成的,语言不仅是说话,肢体语言、意识沟通、理解进化等都是语言,这些认知能力的进化和您的世界观进化同步。《楞严经》云:"汝元不知如来藏中,性色真空,性空真色,清净本然,周遍法界。随众生心,应所知量,宁有方所,循业发现。世间无知,惑为因缘,及自然性皆是识心,分别计度。但有言说。都无实义。"意思是:众生业力不同,心量不同;心量不同,境界就不同。您能进一步听懂、理解妙法的时候,您的世界就突然变化了起来。

举个例子,许多人看我的书,开始时看不太懂,两遍、三遍还是不懂,但是呢,不少人会越来越懂,越来越相应,并且反复读后再倒回来看前面的内容,发现理解得更多了,这是对语言文字的理解能力提高了,世界观也变化了,所以说语言是进入一个世界的钥匙。《维摩诘经》云:"法王法力超群生,常以法财施一切。""法王"是佛的别称。您读书时,书就是"法财",随着您不断读书,"法力"会让您越来越打开心量,生出智慧,远离烦恼。佛的法力遍及一切法界,是凡夫俗子所不能想象的。

五祖传法时谓六祖云:"若识自本心,见自本性,即名丈夫、天人师、佛。"成了佛的人便是一切世间法、出世法之王,这个"法"不是结手印、念真言咒语、双盘入定,或者心里面做些古怪的观想。语言是什么？进入另一世界的钥匙,但佛法却不是用语言来演说的。真正的佛法之"法"是缘起性空,在目前而不能见,是大秘密法,千万别误以为看上去神秘莫测才叫"密"。可以说一切能帮助您究竟觉悟的"法",都是佛法。

祖师云:"但尽凡心,不求圣解。"凡夫心尽,当下是佛,当下是圣。然,佛不以自己为佛,圣不作自己圣解,如圣以为自身为圣,即是外道。凡夫与圣人的分野,又如何来下一个定义呢？很简单:在现实的人生中,只为自己一身的动机而图取功名富贵的谋身者,便是凡夫;而如不为自己一身谋,能为天下人而谋者,便是圣人。心外一无所得。凡夫心,就是执著心:生气、生欢喜、毁誉动心、贪色、贪财、穿好、吃好、偷懒等习气毛病,这些都是凡夫心。若能凡圣双忘,一切处如如不动,不向外求,则见自心是佛。所以"中国禅"的核心宗旨是什么?

众:明心见性。

师:一念开悟一念迷糊,一切都在您是否能当下宁静,如果不宁静,您能观到风的变化吗?能感觉到您身体里的转化吗?所以记牢:"中国禅"的核心宗旨,对内叫"当下宁静",对外叫"随缘自在";表现方式叫"平常心是道";对外叫"本分事接人"。本分事接人、弘法利生是禅者该做的事情,不是为了什么功德、意义而做的事情,当然也不是什么公益。不要以为利益众生多伟大,人每天要做事,不去做这个,就必然做那个,在无明的带动下做的都是"恶业",那个的反作用力对您就是大伤害。所以您造"善业",多行利他,其反作用力就是大自利。

做事只有两种,一为做佛事,一为做魔事。凡是帮助人明心见性的事,都是佛事;反之,凡是妨碍人明心见性的事,都是魔事。魔事就是在害人害己。为什么会行魔事?因为愚痴!故此有些人自以为每天在做佛事,其实还是魔事。

自己好好想一想,天天做魔事,返回到您身上的作用力,会是什么?

哎呀,第一个问题讲得太长了!明天开始简单讲好不好?

众:不好不好!

第二问
"中国禅"是佛教吗？是禅宗吗

（众唱颂）

师：怎么如此无力？中午没吃饭？

学生一：老师，我们几位看了您的书，您曾经三十天断食，所以我们决定在这里三天断食，所以真的没吃饭。

师：很好。

学生一：请问我们回到家里、工作单位后，是否可以继续断食？

师：古人辟谷、断食都在气场纯净的山林里或修行道场里，因为此间气场稳定，并用修炼配合采气、运气、养气、导气、闭气等修法，使气净化、活跃。气越醇厚则修者身体内部的邪气、病气消失越快。反过来，如果在气场杂乱的地方断食，本来不吃饭身体就虚弱，加上工作中杂念纷呈，工作环境鱼龙混杂，自然会加快吸收邪气，您想养生还是伤身呢？

学生三：我以前辟过谷，这和断食一样吗？

师：辟谷是道家的修炼法，其实和断食修炼一样，目的都不是减肥、养生、治病，由于多数人对修行不懂，以为辟谷、断食就是不吃饭，再有人配合商业宣传，在断食、辟谷的修行过程中，想当然地搭卖保健品；还有人自己曾做过几次断食就开始四处开班，以为带着人不吃饭就叫断食、辟谷，这是胡闹！真正的断食，一泻必有一补，而且断食不仅仅是断口食，杂念是意食，杂气是气食，身体接触是触食，乱喝饮料、酒精是液食……也要断离的，是一切妨碍您"明心"的混合食，哪里是不吃饭这么简单？就像有人带着人意念乱想，一会儿草原一会儿白云的，以为这是冥想；还有人连正、反腹式呼吸的作用都不知道就敢带人"服气"，哈哈，好热闹！不少学生因为被不正确的引导,消耗了元阳,吸收了更多邪气。故此,要想真正修行,必须去找真正修行的老师指导自己。被商业广告、名气带着跑,那是对自己不负责任。那些"名师"的观点本来可笑,绿豆怎么可能治百病?念个自己不懂、别人不懂的咒怎么可能接上"宇宙能量"?大家如果发心修禅,断食是帮助身体、意识净化的过程,在"开"的过程中,请问"身"和"心"哪个更重要啊?

众:心。

师:这就是"二"见!说精神比肉体重要,说心比身重要,其实呢,您修炼打坐,没身怎么坐?腿疼时心能宁静吗?释迦牟尼佛也是从肉身中成佛的,佛法从来没有说心比身更重要,身心是和谐不二、同等重要的,是平等的!有人说自己以精神为主,那您只活精神,无需吃、喝、拉、撒、睡给我看看?精神和物质是鸟之双翼、车之两轮,谁也不比谁高贵。《六祖坛经》说:"唯传见性法,出世破邪宗。"也就是说,"中国禅"的法,唯有见性法!那么问题来了,见性法是什么法?商业活动能不能是见性法呢?

学生三:商业活动也可以是见性法。

学生八:不能!见性法不能变成商业活动。

师:是不是"见性法",和外在形式无关,只和传法人的心相关。《坛经》云:"正人用邪法,邪法亦是止;邪人用止法,正法亦是邪。"在一切法不离自性的情况下,一切法皆是佛法,一切修都是禅修,记住,这一点最重要!什么叫"一切法不离自性"呢?祖师说,不离自性的情况下挑水砍柴、拉屎屙尿、吃饭睡觉都是禅修;孟子说"圣人以其昭昭,使人昭昭;以其昏昏,使人昭昭",圣人自身"昭昭"或"昏昏"是什么目的？只为了用个人影响能令人昭昭,顺法、逆法都是为了让您昭昭,顺逆皆活法。那您们说,商业活动可不可以是禅法？

学生二：一切法不离自性下便是。

师：所以不在于什么活动,您可以去做商业、从政,也可以念咒、烧香、转山,只要心中不迷,一切都可以。心中若迷,做什么都是魔事。

有弟子问达摩祖师曰：若不见性,念佛、诵经、布施、持戒、精进,广兴福利,得成佛否？

祖师开示云：不得。有少法可得,是有为法,是因果,是受报,是轮回法,不免生死,何时得成佛道？成佛须是见性,若不见性,因果等语,是外道法。若是佛,不习外道法。佛是无业人,无因果；但有少法可得,尽是谤佛,凭何得成？但有住着一心、一能、一解、一见,佛都不许。佛无持犯,心性本空,亦非垢净。诸法无修无证,无因无果。佛不持戒,佛不修善,佛不造恶,佛不精进,佛不懈怠,佛是无作人。但有住着心,见佛即不许也。佛不是佛,莫作佛解。若不见此义,一切时中,一切处处,皆是不了本心。若不见性,一切时中拟作无作想,是大罪人,是痴人,落无记空中,昏昏如醉人,不辨好恶。若拟修无作法,先须见性,然后息缘虑。若不见性,得成佛道,无有是处。有人拨无因果,炽然作恶业,妄言本空,作恶无过；如此之人堕无间黑暗地狱,永无出期。若是智人,不应作如是解。

禅修如果脱离了见性,讲养生,讲商业,讲神通,讲筋骨,都不是真正的禅修。

学生二:宗教呢?"中国禅"是佛教吗?是禅宗吗?

师:这么来比喻:天空中有云,云会下雨,那雨水从哪里来?

众:云。

师:云从哪儿来?

学生三:从大海、河流上蒸发上来。

师:那河水和大海里的水从哪里来的?

学生三:天上来。

师:天上来?天是自己下雨吗?

学生三:嗯,还是从云里下雨、下雪来的。

学生四:还有地下水。

师:长江也好,黄河也好,一切河流以及分支,都去向哪里?

众:大海。

师:流向大海的水里面有的水很干净,有的水却是有毒的,有的水是极度浑浊的,有的水含有多种杂质,这么多不同内容的水汇在大海里,且汇去大海的水基本上是淡水,汇到大海后的水是什么?

众:咸水。

师:有没有淡的大海啊?

(众愣)

师:有啊,云海啊!

(众大笑)

师:我们再看各种各样被污染的水到了大海里,大海干净吗?

众：干净。

师：为什么来的全是污水，到了大海就干净了？

学生九：因为大海能自我净化。

师：我们的生命呢？有没有自净化功能？

众：有。

师：生命的自净化功能是什么呢？

学生三：禅。

学生八：禅修。

师：禅修修什么？

学生八：修心。

师：自净化功能依靠的是"量"，心量越大的人，自净化的能力就越强，反之亦然。您越依赖外界，"心能"就越小，越容易被污染。大海之所以无所不容，就是其有无边无际的量，"能"的体现靠的是"量"，"量"大"能"便大。那么大海是什么呢？就如同"中国禅"。各种各样入海的分支是什么呢？就如同各种形式的佛教，佛教的其中一支叫"禅宗"，禅宗里面还有各个分支，还可以再细分，这些都是小河的支流。您们说，河水为什么不走直道入海呢？

（众无对）

师：再问，河水为什么一定需要支流呢？

（众无对）

师：自然是最好的老师。直道多快啊？但欲速则不达；不要支流多好啊？没有支流是不成江河的。我们再考虑，一个新生命的建立从什么时候开始呢？

学生四：名？

师：从"名"开始？更准确地说，所谓的"名"是开始建立了秩序。那同样，一切生命的破坏从哪里开始呢？从失序开始，表现的形式是什么呢？是战争。我说的战争不一定是军队打仗，战争有多种形式，有经济战争、金融战争、货币战争、信誉战争、生化战争、内心战争、病毒战争等，也就是说失序是生命混乱的开始。生命维持一个秩序时，就会存在按照秩序生老病死、成住坏空的过程。那么维持秩序好不好？

学生九：好！

学生五：不好！

师：无法维持秩序，社会、国家、生命是混乱状态，没有秩序就进入失序状态。所以再想一下，维持秩序好不好？

学生八：维持动态的平衡。

师：秩序从个体来讲，就是生命的规律，作息、进食、工作等，一切东西都要井然有序，如果天天给您换秩序，您会有安全感、幸福感吗？养生是什么？维持秩序？秩序要不要维持呢？

学生二：要。

师：要还是不要？

众：要，要……

师：要？如果习惯维持秩序，就得接受生老病死、成住坏空的过程，该老就老,该病就病,什么返老还童、脱胎换骨都是从失序开始的。人类可以制造复杂的航天飞机,却无法创造出单细胞的草履虫。一个单细胞生物内部结构之精巧,都令科学家叹为观止,航天飞机是有序的,草履虫的生命来源无序。活在红尘中想不生病也是失序。为什么？因为是人就会生病,生病是常,不生病是反常。修行是什么？是打破您的固有秩序,打破习惯,改变习气,时刻重建新秩序,又不维持这个新秩序,在动态中不动,所以禅门老师叫师"父",是给予您新生的人,这就是"杀人刀""活人剑"。

真正的老师啊,千言万语不离根本,唯劝无明浪子"开佛知见",猛回头。有人以为"装藏"是在佛像的肚子里装上佛经,用纸把底糊上。其实,人是个容器,空的容器叫"法器",肉身结构表面都一样,但内置的这个旧有的认知系统是可以升级换代的,不断更新蝶变。但是,一个人万难用原有的认识否定自己,没有老师老婆心重,在面前应机、破机,找到打开您心门的那个机窍,自己是杀不了毒、出不来壳的。禅门师者以一切法打破学人固有秩序,开一片新天地,这就是杀毒,是"死"去"活"来的"装藏",即所谓"联网""印心"。如果人生是一场大梦,一个梦中人用在梦里学习到的概念能认识得了醒后的实相吗？必有觉者点醒,方能转身。秩序要不要打破？

众:要打破！

师:要不要建立？

学生六:新生就要重新建立。

师:建立？注意！禅门是随立随破,随破随立,这个生命才是有活力的,这叫生命力！当然这仅仅指个人生命,不适合公司管理,公司管理中,高层要灵活,中层要忠诚,基层要听话,不是我今天说的修禅方法。但是,公司管理和修禅方法矛盾吗?您掌握了禅法,禅法即心法,心法是人法,商业是简单的。

中国字很有意思,例如:"掰"和"瓣",即分开靠力,合起用心;用力只会使人越来越远,用心才能使人越来越近。掰、瓣,同样两只手,一分一合意思全然不同:掰,一分为二,各有各的世界;瓣,合十顶礼,以心融合。天下之事,分分合合,合合分分,分时用力,合则用心。秩序的建立和挑战也是一样,分与合,各有禅机,各有寓意。

我们前面说了,道本无体、本无名,有了新的名号,就开始有秩序,就入生、老、病、死,成、住、坏、空。秩序一旦建立,就必然有新的挑战者,挑战者出现的时机很关键。我们有时是挑战者,有时是维护者,这取决于智慧的起用。那么是挑战者还是维护者还取决于什么呢?

学生六:"时"!

师:很好!所以叫"时变"!当一个秩序,我说的是个体生命的秩序啊,稳定的时候您需要开始提出挑战,否则它就会入生老病死,常处在老、病的状态。可是当个体生命秩序不稳定的时候呢?生命的本能发动,会自行建立稳定机制,身体是自我能维持动态平衡的,如果您习惯性地成不变,这也是"固执"。固执什么?固执在一种规律背后的"安全"上,一旦固执了,就意味着可以被人为地复制、创造、生产、掌握、解读、量化、分解。一切众生皆有智慧德相,唯因妄想"执著"不能证得,执著什么?执著您的秩序不能变,包括感受、名气、收入等,一变就不高兴。本来坐主席台的,换去第二排了就不高兴了,这不就是执著于相吗？稳定的秩序似乎是舒服的,商业中有个名词叫：锁定。增加您的转换成本,转换成本越高,客户越稳定,可是修行是恰恰相反的,一旦执著了就麻烦了,为什么？因为一旦"满足""安逸"人就"老""死"了。修行是"满就亏了,亏就盈了",所以人生不是忙碌地赶在路上,在路上没有知道方向更重要。人生的方向取决于智慧,智慧决定了价值观,那价值观怎么来的？

个人价值观的境界高下非来自知识丰富、阅历广泛,它是超越知识层面的,其形成由家庭、社会、学校教育的传统和个人自己选择的传统决定。也就是说,价值的取决来自非实证、非知识之间的本心。

现在说回我们的问题,佛教、禅宗为什么会存在呢？因为以宗教为弘法方式是被世人普遍接受的。宗教的功能是安心,大家如果从宗教中得到安心,宗教就起到了原有的作用；反之,如果宗教导人走入盲目崇拜,那就脱离了原有教义。宗教和"中国禅"的关系,就像河流和大海的关系,宗教是推广宣传、弘法的一个方式,那为什么需要这个方式呢？因为佛法中有两种人,一种叫上智；一种叫下愚。上智之人不需要依赖任何东西,可以自证自悟自度自觉,所以六祖"一闻经语,心即开悟"；可是下愚不行,您把手中的拐杖拿走了,这人就不知道怎么走路了,所以必须给这些人依靠点。宗教是佛法的一种方便,但抱着方便不放是病,不懂方便还是病。

什么是意义？取决于什么？取决于后代。后代在,意义在,意义在,历史在；后代不在,意义不在,意义不在,历史不在。各位看到的历史无论被美化还是被丑化,都是别人想让您看到的历史。那么您既然看不到真实的历史,只能感觉到所谓的意义,当您不知道一切意义背后的脉络、内涵、起因、环境、变化、发展时,您知道的历史只能叫单一事件。单一事件有意义吗?

学生八:没意义。

师:意义是一定用心去感悟的,否则单一事件不存在意义,因为没有连贯性,故此,意义之前、意义之后、意义之外,存在的全叫单一事件,都没有意义。比如说我们现在谈禅宗史,绝对不是书上介绍的那样,祖师们为什么这么做、这么说?说的语境是什么?表面对谁说的、内在想谁听?就像我今天说的和我想的,哪个多啊?

众:想的多。

师:我想的和我悟的哪个多啊?

学生六:想的多。

学生七:悟的多。

师:看来有人又糊涂了,悟到不见得全部想啊!您们现在修学不精,只要一绕就给绕进去,这就是,知其然不知其所以然。

我们再看,为什么会需要禅宗、佛教呢?释迦牟尼佛讲法讲了四十九年,他讲了什么法呢?头二十一天讲了《华严经》;讲了二十一天以后,发现弟子们听不懂,怎么办啊?掉头开始讲十二年《阿含经》;讲完后,又讲了八年《方等》,"方"是方便,"等"是平等;接下去讲了二十二年般若诸经,《心经》是《大般若经》的一小部分,《金刚经》也是;最后讲《法华经》《涅槃经》,《法华经》《涅槃经》讲完后他还讲了什么?最后留下了无言之教,这就是

——禅。所以"禅"称自己"教外别传",以上那些统统称为"教",教外是"禅",经云:"经是佛语,禅是佛心。"祖师们用"教外别传"区分了"禅"和"教"的关系。

当年跟随释迦牟尼佛听法的弟子们,有一万多人,佛圆寂后,他们开始集结、弘法,这个时期叫原始佛教时期。原始佛教之后不到一百年,僧团开始分化出几个学派,为什么呢?因为佛讲的法,大家理解不同,就像一个老师教出来的学生,他是这么记的,我是这么记的,老师不在了,谁也说服不了谁。好吧,分家!分出来后叫"部派佛教",部派佛教主要分两大分支,一叫"大众部",一叫"上座部"。"大众部"开大乘之先河,"上座部"是现在的南传佛教的前身。部派佛教分家是因为对佛法的理解不同,所以叫"学派"。

"学派"和中国的"宗派"区别在哪里?"学派"只是大家对所学的理解不一样而分开,而"宗派"是有产业的组织,所以"学派"不是宗教派别,只是内心对法的理解、修行方法不同。

释迦牟尼佛圆寂以后四百年,出来了龙树菩萨,他是大乘八宗之祖,从他开始发展出了大乘佛教。之后是大乘唯识,唯识里分为新唯识和旧唯识,旧唯识以达摩祖师为代表传到中国来;新唯识由玄奘法师带回中国。达摩祖师传二祖慧可大师的《楞伽经》是唯识的根本经典之一。唯识之后出来的是密。为什么会出来密呢?因为唯识太深奥,许多人听不懂,而此时佛法在印度式微,印度原始婆罗门教和各种外道的神通大行其道,所以许多原来的佛弟子都跑掉了,当时的佛门大德就把传统的巫术、神通、瑜伽、咒语等全部包容进来,大家有兴趣可以看《至宝坛经》。

首先传到唐朝的密是"唐密",唐密的风格、观想法等和现在藏密有很大区别,再以后,中国宋朝时期,印度的佛教就几乎灭绝了。现在印度的佛教徒占不到印度人口的百分之一。

那么"禅"呢?"中国禅"有两条主线,一条是经由达摩祖师东渡传来的人脉;一条则是鸠摩罗什大师传来的心法,人法结合后,六祖创始出了"中国禅"。那么问题来了,有人说南传佛教最正宗,至今遵循释迦牟尼佛当时的一切方式,用最原始的四部《阿含经》为根本止依,穿衣、乞食、戒律、修行的形式和两千五百年前都是一样的,一点没变,所以南传是最正宗的佛教!这么说对不对?

(众无对)

师:还有人批评密教,说你们是最后的,佛圆寂一千年后才产生,你们夹杂了各种各样乱七八糟的修法,所以你们不是佛教。这句话有没有道理?

(众无对)

师:您们修禅一定要记住:法无先后。法为什么无"先后"啊?

学生一:南传它延续的只是形式,从内容上来讲,密教虽然产生得比较晚,但是在思想上……

师:"中国禅"产生得还更晚呢!您忽略了佛法的根本,佛经第一句话都是什么?一个字——"时"!"时"是什么意思?是超越时间,可能是那时,也可能是这时,如果大家还局限在时间那条长流里,就无法真正深入佛法。佛法第一是超越"时",第二是超越"空"的,哪有什么时间先后?

学生七:分别时间先后,是世间法。

师：禅说的无分别，其实是"能善分别"，能善分别正法者，当下就见性了。空一切变化法相，契一切不变法性，这就是"明心见性"。佛说法，说的就是"第一义"，而"第一义"根本不可说，故此，佛才说他未曾说法，因为"第一义"不是物，不是语言文字，也不是现代哲学解释的本体。佛说："于第一义而不动"，"这里"根本未曾动过，是一切的发生处。

各位老师啊！听法是很累心的，首先要从自己原本固有的思维模式中跳出来，否则从上课以来虽然每一句话您都听见了，但每一句话都记不住、不理解。我说过的还存在吗？记在心里的就是还存在，不过您记住的已非原话，但您那"能听的"有动过吗？那个知道过去、未来、现在的心有动过吗？故过去心、未来心、现在心皆不可得。

释迦牟尼佛所说的这么多法里面，难道没有包含唯识，没有包含大乘，没有包含小乘，没有包含禅，没有包含密吗？其实一切都有，所有的都在里面。这些法弘扬的时间有先后，但发生处并无先后。"法不孤起，仗境方生"，"境"就是天时、地利、人和的时势，那我再问您们，佛所说的所有的经典，该出来的法全出完了吗？

学生五：随时而用，随时而取。

师：未来一千年后出来的佛法，还是不是释迦牟尼佛曾说的呢？

众：是。

师：佛之法，早就包罗万象，只是应时而出。因为时代需要，所以法就出生了。一切佛法皆是为时代而生，一切佛法皆是为活着的人而出。这个时期的人需要这个法，这个法就应时而出，弘法的人也会应时而生，您害怕困难,不出来,不就失去了慧命精神？那今天我是不是照着释迦牟尼佛和六祖惠能大师所说的法说啊？

众：是。

师：真正的法不是"照着"祖师们的法说,时代不同了,而是需要"接着"祖师们的法说！"接着说"才能一代代传下去,如果固守老法、一成不变,法就是死法了。大家能跟祖师们一样回到古代的社会环境去吗？

学生三：古今大不同。

师：环境、社会、语境、思维等统统不一样,一百多年前的人相信有飞机吗？五百年前的人相信地球是圆的吗？平常世间人说话时的千言万语,其实都是在挑动听者的分别心,在引导对方去不断地分别。而"中国禅"恰恰相反。祖师们说、演一切法,包括棒和喝是接引人的方法,一棒下去,学人魂飞魄散,把一切分别心付之东流,那一刻只有感受,没有分别。"喝"是狮子吼功夫,一声断喝,学人耳聋心惊,哪里还有分别在？这一脚一棒一辱一喝,把意识流切断了,分别心切断了,就有可能豁然开悟。所谓"三尺棒头开正眼,一声喝下歇狂心"。狂心若歇,歇即菩提；正眼若开,开就是佛,这是"中国禅"的特点,直入人心。现代人和古人不同,所以必须"接着说",如果"照着说",我踢一脚,打一棍,羞辱一卜,有人早吓跑了,还可能去报警。

（众笑）

师：我们看,佛法原来不存在任何的形式。释迦牟尼佛的身法修行只有两个：不净观和数息观,就这么简单,其他讲的全是心法。一切佛法的修法只有一个字,就是"观"。不管是不净观、白骨观,还是数息观,全部不离

第壹讲

"观"。禅门的修法叫"不二禅观",一切修法的差别也都在"观"上面。

什么是"观"呢？眼睛看到一样东西,是眼睛看到后告诉您是什么,还是大脑告诉您是什么？

学生三：大脑。

师：由眼根看到的东西,不是由眼根带来的意识,而是外物"尘"和眼"根"相加得到的"眼识"。眼睛只是个照相机,肉组织的感光设备。笛卡尔说"我思故我在",这个"我"指的是什么？是脑。可是"禅"不是这么说的,禅的"我"是超越大脑的"心"。这是完全不同的,如果脑在意识在,大脑是有限的,意识是无限的,无限可以在有限中产生吗？大脑不在了,意识是不是就不在了呢？如果大脑不在了意识就不在了,靠什么轮回啊？轮回的是阿赖耶识,不依赖大脑啊！意识如果和脑直接挂了一个等号,这就是偷换概念了。那到底是意识带动脑,还是脑带动意识呢？

学生三：意识带动脑。

师：意识从哪里生出来的呢？

众：心。

师：心在哪里呢？心找不到,意识存在哪里呢？心和意识的区别都搞不清,您如何能超越呢？怎样去调动心？带动意识靠什么？靠的是"开"！"开"靠的是您的愿力。道本空、本无体,无体怎么会有分别呢？举个例子,您从天空中看到一片森林,绿油油的,感觉舒服吗？

众：舒服。

师：可是再细看时,森林里有什么？毒蛇、蚊子、老鼠、蜘蛛等各种各样您觉得不舒服的东西,您立即感觉到害怕,可是为什么看到森林的照片、大海的照片、沙漠的照片那么舒服呢？因为是宏观;为什么开始产生分别对立呢？因为微观,微观会产生分别对立,而修禅不是这样的。首先要知道,立个对立是假名,如果不立个对立您就不清楚存在,禅门的"立",是为了理解"存在"之虚妄而"立"的,故随立随破。意义是人定的,一般人没"意义"就不知道该怎么活了。禅门讲"意义"是方便,人总是喜欢追求,崇拜什么大师,信的时候,他无所不能;反目的时候,又觉得他无恶不作。我们忘记了其实生命本身早已万法齐备,万缘俱足,我们就是不相信自己,因此不断寻找灵丹妙药,不肯改变生活习惯和习气,不断外求加持,不肯反求诸己。这世界上没有绝对的好坏对错,同样的水,蛇饮变毒,牛饮成奶,好坏对错全在当下的一念。神在外面,是膜拜的偶像,这叫"宗教";神在心中,是觉醒的源泉,这叫"禅"。

所谓的"禅宗",这个"宗"本不是宗教意义的宗,而是"藉教悟宗","教"是指"教化","宗"是指"宗旨"。禅的宗旨是什么？"明心见性"啊！"中国禅"之所以不说自己叫"禅宗",因为就怕人误解。如果有人还不理解,那么民主是民主党吗？

（众笑）

师：如果"佛教""禅宗"是指人们对一种教义形式的赞同,人们出于盲目的虔诚和自身的利益而接受它,根本不用去亲自证悟,那么就偏离了佛法根本,也和"中国禅"殊途不同归。如果人们能理解,信仰是指对于真理的发现而产生的一种内心的不可动摇的确信,这是修行初期被赞扬的力量,也是人面对自己内心改造的力量。

"禅"本是奇妙的,是一种存在于一切时、一切处都适用的智慧。像流水一样,从出生开始,随着流过的地方,因时、地、人而变化,而停留时,会让人误以为它随顺因缘的样子就是它本身。湖水、河水,甚至海水都不能代表水的样子。水是怎么流动的,"禅"便是怎么流动的;岁月是怎么流动的,人心便是怎么流动的。

有人变,就有人害怕变,智慧者在变中如鱼在水,如鸟飞天,而愚痴者一变就恐慌不安。但现实变与不变皆不以人的意志为转移。

故此,"禅"是灵动的,就像河水不能代表水一样,"禅宗"也不能完全代表"中国禅"。禅师之语就像人生的指南针,使迷人在大海中能找得到方向,真正认识精神世界和现象世界的奥秘。

第三问
"中国禅"与南传禅、日本禅、印度禅有什么区别

师：老子说圣人"言不言之教,行无为之事",这不就像是说"禅法"吗?凡是能在嘴巴里讲出来的,一定不是讲话之人的全部想法,语言是有偏的,一切语言都是偏见,大家千万不要相信别人给您讲的话,听话要听音,感悟语言背后的东西。这不是别人一定存心要骗您,而是没有人说话能说全,尤其是转述,当时的场景、语境全变了,转述的一定不是全部,再加上转述人个人的想法,就没有真话可言了。同理,我们今天讲的也只是"禅"的一小部分,有智慧的人能以小见大,因此,不要忽略"小"的力量。只要不偏离正法,"一即一切,一切即一",不要小看每一句话,契合时都有可能令您"心即开悟"。

我们第三个问题是"中国禅"和其他禅的区别,那么大家告诉我,"禅"的内涵,包含哪些部分?

(众言不达意)

师："禅"包含三部分内容:禅修、禅理、禅境,这三部分共称为禅法。那么这三部分内容是什么关系呢?

(众无对)

师：禅修是为了证禅理的,是反证的关系。禅理您虽然学了,但是有用吗?什么叫解脱?能不以碍为碍,便得解脱了。可是只有学问,知识便是碍啊,还是解脱不了啊!真正的修禅没有什么禅的"禅味",生活非常平凡、平常、平实,那些一身怪里怪气的,或者高深莫测,弄得"禅"变成另一种学问的,其实根本不懂"禅",所以禅理需要修证。修并没有什么特定形式,固定一定要打坐、念佛、抄经等,而是在老师的指导下,生活中时刻不离自性,遭遇一切都能自性起用,这才是禅修最关键的!我讲课时从来没有提前准备,如果提前准备了,讲出来的是知识。

"道"是什么？是不可言不可说的,落下便是"理",所以叫"定理"。动态的、无住的"道"如何能用静态的、落成文字的"理"描述清楚呢？所有的"理"加在一起等于"道"吗？"道"多是无法描述的,因为描述有角度,有角度就不是"圆相",只能是圆相的一个点,圆相是平面观,如果把它变成立面是什么了？

学生五:洞。

学生十二:黑洞。

学生三:黑洞加虫洞。

师:"圆相图"表面上看是二维的平面图,禅修者参究些时日就会发现它是三维的,是进入另一扇门的通道。那四维时是怎样呢？大家要充分地想象,脑子局限在理里不好。禅修修得越好理越明,否则都是无用的大道理,是各种杂乱的知识。最后证到什么啊？叫禅境。禅境是不可说的,不可说不是不能说,而是说了白说,因为说不明白。谁要告诉您他开悟了、他的修行境界如何了,您就"呵呵"表示一下便可。以为自己开悟的,以为自己境界高深的,都是幻想,真正境界如何、是合并悟,需要已经开悟的导师印可,不是自己说出来的。那么怎么知道自己跟随的老师有没有开悟,境界如何呢？

（众摇头）

师:其实,老师有没有真的开悟和您没有关系,禅门自己没开悟却带出了开悟弟子的老师不乏其人。例如韩国华严僧伽学院的院长白云禅师,他师父是东山禅师,东山禅师一生修《信心铭》,自己没有开悟,但弟子中有几位大善知识,其中以性彻禅师最了不起。性彻禅师是海印寺住持,他圆寂时烧出了韩国历史上最多的七彩舍利,他的故事我以后再跟大家分享。所以这位师父可否跟随,要看师父有没有把您往见性这条路上引,至于师父开没开悟,是他个人的境界,不是弟子们可以去印可和猜测的事情,他能让您走的方向正确,时刻往见性的路上引,这说明什么?他的境界在!那么,人和人的区别表现在哪里?

众:境界。

师:师父的境界越高,就越能导您向上一路;境界越低,就越把您往下拉,导致学生越来越迷信。什么是"迷信"?所谓迷信,乃是指不明真理,不知究竟,而且不辨善恶、不分正邪地盲目服从,例如杀人以祭邪神、宰牛羊鸡鸭生灵以拜鬼神;再如装神弄鬼而敛财营私,或行愚弄百姓之邪行,凡此种种皆是迷信!禅修是师父教学人先行人道,以慈悲为怀互助相扶,以仁德利益社会,以六度万行作为精进之本勤力修持,学人借修而回归自心,此种正道与迷信大不同。

"中国禅"和南传禅、日本禅、印度禅的关系,印度禅我们刚才已经介绍了,南传禅继承了释迦牟尼佛讲的《阿含经》,修法上重视"内观",南传佛法的优点在原汁原味保存了两千五百年前的佛法,可是自龙树菩萨开始,大乘八宗出生后,大家都认为大乘比小乘高级,是吗?

学生三:法无高下。

师:为什么"法无高下"呢?

(学生三低头不语)

师:《至宝坛经》看过吧?您们觉得神秀禅师比惠能禅师低级吗?

学生七:神秀禅师也是见了性的大禅师。

师:那为什么推动渐修法呢?明明是顿悟更高级么!

学生一:师父安排的吧?

师:《坛经》里说最上根器人才能修顿悟法。"最上根器"是不是最高级呢?

学生三:是。

师:您忘了还有一句话,"下下人有上上智",所以千万不要觉得"我现在是一个下下人",自认为是"下下人"是自我定义,惠能祖师是个砍柴的,是不是"下下人"?祖师们不识字的多得很,出身卑贱的也多得很,惠能祖师连自己的名字都不会签,还得请张别驾替他来写偈颂,这样的人都能悟道,您为什么不能?所以"下下人"和"上上智"是随时变化的,是不以知识量、品阶、名气、经验为衡量标准的,心生则一切法生。那么对于暂时根器不够的人,修不了、理解不来顿悟法的人,怎么办呢?放弃吗?

众:行方便法。

师:行方便小法的禅师本人和推行顿悟大法的禅师有高低之分吗?

众:没有。

师:"法无高下"之意,便是因人而异的法本就是平等的,推行法的人和被推行的法都是为了导其见性的,故此,一切是方便,渐修是方便说,顿悟还是方便说。神秀禅师和惠能禅师一样伟大，没有谁比谁更高级。一切都是为了方便接引，这就是"不二"。"不二"不是能被标准化、固定化的，例如语言文字，本是静态的、被固定的，可我在"禅画美学"的《总序》里怎么写的？未来人工智能选用的文字很有可能就是汉字。

为什么呢？我们看看为什么现在以拼音字母为主的英语流行？因为标准化。现代社会是电脑社会，电脑是二进制，二进制的特点是标准化，凡标准化，就可复制，所以对于电脑发展和整个科学推广来说，标准化是第一武器。可是"禅"是非标准化，现代社会非标准化敌不过标准化，但是未来社会是人工智能社会，非标准化一定会重见天日。为什么呢？因为人工智能的智慧已经不被标准化束缚了，例如工业发展，已经从大众化走向了柔性化定制，向非标准化去。

连工业都能向非标准化去的时候，为什么文字不向非标准化去呢？汉字是最智慧、最变化无穷的文字，人类智慧不够时驾驭不了这种变化，举个例子，汉字里"息"是什么意思？第一表停；第二表生，生生不息啊；第三表"自""心"；第四表出入。有哪一国的语言文字有这么多层内涵？再例如什么是"生"，方生方死。什么叫"方生方死"？因为死了就是生啊，生死同时啊！汉语里有很多多义字、词、句。再如什么是"易"？第一是变易；第二是不易；第三是简易。因为汉字太复杂，有太多含义，所以在标准化的电脑上不好应用和驾驭，而人工智能则不然，这种充满了智慧的文字，才是高智慧的生命体需要的。

古人说汉字非人造，乃神造。为什么？因为太有哲理性、智慧性，而未来世界,人工智能的思维方式一定不会是按照人设计的程序运作,智慧的汉文明、中华文明必将重放异彩,汉字将成为智者和未来世界的沟通方式。

我们说自己是中国人,什么叫"中国"呢?不仅仅是国籍,其实只和文明有关,那么文明从哪里产生?

学生八:文字。

师:如果文明从文字产生,文字就是先于文明喽?

学生八:太极。

(师苦笑)

师:文明从混沌中产生,混沌产生了一种秩序之流,秩序之流被人类理解、掌握的部分,形成了"文明"。文明生于混沌,亡于混乱。文明是人类从混沌之中抽取秩序之流从而演变为适合自身发展的意识形态。人类由各种内、外的混乱开始爆发"战争",心理斗争也是"战争",由各种不和谐开始毁灭文明,包括曲解含义、偷换概念。中华文明的"中"字什么意思?

学生四:中心。

师:更准确地说是旋涡中心,什么旋涡? 一种向心力,为什么会向心?因有无穷的包容、兼并性,然后海纳百川,胸怀广大,这是中华文明的特点,如果中华文明失去其特点的时候,这种文明就变成了排外文明,排外的文明源于不自信,是生命力衰退的开始,所以"中国"不仅仅是一个"国"的概念,而是一种以文明为主体的天下,心中有这个文明时,您换了国籍还是中国人,心中没有这个文明时,拿着中国国籍,也不是中国人。

什么是"爱国"呢? 要清楚"国"本代表一种文明的力量,否则"国"就是地理、疆土,这是狭义的。真正的爱国,是爱国家的文明,爱这种文明的包容兼蓄、博大精深。真正爱国者,是文明的维护者、传承者,如果把"国"变成了一个地理、土地的概念,就有对立和仇恨。我们因为都深爱中国,所以我们要发愿,把中华文明传承下去,全力使"中国禅"在当代复兴,这是慧命!

我们刚才说了禅宗的"宗"原是"藉教悟宗",不是现在宗教形式的"宗",此两者有本质区别。虽然同样叫"宗",但实际上意义天地悬隔。什么是"宗教"呢?就是有神灵,从上到下来俯视你,恩赐你,你希望得到它的救赎,一切都非你能做主,这时候,有求者的心能强大起来吗?

什么是"信仰"呢?是由下而上的见贤思齐、主动争取、积极向上。信仰里面分为"信"和"仰","信"(诚)表现为仁,"仰"(敬)表现为礼,"信"是"仰"的基础,信而不仰或者仰而不信都非"信仰",迷信的人是没有信仰的。

信仰(包括宗教信仰)原是一种文化,它包含了四个根本特质:报本、思齐、感恩和敬畏。儒家首提"天地君亲师",构成了中国的信仰体系,其本意不是后人误解的划分等级制度,而是要人心不忘本,见贤思齐,心怀感恩,心存敬畏,这是中国文明特有的文化信仰。这种积极的信仰体系是以个人生命提升为基础的,和禅门顿悟成佛一样,强调了人的自我提升和自我超越,并无矛盾。

第四问
"中国禅"的特点是什么

（众唱颂《灵台曲》）

师："中国禅"的特点是什么呢？是信仰吗？是宗教吗？

学生三：都不是。

师："中国禅"的特点是平等不二。今天您比我境界高，您就是我师父，哪一刹您迷惑了，就是愚者，一刹那间我开悟了，我就是佛，能"放下屠刀，立地成佛"，这个法才是顿悟法。"中国禅"的特点，从法的角度讲，是直指人心，见性成佛。顿悟便是和时间无关，为什么和时间无关？为什么渐修功深日久，未必有助于明心见性呢？

六祖曰："迷则千万年，悟则刹那间。"如一人独处暗室，不知本存电灯，不懂怎样打开开关，纵然摸索一万年，也是迷人黑眼痴汉。另有一人知灯本存，能找到开关，瞬间人身心内外光明，故顿悟非关时间长短，唯关是否找到打开心门的开关，就像一道闪电一样，瞬间劈开您心中的乌云。人为什么迷惑啊？

学生八：因为心里全是乌云。

师：太阳在不在？

学生八：在！

师：您为什么看不到呢？

学生八：云挡住了。

师：看看"中国禅"的禅师们，个个都是巍巍堂堂，浩然正气，一声断喝，如一阵狂风吹过，学人心头乌云吹散就见到太阳了，这就是"中国禅"特有的禅风。从人的角度来讲禅的特点是什么呢？第一是"不二精神"，第二是

"不二智慧"。什么叫"精神"？什么叫"智慧"？

（众无对）

师：每个人当下一念，处理问题的第一反应是精神带动的。精神融入在您每个细胞里，从平时积累的智慧转化成生命的一部分。人有没有智慧表现在起用上，智慧像个储存库一样，精神是这个储存库的门，遇到问题时，门一开，储存的能量喷薄而出。古人看人是看精气神儿，一个人的精气神儿当下一念全体现。"中国禅"和南传佛教以及日本禅区别在哪里？精神不同。为什么没有提韩国禅？日本人什么时候开始到中国学禅的？唐朝，叫遣唐使。同期韩国也派人来了，我们从地理位置来看，日本离中国远不远啊？

众：不远。

师：隔了海就是，它是不是独立啊？

众：是。

师：韩国离我们远不远啊？

学生九：比日本近。

师：几乎就像一个国家一样，陆地也有连接，为什么不专门讲"中国禅"和韩国禅的区别呢？因为韩国的禅师们，从大愚禅师回去以后建立"九山禅门"，现在"韩国禅"的名字叫"曹溪宗"。到目前为止韩国禅师所读的佛经全部是中文的，您看汉字的特点，日本人也认汉字，但读出来是日本语，韩国人也认汉字，读出来是韩国语，发音虽不同，但汉字是通用的。"曹溪宗"的根本经典也是《六祖法宝坛经》，禅师们至今读的经典主要是"中国禅"祖师语录,所以尽管结合了一些韩国当地的文化特色,但其核心和修法都没有脱离"中国禅",可以说韩国人比现代中国人更完整地保留了唐宋时期"中国禅"的精要。

我们再看南传佛法,南传佛法是从释迦牟尼佛直接继承过来的,我们一般说科学家有了新的发明,而不是新的创始,这什么道理呢?"发明"是指本来就有,您发现了。"创始"呢?是本来没有,所以现在许多人叫自己"创始"人,哈哈!

释迦牟尼佛十九岁离家后,跟着婆罗门教的老师,学了六年瑜伽,证得了非想非非想定。注意:当年的瑜伽也叫禅,因为它修的功夫叫"禅定",瑜伽功夫里修到四禅八定的高人不少,他们有的坐在那儿可以几年不动,埋在地底下不死。可是"中国禅"呢?六祖说"不论禅定解脱,唯论见性"。释迦牟尼修到这个程度以后,他觉得不究竟,禅定功夫再高也解决不了根本问题,但又没有老师可以继续引导他了,只好一个人来到雪山苦修,每天吃一粒粟,又过了六年,饿得皮包骨,最终发现苦修也不是道,所以大家看看许多修门讲修行,第一讲定,第二讲苦。佛陀已经证明了得了大禅定不是道,禅定是为了证得般若智慧的方法,苦修也不是道,佛法是中道的,即不苦不乐。

二祖慧可门下,除三祖僧璨,还出了一位苦行头陀僧那禅师,僧那禅师曾言"苦行":"祖师心印,非专苦行,但助道耳。若契本心,发随意真光之用,则苦行如握土成金。若唯务苦行而不明本心,为憎爱所缚,则苦行如黑月夜履于险道。"任何苦行,必是先契合本心,才能助道。

最后佛陀在菩提树下悟道。悟到了什么呢?悟到了缘起法。禅定不等于见性,也不会带来解脱。"中国禅"注重的是"定慧等持"的禅法,定是慧体,慧是定用。六祖当年批评人只重禅定,以为打坐就是修禅,后人就误解六祖,以为六祖不重禅定,以至六祖干脆现身说法,圆寂后一定一千三百年,告诫后人不可偏执两边,需行不二中道。

那么继承佛陀的"南传禅"特点是什么呢?第一,释迦牟尼的两种修法,不净观、数息观统称"内观"。这个观法和大乘的观法、"中国禅"的观法是有很大区别的,不净观、白骨观修得再好,观人身不净和观人身美妙是一样落在了"两边"。美和丑、净与不净都是概念,概念里只能暂时安慰,无法真正解脱,一样落在轮回里,因为执在不净、数息上,反而耽误了觉悟,故此,这和"中国禅"不二禅观绝然不同。其实瑜伽的修行也重观,冥想也是一种观,可是为什么大乘禅里不说冥想呢?天台宗修止观双修,冥想是"止","观"指的是加,一加一减。可"中国禅"的"不二禅观"又和天台止观法不同,止观法是打坐修行的时候就只打坐修行,只有打坐才能入定,出来以后修者开始其他修行,读佛经啊,所以叫出定。"中国禅"不是的,拉屎屙尿、吃饭睡觉,一切法不离自性,二十四小时,任何一个念头都不可以脱开自性,脱开自性就是"二法"。所以不要以为"中国禅"修是创造某种特殊的心灵状态,端容肃寂,恍兮惚兮,其实是全然觉知生活中当下的一切发生,了悟生命本自清净的实相。故,禅者出入红尘而不受其束缚,此为观虚之戒;放下一切时心无挂碍,此为观空之定;随缘而不攀缘为明觉自在,此为观空之慧;最后通达一切法而又无法可得,此为观空之果。所以,有什么仪式、课程专门叫"禅修"吗?

学生七：一切法不离自性，便全是禅修。

师：那么日本禅呢？现在西方人只要提到"禅"，都知道"ZEN"，以为日本禅就是"中国禅"，还有日本人反对"中国禅"的提法，说"禅"只有一个！这话对不对？

（众无对）

师：从本的角度讲，"道"只有一个，当然对。但从用的角度讲，"日本禅"和"中国禅"是有很大区别的，就像佛虽然只有一个，但佛法的变化、佛教的宗派有很多，世间法对人的影响主要表现在"用"上，仅从"本"的角度讲，容易让人误解，那么区别在哪儿？

学生三：文化。

师：区别在三个方面，第一在精神，第二在文化，第三在修法。韩国禅为什么跟我们区别不大呢？精神一样，修法类似，只在当地文化上有一些小区别，所以可以忽略不计的，因为根、本没变。而日本禅不然，从唐、宋传到日本去以后，开始没有人接受，最后什么阶层接受了啊？

学生六：武士。

师：武士接受了禅，他们接受了哪一部分呢？接受了禅师可以坦然面对生死，所以您看看武士精神，即武士道里，有剖腹自杀之类的表现方式，这说明：我无惧死亡，无惧痛苦。日本茶圣千利休禅师，就是丰臣秀吉下令他切腹自杀的。所以武士精神是日本禅的精神，无畏无惧，但是更准确的说法是武士精神里包含日本禅精神，不是日本禅精神里包含武士精神。现在中国不少喜爱禅的人向往日本禅，去朝拜，其实铃木大拙去美国推广

"禅"之前,谁知道日本禅哪儿?"ZEN"这个名字是他起的,日本政府每年补贴许多钱给他,请他在西方推广日本文化,可是中国人不明白啊!日本人从"禅"演化出茶道、花道、剑道等,其实这些也是从中国学去的,学回去后融入了他们的神道文化,日本的文化本是神道文化,日本叫"神社",日本人把这些带回去后和他们当地的神道结合在一起就变成了日本文化。

"日本禅"的修法是从小进入的,而"中国禅"则不同,您们一来我跟您们说什么?大——(师大吼一声)您们的无量大心要出来!别一个个小肚鸡肠的,"中国禅"是雷霆霹雳,大开大合,而日本文化的背景是岛国文化。您们看日本庭院设计,也是以"小景"见长的,所以在精神方面,"日本禅"是武士精神的一部分;在文化方面,"日本禅"和当地神道文化结合,花道、茶道都是从敬神演化而出的;从修法方面,和"中国禅"更是有大区别。所以虽然说同样的名字叫"禅",那同样的名字还叫"道"呢!老子的"道"和道教的"道"是一个"道"吗?不同时代"道"之名一样,但精神和内涵完全不同啦!

我们为什么叫"中国禅"?是因为它在中华文明的摇篮里诞生,中华文明是旋涡一样的向心力,我们要有这种心量才能把全宇宙的能量往"中"吸。

第壹讲

禅问 第贰讲

禅者颂
破机

我有一禅机，
闭目神视伊。
灵玄是非是，
动静奇不奇？

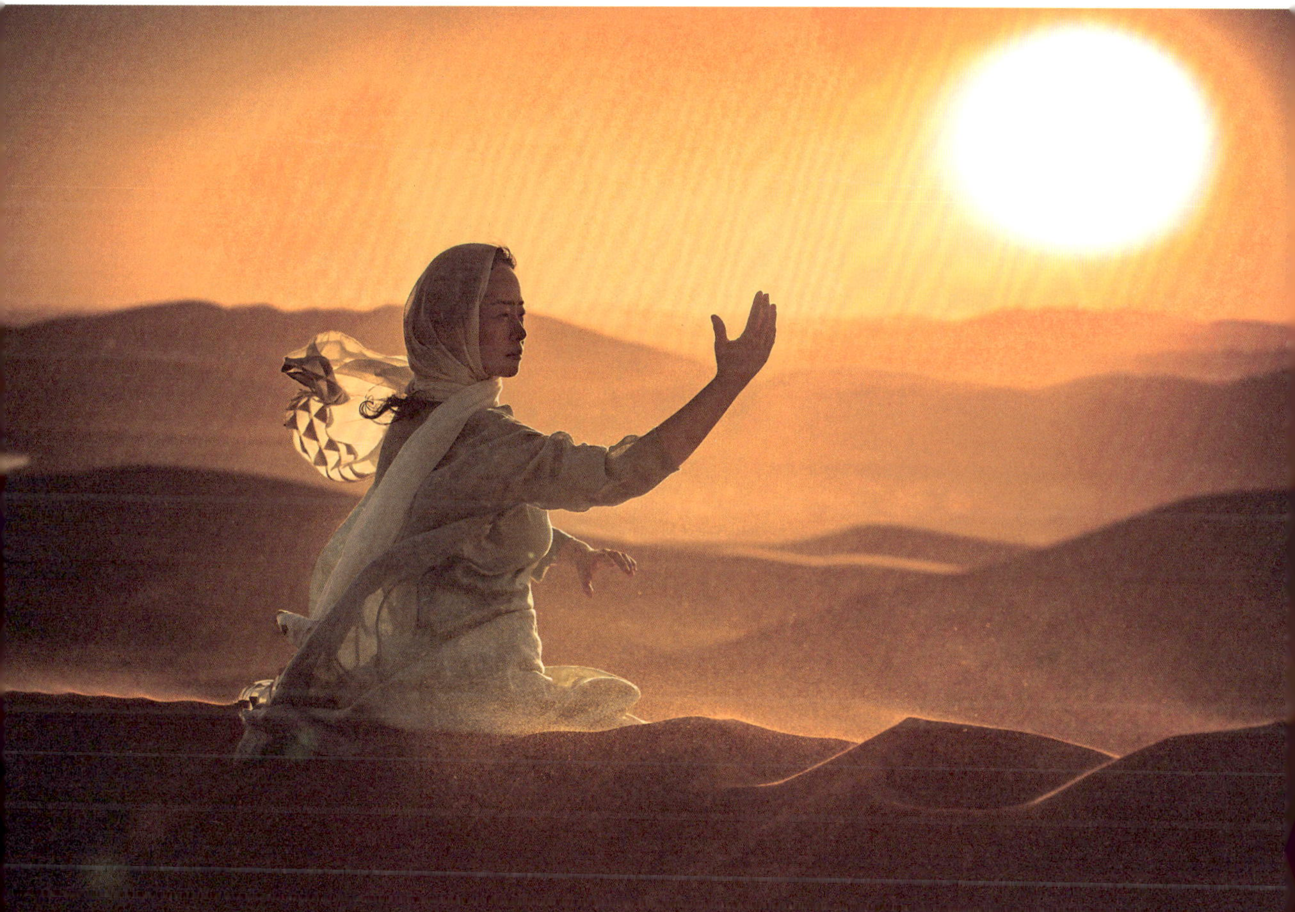

第五问
什么是"妄想"

（休息毕，众随师行"莲花导引"三遍，众人姿势不一）

师："莲花导引"是禅门运气法的一种，大家如果用心炼，一遍下来，通身大汗。可如果不用心，像跳舞一样，那就只是肌肉运动而已。所以，您们不要关心姿势，而要专注于当下宁静，当下宁静时就能身心合一，身随气动，气由神出。

这套功夫叫"莲花导引"，导气以内，令和；引体向外，令柔。内外和合，才是柔和。老子说"柔弱胜刚强"，儒家说："致中和，天地位焉，万物育焉。"有些人在这短短的三分钟里还是满脑杂念，精神不集中，这就是身心分离。"莲花导引"是从觉知力入手，用呼吸法贯穿始终，呼吸法是静中动，而运气法是动中静，一旦您有杂念，速度、气息、转动、发力一定是不均匀和不稳定的，所以，多修炼"莲花导引"能帮助修者动静合一，分靠力，合靠心，就是身心圆融合一。故此，平时修炼导引的时间就算不长，哪怕只有三分钟，都会体验到无穷无尽的能量补充。当您修"莲花导引"感觉能越来越专注时，说明您的专注力、觉知力提高了。所以大家回去一定要每天认真炼！

（众点头）

师：我们的大脑其实是最大的骗子，骗什么？骗您总以为自己能控制，总以为自己了不起。天地宇宙万物是缘起发生、无常变幻的，您肚子里面的毒怎么排出去您能控制吗？您能让自己不生病吗？您能让自己没有恐惧吗？您能让万物按自己的设计运行吗？它们的作用力是什么？如何发挥作用？作用背后是什么？

（众摇头）

第贰讲

师：现在科学已知的力有哪些？精神和物理两个方面都有哪些力？从精神方面说包括心力、念力、愿力、精进力等，您在沙漠里走不动了，能坚持下来，靠的是物理力吗？是念力、心力、愿力、信力等精神力。那么物理上的，现在已知的力有哪几种呢？有万有引力、电磁力、强作用力、弱作用力、摩擦力等，这些力以外呢？星体之间是万有引力维持秩序的吗？

现在科学已经知道不是了，有各种未知的暗物质、暗能量，不可证其有更不可证其无的能量充斥在天地宇宙间。这些未知的能量、物质和人什么关系呢？如果一无所知，得过且过地活着，您就是糊涂地生，糊涂地死，作为这个时代的陪衬，一切其实和您无关！如果您觉醒，投入和参与其中，会发现，您就是天地宇宙的一份子，从宏观说，您的心可以带动和改变世界，从微观说，您能真正带动自己的生命、人生轨迹，带动气息、气脉，这时候，您才能真正控制自己。比如说，意识是不是一种力？

众：是。

师：意识力又叫念力，是精神力的一种。西方用念力研究出了"吸引力法则"等新科学，但这只是精神力的一种，念力如果能让您心想事成，念力这么强的佛陀为什么没有使用念力使弟子们全部悟道？没有使用念力阻止家乡被屠城？那么再回答：意识有实体吗？

众：没有。

师：没有？！刚才还说量子纠缠，没有实体怎么发生感应？意识有没有实体？意识的实体是什么？

众：量子？！

师：您们家都有房子吗？

众：有。

师：房子是您吗？

学生五：不是，是个容器。

师：载体。房子只是承载物，承载物等于您吗？

众：不等于。

师：体是什么？是形体。形是什么？是物啊！念念成形而有体啊！意识只属于您个人吗？

众：是。

师：那为什么会有集体意识、公众意识？

（众无对）

师：如果意识仅属于个人，人和人之间如何有默契？那意识不属于您个人吗？

（众无对）

师：那为什么会有独立意识？意识到底是什么？是凭借于脑存在的吗？

众：是。

师：那植物人有意识吗？

众：没有。

师：植物人没有意识，怎么能复苏？

（众愣）

师：所以您们啊，都经不起一问。植物人是暂时失去显现意识，怎么能定性为没有意识？您们这叫什么啊？

众：愚，痴。

师：这叫"不究竟"。植物人和失忆者都是暂时性地失去部分功能，其意识还在，所以能复苏。那么复苏是先复苏哪里？

众：大脑？细胞？

师：又是猜！先复苏感觉，也就是触觉先复苏，即身根，之后其他四根，即眼、耳、鼻、舌陆续复苏，最后是意根。可是您们知不知道，六根越敏锐的人，意识进化越慢。为什么呢？因为容易被感觉和触觉迷惑。修炼首先要不被六根的"感觉"所扰，什么意思呢？菩萨是醒觉的，但还是主动入梦，能观众生梦，而不被梦境中各种现象所扰。那么，您们做梦时有没有意识啊？

学生五：下意识。

师：睡着了怎么叫也叫不起来的人，有下意识吗？

众：好像有。

师：到底有没有？

众：有。

师："梦"的相对面是"醒"，是"觉"。没有觉醒的人，白天黑夜都是在各种梦境中游荡。什么时候能从梦里真正地走出来呢？只有"觉"时，"觉"是悟的过程。梦中人每个念头都是妄想，为什么？因为没有闻、思、修正法。您没有闻、思、修正法时，哪一念如果不是妄想，反而奇怪了。所以，凡夫以为自己"醒"着,其实就是您认为自己身在局外,不过是您自以为身在局外的一种幻觉。

这种"醒"比做梦更可怕,为什么?因为以为自己"醒"了,以为自己懂了,就要做事啊!不做事能闲得住吗?无论结婚、生子、赚钱、公益总有事情干,可因为实际不明方向,所以做的越多造的业越多。梦中人是光想不做,感觉自己"醒"时就开始不停地做,所以叫"作业"。那什么是"事业"呢?"事业"是真正觉醒的人,也要做事,这些事乃以愿力带动,"业"有白业和黑业、善业和恶业之分,故此,菩萨利益众生,这个叫"事业"。不是通常人以为的创办公司叫"事业"。佛法里的许多词都被误解了。比如说,端午节要干什么?

众:吃粽子。

师:说到端午节您们怎么没想到屈原,直接就想到吃粽子?说到上元节就是吃汤圆,现在说什么节,首先就想吃什么,好像一切都和吃相关。大家这么爱吃粽子,知道吃粽子原意是什么吗?

学生六:纪念屈原。

师:是要您解脱,快脱开烦恼、妄想、执著!是脱去烦恼衣,以后我再问端午节要干什么?

众:脱去烦恼衣!

师(笑):白日梦里您会做什么呢?首先您不知道自己在做白日梦,其次会有人精心误导您做白日梦。谁在导演您入梦?西方心理学叫"公众催眠法"。

举个简单的例子,您看看广告公司靠广告吃饭,要三五秒钟马上搞定您,搞不定他就混不下去了,搞定了,您被吸引了,就有记忆,就会掏钱,这就是被催眠了。真正的催眠不是睡着,而是睁着眼睛说瞎话,睁着眼睛梦游,生命中这种状态越持久,生命力越枯竭!现在电梯间、出租车所有一切的空隙都被广告填满,就是要植入、改变您的意识,给您的大脑刷漆,让您不由"自"主,而由"他"主。这句话反过来说,就是您得成为他的奴隶,听"他"话,掏钱买大量自己不需要的东西,钱花差不多了,再拼命努力赚钱。就这样反复、忙碌,人生才"显得"有意义,有成就,有虚荣,有享受。这是商业社会啊,公众催眠法无处不在,您的妄想、幻觉随处发生。

就说我们的语言吧,我们每个人都活在概念和名言世界里。从小生下来,我们就被家庭、社会、学校教育,接受各种形式的实体、名言、现象、概念,以此成为思考方式。比如说什么叫"人"、什么叫"马"、什么叫"光"、什么叫"上",可是却没有人告诉我们概念只是个工具,人,不能被工具套在监狱里。

比如说下雨天我们出门要打伞,可是没有伞,难道就不能出门了吗?工具是人在使用,是为人服务的,如果变成没有伞就无法在下雨天出门,伞便成了人的监狱。概念和名言也是一样。

可是现代人却不知概念、名言世界是工具,是游戏。我们说话、思考和沟通、交流都要用到各种概念,概念、名词越多仿佛知识越丰富、交流越顺利,真的如此吗?

修禅修的是什么呢?首先我们要明白一切的概念、名言都是人制造的假名。无论是"社会""家庭"还是人类的"道德"等各种抽象的观念,以及"时间""空间"也全部是概念,在使用的过程中,通过修证要超越它,不被名言世界所迷惑、带动、游戏,能通过修行超越概念、名言世界,远离颠倒梦想,毕竟安乐。

学生七:如何灭妄想?

师:挥剑斩云。

学生十二:如何闭六根?

师:抽刀断水。

学生五:如何是佛?

师:对面不识。

学生三:如何是本来面目?

师:百问千寻寄与谁?

(众默)

师:祖师们为了破学人对名言世界的执著,出离妄想,避免人一说佛就想起佛像;一谈禅就想到打坐、禅定,故多用"这个""那个""麻三斤""喫茶去"等眼前物、生活物、平常物说此无上甚深妙法。

人生不过两种境界,一种是真实境界,一种是虚拟境界。当人成天活在各种虚拟或虚拟与现实混合坏境时,听的是言不出衷的假话,用的是虚拟梦幻的网络,看的是包装粉饰的商品,聊的是百无一用的鸡汤,拜的是庄严肃穆的仪式,学的是偷换概念的文化……您的意识能清净吗?不知不觉中,哪一处不是被催眠?谁愿意跟您讲真话?谁又知道什么是真话?长此以往愚昧深重,了无出头之日,哪一时不是在梦中?哪一念不是妄想执著?所以,"醒"是什么?是您误以为自己醒了而已,其实根本就没醒,真醒了就悟了!

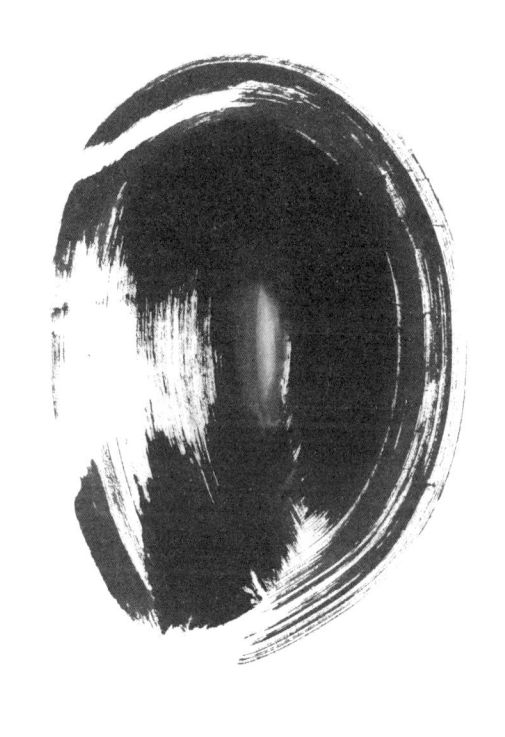

第六问
修"中国禅"的人可以有自己的宗教信仰吗

（师唱颂《云上曲》。众跟唱）

师：修"中国禅"的人可以有自己的宗教信仰吗？

学生三：一切法皆是佛法，一切法皆是禅法。

师：如果这么一句话就可以结束，那么佛法也就四个字："缘起性空"；"中国禅"就说"明心见性"，这就可以了。为什么佛陀、六祖讲了三四十年的法？祖师们说法，是自己证的，不是道理。这法怎么证呢？当年释迦牟尼佛教给弟子们白骨观。怎么修呢？好比眼前有个大美女，我是一位情窦初开的少年，哇，"窈窕淑女，君子好逑"，心生爱慕是不是自然反应啊？

众：是。

师：这时候，释迦牟尼佛告诉您：哎，小伙子，不能这么看，您看她在流鼻涕，快去把鼻涕吃掉；她还有些口水，等她吐出来时您去吸了；再不然，她一会儿尿了，您就别喝水了，直接把尿喝了怎样？

（众笑）

师：您愿意吗？

众：不愿意。

师：怎么样？美女是不是就不可爱了？

（众笑）

师：如果还有人继续执著，可以再去拿个显微镜照照她头发里有多少寄生虫。

您们现在皱着眉干什么？嫌脏？我问您，您自己有没有鼻涕、口水、尿、大便？为什么这些东西在身体里您不嫌脏，出来了就感觉脏？难道不是自己身体里排出来的吗？身体出来的不净说明身体里面也不净啊！曾有人问我，老师："这茶熏水我要不要喝啊？"我说当然喝啊，他说："可我的汗都进去了。"我说汗不是您自己身体里出来的啊？为什么出来就嫌脏了，在里面不嫌脏？

（众笑）

师：人类为什么有宗教呢？从宏观上看事物，都是挺好的。就像从高处看湿地，啊！这是地球的肺啊！一进湿地呢？哎呀！蚊子啊、毒虫啊、蚂蟥啊！讨厌什么来什么。一切万物从微处看都是不净的，水至清则无鱼。一片肉放在阳光下晒，三天以后，会出现什么？

学生三：蛆。

师：这蛆，是外来苍蝇下的卵吗？

众：不是。

师：肉里本就一切具足，阳光一照，原来隐藏的就全出来了，这就是腐败。阳光是什么？是外缘，缘分一到，腐败自生。此非从外来，实乃内朽。

我们再看，大多数狮子是怎么死的？非死于外敌，就是死在自己体内的寄生虫。人类呢？孩子生下来，基因里面本就含有各种病毒、癌症细胞，只不过这些细胞潜伏在体内，等到外缘和合时才发作。您认真修行，就是在时刻转化这些外缘、内因，使不净的细胞继续沉睡、衰老、代谢，而新鲜、活跃、有机的细胞苏醒。

我们自己身体都不净，却要求其他万物、万事、万有干净？世界上，您能找出一样真正干净的东西来吗？佛说，一杯水里有八万四千虫，古代人不也是直接取水饮用吗？净、不净是相对说，您觉得身上脏，就去洗澡，洗澡后就感觉干净了，那脏不存在了，净也同时不存在了，参照物不存在了，分别就不存在了。

人为什么喜欢分别呢？从分别中能产生错觉。我比他有钱、有地位、有成就，否则怎么显出我优秀呢？

为什么修"中国禅"的人可以有其他宗教信仰呢？宗教的原旨都是为大众安心、利益众生的，虽然现在有些变味，但这不关宗教的事、不关法的事，问题出在弘法的人身上。"一神教"有"异教徒"说，不信我的神就是"异教徒"，中世纪欧洲烧死了多少异教徒啊！伊斯兰教存在一千三百年了，为什么一百年前没那么多恐怖分子？世界上有十六亿伊斯兰教徒，您能说他们都是恐怖分子吗？

（众摇头）

师：宗教是把双刃剑，关键在持剑人的心，人类的大多数战争是因为宗教而起争端。失去了宗教原教义的宗教到底是给人安心呢，还是让人不安呢？所谓的极端心理，是人自我感觉被压缩了、折叠了生存空间而产生，那么，空间从哪里产生？

学生一：时间。

师：空间从非空间产生。哪里是非空间呢？空间，是先天存在的吗？一切有形、无形的空间都是人为的。时间呢？也是人为的，更准确地说：不同的空间产生不同的时间；同一个空间也可以产生不同时间；同一个时间存在不同的空间。例如现在这个讲堂里有一只蚂蚁、一只狗，我们三类是不是在一个空间里?

众:是。

师:那我们的时间一样吗?

众:不一样。

师:为什么同样的空间里可以产生不一样的时间呢?因为类不同。为什么不同空间产生不同时间呢?

学生七:"山中方一日,世上已千年。"

师:反过来再想,我们虽然在同一个时间,我们的空间一样吗?

众:不一样。

师:为什么不一样呢?

学生二:心量不同,境界不同,空间不同。

师:有的人空间大,有的人空间小,是不是空间大的就比小的好?

学生五:是。

师:那您就又陷入"二"见了。佛法中小即是大,多即是少。举个例子,有的老师爱读书,哗哗哗一天看完一本,一个月看三十本书,然后再问他记住什么了?什么也讲不出来,可有的老师三十天就看一本书,再问他时,他不仅记着,还能举一反三,您告诉我,谁多谁少?同样,心胸广大虽然好,见精见微也缺不了。我的问话有时是陷阱,人家小心。

好,我们回到问题,为什么"中国禅"的修者可以有其他宗教信仰呢?因为不相悖!有人说不对,修禅是向内求,宗教是向外求,怎么会不相悖?那好,我再倒过来说,我们前面已经提到,禅者可不可以做商业呢?

众:可以。

师:可不可以去拜佛呢?

众(笑):可以。

师:可不可以去放生呢?

众(笑):也可以。

师:对了!念佛、打坐、转山、抄经等,一切都不相悖!都可以做啊!区别在哪里?如果您在不离自性的前提下,做什么不可以呢?想拜菩萨就拜菩萨,想穿金戴银就穿金戴银,心是禅心时,出入自在!变的是形,所谓外求、内求是方便说。对于初级者,要分内、外;对于契合自性的禅者,何为内?何为外?布施慈悲是外吗?精进忍辱是内吗?分了内、外,还叫什么"不二"之法?因此,掌握了"中国禅"的见性法,做什么都自在,可是如果没有掌握见性法,自认为自己是什么教的信徒,能不能修"中国禅"呢?

众:能。

师:您可以不离本宗的情况下,学习"中国禅"的慈悲、包容、博爱、担当、胸怀,这是不是地球人的共性啊!把人的共性融汇进来,就不会有排斥,这才是"一切法皆是佛法"。禅法本无高下,对机就好。所以记住不要排斥、对立!其他宗教信仰的人,当然可以修禅,禅的智慧、慈悲、包容、从容、通达、圆融、艺术、文化、哲学、担当等,无处不是集人类精神文明之大成。

学生四:老师,那如果他执著在自己宗教仪式,执著在迷信里怎么办?

师:缘分没到时,学会等!

学生二：老师，宗教的本质是什么？

师：这里面还有三个东西：本性、本质和本体。

您们常说"透过现象看本质"。透过"现象"能见"本质"吗？举个例子，我们可以通过太阳的影子来计算太阳的起落变化，所以就认为能透过现象看本质了吗？您看到太阳的本质了吗？您看到的是太阳的现象，透过现象见另一现象。这就是身和影的关系。身产生影子，可影子能产生身吗？我们可以通过影子推算、预计、了解身的大小等一部分现象，而身的本质在思想，您能透过影子了解思想吗？

学生二：老师，"本性"和"本质"有什么区别呢？

师：本性，也叫自性、法性、佛性。本性是超越时空的，不生不灭，不增不减，不垢不净，不来不去，遍法界全是叫"本性"。它具有普遍性，没有差异性。而本质是从生命个体角度来讲的，是有差异性的，本质里包罗万象，有善有恶，有那些肮脏的东西、您讨厌的东西，也有整体美观的，还有浩然正气的，所以，净和不净是同时存在的。例如，您会不会一念之间发大爱心，又在下一念开始后悔和担心了？自私和大爱是不是同时存在啊？人的本质，是非俱在，好坏皆存。修行是要想办法把善的那部分激活、提升，之后自持。那么恶的部分，能火得掉吗？

众：不能。

师：那怎么办呢？

学生六：转化。

师：让它冬眠。身体里，您喂养哪一部分，哪一部分就成长。天天听善法、近善知识的人，当然善心增长、恶心冰冻啊！不过冰冻不是杀死，一旦您给予恶心成长的条件，它还是会复苏。那么什么时候，恶心不会复苏？

学生三：见性成佛后。

学生四：老师，那什么是"本体"呢？

师：谁要和您说到"本体"，要两方面考虑。一方面，"本"的实相是无体。"道""禅""法""佛"都有没有体啊！法无自性，能有体吗？因名而体，起了名字所以才落进缘起法内，故此有"体"。另一方面，"本体"是哲学的一种说法，是区别"体""用"关系说的。和"用"相对的叫"体"，这也是一个假名。

佛法早就已经明白地讲到并无本体存在。现代西方哲学兜了个大圈子，最终也承认了本体不存在。所以，少谈本体，可以谈起用。"起用"有两方面，即"能""所"。

不过，"中国禅"的禅心是无"能"无"所"，"能""所"双泯，"能""所"俱亡。但禅修有"能""所"：什么叫"能"？是能作用性；什么是"所"？是所作用力。

修禅为什么能产生所作用力呢？作用在哪里呢？主观能动性是什么呢？大家回去请好好参究。

第七问
不同文化背景、修养学派的人，都能从"中国禅"修养中受益吗

第贰讲

（师行"莲花导引"三遍。众随。结束后安坐。片刻，开始讲课。）

师：儒家、道家、基督教和"中国禅"一样吗？

众：不一样。

师：从本质来讲，创始的初衷都是类似的，只是因为各个学派、宗派、修门所对应的学人不同，才因地、因人、因时变化出各种仪式、文化、教义、次第等不同。例如道士喜欢在深山里即身成仙，自然有道士相应的神仙修法；再如儒家讲入世，所以致仕为官、创办私学和儒生相应，法是为适合人准备的。

为什么一切法皆是佛法呢？就是因为包容。佛度有缘人，他如果是一粒沙子，煮一万年也不会变成米饭哪！那怎么办呢？用对待沙子的法帮助他。所以才有八万四千法门，当然各种学派、宗派、修门后来有的变极端了，有的变世俗了……那是后来的事情。

我们前面说到，不同宗教、文化背景的人可以在"中国禅"里学慈悲、包容，学习禅的智慧，学禅的"起用"。"起用"是什么呢？就是"不二精神"和"不二智慧"。"不二精神"从"不二智慧"中来，当下对待事物产生的反应是精神，"不二"是平等包容不分别，不去刻意地定义。他今天是道教徒，明天不一定还是道教徒，不要带着成见固化世界与他人。"不二精神"就是在您的骨髓里，见到任何事情，不批评，不定义，不排斥，用和谐的、平等的、包容的心去相应，如果您骨子里具备了这种精神，就是"不二精神"。

只要有人就有社会，有社会就有不公平，就有恶人恶事。这不就像您身体里有大、小便一样吗？有这些臭物才是人，有恶人恶事才是社会，新陈代谢得快才是健康生命,社会、个人同样,这都是极其正常的。不可能有一个想象中的净化社会,充满友善,没有恶人恶事,那是幻想。那遇到不公平,怎么办呢?逆来顺受吗?

学生三:转化。

师:"中国禅"从来没有让修者只会逆来顺受,而是要以身作则影响社会,影响恶人、恶习、恶见,但要知道由于我们个人影响力的大小,未必能改变,但不能改变不代表能容忍。什么时候容忍、怎么容忍等,都是禅的智慧起用。

通常情况下,如果"恶"是对我们个人而言的,损害了个人名誉、利益等,绝大部分情况,禅者会一笑了之。如白隐禅师面对由于私生子带来的羞辱,完全没有辩解,即使被寺院轰出去,也乞食抚养一个和自己无关的孩子,直到真相大白时,禅师淡然一笑,说:"就是这样吗?"对于自己受到的羞辱、磨难一字不提,结果怎么样?他得到了更大的尊敬!成了近代"日本禅"历史上最了不起的禅师。这种德行,不是逆来顺受,而是随缘自在的智慧,把一切对个人的不公待遇看成是修行,不分别、不抱怨,这是禅者的心态。这和中国传统文化也是相通的。苏轼在《留侯论》中云:"匹夫见辱,拔剑而起,挺身而斗,此不足为勇也。天下有大勇者,猝然临之而不惊,无故加之而不怒,此其所挟持者甚大,而其志甚远也。"

如果这些不公不仅针对个人,其恶人、恶行、恶习、恶见对社会大众已经或可能造成不良影响,通常情况下禅者会用自己的方法去施展影响力。这种施展未必如大家常见的那样,会变成个英雄人物挺身而出公开批评、呼吁,禅者有禅者的方式,有时会如风潜入夜,润物细无声。禅者的方法可能是顺法,也有可能是逆法,此两种施展有大不同,社会上的人也未必理解。但禅者的行为,无论是怒目金刚,还是慈悲菩萨,皆由其个人的功夫、智慧、境界所带动,非常人可以妄加评论的。

我们老想改变别人,改变一些事情,其实没有一个人能真正改变另外一个人,但是一个人能真正影响另外一批人。我们能施以身效,做给别人看。同样,面对不同文化、不同语言的人,您可以做给他看,他看到了,就有可能被吸引来,但千万不要想把他们骗来啊,骗来的,会逃跑。

(众笑)

师:再说语言,进入一个世界,靠的是语言。语言是沟通的必要条件。这有两个方面,一是我说中文您也未必懂,我们俩说的是一种语言,但我们俩活在不同的语境,所以实际上互相不理解。夫妻间有没有这种情况?同事呢?难道是说得不清楚吗?非也非也,说得其实已经很清楚了,为什么就是不懂?因为不在一个语境里。

语境的关键是心量,心量是能量。"能"是要"量"的,量,是空间,空间越大,心能越大;心能越大,量越大,这是互动关系。所以,"量"一致的人语境才一致,所以想听懂别人说的,首先要提高自己的"量"。另一方面,我讲中文,他讲法语,我们两个能不能聊"中国禅"?当他的境界和您差不多的时候,许多话是不需要语言来传递的。语言还有没有说话之外的表达方式?

学生五:肢体语言。

师:眼神、动作、服装、气息、表情等,都是语言,可是这些您记录得了吗?所以,不同文化、不同语境的人,他们能不能沟通"中国禅"啊?

众:能。

师:我们前面讲过,从本性角度来讲,一切平等;从本质角度来讲,个体有差异。例如西方人翻译"无"是"empty"。其实"有"在佛法里指什么呢?是指有表色,"无"是指无表色,"空"是伴随着"有""无"始终,并且包容着"有""无"的,如果把它单纯拿出来翻译成"empty",就是没有。没有的东西怎么是"空"呢?天空是不是空的?里面有没有星星、月亮、太阳?有没有云彩?有没有风?"空"里面本包含了"有",有无穷无尽的暗物质、暗能量,它们是不是都在"空"里?可是西方人很难理解,认为"空"是与"有"对立的。般若所照见之"空",是遍一切色蕴法的。色法在处即空之在处,无一微尘不是空,一切色法当体即空,故云"色即是空";反之,空之在处亦即色之在处,故云"空即是色"。

学生三:这些和初学者讲不适合吗?

师:初学如果见地不正,就会被误导,向"禅"是喜乐、是安静、是没有烦恼的方向去,这还是"禅"吗?我们如果开始为了适应对方,以后纠正起来更困难,因为已经立了一个邪见了,习惯这种思维时,改起来更不容易。

学生三:比如说"涅槃",西方翻译成:快乐的至高境界。

师:涅槃是不生不死、不苦不乐的,不是死了以后去的天堂。我们之所以在人世间感觉苦,向往快乐,是因为受制于无休止的不安全感。有些了解人性弱点的所谓老师就把灵性的修养变成一种交易,贩卖"快乐",讲课时极尽所能调动您的情绪,一会儿哭一会儿笑,让学人"放松"了、"解脱"了、

"快乐"了,感觉压力好像没那么大了。其实,贩卖情感,操纵情绪是很简单的事情,故此,佛陀说:"依法不依人,依义不依语,依了义不依不了义。"某些人把学生当消费品,忽略了灵性修养的根本。禅的根本是什么啊?

众:明心见性。

师:如果修禅为求养生、长寿、福禄、发财、神通、快乐、减压、驱鬼等,那么不仅您修不到真正的禅法,所做的一切也仅仅是生活的装点。故此,西方人以为修禅是心灵疗愈、心理治疗、神经放松,为了所谓的自我心灵成长,为了所谓灵魂的高尚,这就不是修禅了。心灵需不需要成长?灵魂需不需要高尚?

众:需要。

师:但为什么不是修禅呢?

学生十:因为本来面目是无所谓成长不成长、高尚不高尚的。

师:这些用世间的利益说来带动禅法、佛法者,是以贩卖感受来获利,有些人或许出发点不是为了利益,但以此获得名望也是利益。如果和利益挂钩,无论物质上的、感受上的,还是心灵上的、名气上的……皆与修禅无关。禅是"一无所得"之法,就像云、水,只有经过,没有停留,所以功利主义者修禅是不适合的,因为禅越修下去,越和世间功利背道而驰。

如果按照西方人现在对"禅"的简单理解,就会沉迷在追求安静、舒服、快乐的心灵麻醉里,这还谈什么自利利他的菩萨行?谈什么"不二"之法?佛陀涅槃的时候说什么啊?说"常乐我净",这和他开始宣说的"苦集灭道"正好意思相反,看上去是矛盾的。为什么故意自我矛盾呢?就是怕修者执著一境,所以,佛法一定要讲"究竟",最怕半瓶醋的"老师",自己还在似懂非懂状态,却带着人修行。

学生八:西方人目前对佛、禅的理解还有许多误解,看来我们不能顺着他们的想法说。

师:文字本有三层意思,第一,叫字面意思;第二,深义,即内涵;第三,是密义。密义是靠体悟证得的。如果没有深层理解内涵,仅凭浅层的字面意思,就会越修越偏。例如把"涅槃"理解成"至乐境界",那必然引发修者厌弃人世,向往极乐。

佛法的中心是修证,但是现在大多把它当成一种思想学问,几乎与唯物论不分。例如刚才提到的大家严重曲解的"缘起性空",认为"空"就是没有。佛法中,"没有"是"断","有"是"常",而"空"是非断非常的。佛说,一切法皆从因缘所生,但要注意,因缘所生讲体相起用,现象界的、应用的一切都是缘起的,是因缘所生的。但是"佛""禅""道""法""性"并非缘起的,而一切法是缘起所生的。

《楞严经》中有一段特别重要的话,佛云:"如来藏中,性色真空,性空真色,清净本然,周遍法界。随众生心,应所知量,宁有方所,循业发现。世间无知,惑为因缘,及自然性,皆是识心,分别计度。但有言说,都无实义。"在讲这段话之前,佛一路讲唯物的地、水、火、风,一切物质是缘起性空的。由"四大"的地、水、火、风,说到"五大"的地、水、火、风、空,"六大"的地、水、火、风、空、觉乃至"七大"的地、水、火、风、空、觉、识,最后说到"非因缘,非自然性",这是讲物质的最高理论,现代物理已经快走到这边缘了。

第贰讲

一切法非因缘，非自然性。世间一切法都是因缘所生，并非自然生，也无主宰，因为它是性空缘起。佛法是要深入缘起，才能断诸邪见，也就是说，如果您没有证悟到缘起性空的境界，仍然还是念念邪见，没有证道。禅门祖师几乎都是从缘起上悟道的，少有人在理上悟入。例如有听艳词开悟的；有见花开悟的；有见屠夫开悟的，这都由缘起而悟入。缘起性空，性空缘起，如果没有真修实证，只是口头禅，便是邪见。所以经文说一切菩萨要"深入缘起，断诸邪见"。

学生一：老师认为我们应该怎样引导西方人了解"中国禅"呢？他们现在的修禅方法基本都是静坐啊、念咒啊，以及参加一些佛教仪式等。

师："中国禅"从来不排斥任何方便法，但"中国禅"更关心的是学人的正见，六祖说的"心地"要"明"，心地明了当下能解脱，立即便自在。语言是进入一个世界的钥匙，虽然对于大根器者，不需要语言也一样可以相应，但毕竟这种人太少了，如何有准确的语译很关键。西方人经过几百年的科学发展，不少人慢慢意识到现有宗教、科学的局限，所以开始向东方寻找灵感和能量了。

宗教信仰是有些人的一期心理过程，当他慢慢地深入理解后，有人会走上另一条路，这时，他的世界观、价值观、人生观等都会发生改变。因为终会有人发现，恩赐要看赐予者的心情，如果把一切交给上帝，人就会为所欲为，所谓"丛林法则""适者生存"都是基于这个理论来的，上帝造人，又为人而造万物，一切都是为人服务的工具。

动物界是适者生存法则，以强者为王的，而人不应是这样，人会关心弱者,关爱老人。您生出一个残疾的孩子会把他丢掉吗?看到一个老人在路上走不动了,会不去帮助?关爱老弱病残是人的本性,人性和动物性的区别在于对老、弱、病、残、幼的关爱。

除此之外,人和动物比还在于人有反思的能力。"回头是岸""立地成佛",动物没有这种能力,它遇到事情不懂得如何去真正反思和汲取教训,"回头是岸""返老还童"都是人特有的,"顺成人,逆则仙",人类的一切成长都是从"逆"开始的。

(休息20分钟)

师:悟道的路不是能做计划做出来的,我发愿明天就悟道,能行吗?

众(笑):不行。

师:刚才休息时,有学生跟我说,老师您的嗓子已经哑了,下午您是不是不说了,休息一下? 我说不行,为什么啊? 我第一节课下来已经说哑了,我累不累? 当然累,这累不是讲课累,讲课耗气的累还在其次,最累的是在这里吸毒! 您们这一百多人,每个人身上散发出来各种邪气,才是讲课中让我最累的事情,常人不知自己散发出来的气味有多难闻,其实断食三天便略有所知,嘴里的臭味刷牙能刷掉吗?

学生一:刷不掉。

师:一来常人的饮食不净,吃进去的毒不能及时排出;二来由空气吸进去的毒素也不能排出;三来也是最重要的是精神毒素,每一个杂念都是毒,思想不净化,您每个毛孔出来的全是杂气,可是自己闻不到。其实修行不久,就能闻到这种味道了,真的无法形容。

那我为什么不休息呢?因为您们到这里来不容易,机会难得,为了给大家讲这堂课,我提前闭关了半个月,养气养神,为了您们能尽量多听一些,我必须认真对待。如果在座的某位善知识,因为我的一句话触动了心灵,回去对人生、对事业发生改变了,这是"中国禅"的功德啊!所以,我必须尽可能地多说。不过大家要知道,如果认为我说得好,那是"中国禅"了不起;如果我说得不好,那是我个人水平有问题,不能如意发挥"中国禅"妙法。所以如果我为了自己休息,把大家放出去玩,把时间打发过去,我对您们负责吗?您们在"中国禅"上首先要学的是担当!今天不要说您们有这么多人来听课,哪怕只有一个人想听,我也会知无不言。

学生三:师父您拿个话筒讲吧!

师:我拿话筒讲是举手之劳,但我运气讲课时,拿话筒会伤您们耳朵,知不知道?

(众低头不语)

师:这个场地太大,不聚音,气场特别散,所以我在这儿说一次,回去都得四脚朝天趴几天。

(众默)

师:古人为闻法,可以为法忘躯,玄奘法师经九九八十一难,九死一生西行求法,为了什么?就为了一个字——"识"!他不理解此字的内涵,故而动身去求《瑜伽师地论》。现代人看来,这不是有病吗?十七年时间都浪费在这里,这才是真正的求法精神,身累是可以克服的,只要有愿在。

我还没带您们做过安居，真正安居，一次百天。您们当中应该有人打过禅七，祖师们的禅七，是七个七，也就是四十九天，天天坐在禅堂里勇猛精进，昏过去也不管，您们过得了这一关吗？能过的，才能真正叫"过关"。

您们刚才休息时在外面"行禅"，它原本叫"般舟三昧"，天台智者大师就是"般舟三昧"悟道的。怎么修呢？禅堂中间有个大柱子，绑一根绳子在腰上，开始行禅，半天下来就走不动了。这时候人趴在绳子上继续走，走到腿肿得发亮还是不停，一天一夜，三天三夜，七天七夜，不吃不喝就是走，走到腿、身体都已经不是您自己的了，走到一切都觉得不存在时，您就身轻如燕，感觉即身成仙一般。这时，腿也不肿了，杂念也没了，智者大师就是这种修法悟道的，没有大愤心、大愿心、大信心的人，谁也受不了。您们谁敢修"般舟三昧"？

禅门修行，首先得是大丈夫心，敢于向死才能求生。您们打坐在房间里打，我修行第二年就被师父带去坟地打坐，黑漆漆的、阴森森的。开始时一阵风起就哆嗦，心魔乱舞，自己吓自己，抬头看见月亮感觉像鬼脸，看见一束白光如同见鬼，其实，全是心鬼。坟地打坐除的是心魔，心魔不除成什么佛呀？您怕什么就得去战胜什么。

人赶超别人不算难，因为可以降低标准，而不断地赶超过去的自己最难。不敢挑战自己的心魔，您能自由吗？恐惧的、担心的、牵挂的东西越多，这些东西就是一条一条绳索束缚着您，能自在吗？不自在谈得上幸福人生吗？您感觉不幸福不是没得到，而是没有定力，不懂对抗诱惑，不懂"知止"；您感觉痛苦不是痛苦不离开，而是没有智慧，不懂何时放下。但

第贰讲

是,大家千万不要又误解为,只有去坟地打坐,修"般舟三昧"等才能修行成就或者才能去除心魔,我这里不过是举个例子,未必每个人都要用这么极端的方法。

您们无论有多少财富、地位,只要脖子上一条一条勒着您的绳索不除,便谈不上人生的幸福,所以为什么我只要有一口气,就会给您们讲下去。如果您能通过觉悟打开一条绳索,就立即会感觉轻松一点,能打开一条就轻松一点,您们现在身体差到什么程度了自己知道吗?精神差到什么程度了自己知道吗?记忆力呢?灵感呢?思想创造性呢?这些,全部和灵性相关。

古人没有网络,才有了对孤独的认识,才有各种思考,才能沉默阅读,才能专心交往,才有抬头看星空的心情,才有静物,才有颜色,才有思想,才有音乐和诗歌等文化。后来,科技发展,有了电、电视,再至网络,这些拉近世界距离的发明,改变了我们的生活,也同样挤走了生活中的诸般美好和我们的灵性,没空阅读好书,没空思考,没空发呆,没空与家人交谈,甚至没空想想我为什么来到这世上。

好,我们进入下一个问题。

第八问

静坐、打拳、瑜伽等功夫修炼属于修禅吗？
热爱锻炼身体的人是否还需要修禅呢

师：这个问题请在座热爱运动的老师帮忙回答一下。

学生六：一定要修禅！我曾经每天跑步五公里以上，属于中国最先开始跑步一群人里的一员。我不仅爱跑步，还喜欢各种户外运动，登雪山、骑单车等，可以说当时我的身体比同龄人，甚至比二十几岁的年轻人都强，可是在2013年底，我突然持续高烧，到医院检查，没想到居然是急性肾衰。当时脑袋里轰隆隆的，心想怎么老天这么对我呢？后来做了肾脏手术，术后，下床挪一步都很难受。

我印象最深的是，白发苍苍的老父亲带着我在楼下恢复走路，我的眼泪止不住哗哗地流……老人本应该享我的福，我这么年轻力壮却在给老人添麻烦。所以我的整个身体、精神状态都处在崩溃边缘。对人生的意义、对事业发展、对许多问题产生了疑惑。

后来是悟义老师，在我身体和精神最难受的时候，打电话让我一定要去她那里修几天，给我做了身体的调养，给我讲了几次课，帮我逐渐甩开心理上的包袱。当时因为生病，不仅身体，其实许多方面都出了问题。要面对以前亲手带出来的团队的背叛；面对客户的无情，可以说要不是"中国禅"引导我放下执著，当时我都不知道该如何面对未来。所以，我用切身体会告诉大家，"爱运动"和"修禅"是两回事，我也相信老师，她既然能度我，同样也能度大家。感恩！

师：人活着什么是有意义？便是有情！人和人之间的维系本应是有情，而不该是靠利益和权威。否则利不在的时候，维系的链条就断了。

今天我们能聚在这里，靠的是情，我心中有一份情，所以我才在这里，多累也要跟您们分享我的修行体悟,而您们同样也有一份情,所以才会在酷暑中走十五公里沙路,这么辛苦地进沙漠腹地来,在这间不开空调的房间里,一天听我八九个小时讲话,如果没有情,是利益关系的话,这课是讲不了的。您告诉我,我专门闭关半个月,从深山出来,讲课时吸各位身上的邪毒之气,您给我多少钱合适?您再告诉我,某一句话触动了您的心灵,改变了您的人生轨迹,您的人生值多少钱?您再告诉我,这几天修炼,有人湿疹消了,有人红斑狼疮变好了,有人身体变年轻了,变得有活力了……这不可思议的变化值多少钱?如果论钱,您给我多少钱我愿意来讲啊?我没有什么钱,但也不在乎钱。

没有情,这一切都不能成立!如果人类缺少情,变得越来越理性,那么玄奘法师绝对不会西行去求法。情是人活着的意义,菩萨因为有情所以不离不弃世间,众生因为有情最终能得度,心心相印,是靠有情链接的,真正的心联网,是"有情"的维系。绝对不是机器,不是利益,不是硬件,不是有理,不是数据。修禅如果忽略了情的作用,就变成了"枯木禅"。

我为什么会在这位老师最需要帮助之时出现在他身边呢?因为他曾经在我最需要他的时候,无私地帮助过我,这即是因果律,也就是作用力和反作用力。当年他帮助我的时候,没想过事业如日中天时会遇到身体坍塌,也没想过得到我的回报,还没想过我会去修行,更没想到我修行和他有什么关系……当年他完全无私地给我帮助,没有算计过回报,没有想过自己的利益,所以,我在他最困难的时候主动找他,大家说这是不是他自己的功德所致呢?

（众点头）

师：做善事的好处，不是您得到了多少赞美，而是您做了善事自己安心，并且，您把爱撒出去，一切都会在您最需要的时候，主动回来，好比天天往银行存钱，只不过善之款是存到众生心里，存天地于天地，存爱于众生，存善于社会，把您们的爱心智慧地、无私地撒出去，去帮助身边需要的人，那么，利他终会自利，总有一天，您有困难的时候，一切都会莫名其妙地为您护法，保驾护航。

每天坚持体育锻炼好不好？每年体检没有查出来什么问题好不好？都好！但是还不够，我们再看看，专业运动员，退役后身体都很健康吗？不健康的比例不少吧？运动和健康能直接画等号吗？运动和修行能画等号吗？

我在《本能》一书最后一章写了西方运动和"中国禅"修养的不同：从身体上说，一个是以锻炼肌肉为主，一个是以整和、调动气脉能量为主；从本质上说，一个是以强身健体为目的，一个是以明心见性为宗旨。故此，从身心两方面讲，都是截然不同的。我们再倒过来看，现在天天运动的人，能开始每天的"中国禅"修养，有没有可能不健康呢？

人的认知活动包括了感觉和思维。人还有比认知更精妙的精神活动，比如对真、善、美的向往。感觉认知的器官是眼、鼻、耳、舌、身，思维认知的器官是大脑，那么作用于精神的器官是否存在呢？可以说精神的作用力从灵性来，但人身上压根儿找不到一个叫做灵性的器官，也找不到一个不作用于灵性的器官。灵性不是人的一个器官，相反，人的全部身心都是灵性的器官。对个人来说,存在着一个普遍的万物共同的心性。每一个细胞都是一个入口,通向心性,以及心性的方方面面。

什么是"中国禅"修养提倡的健康人生呢?就是修者能和每一个通向心性的细胞的入口相应,其大无外,其小无内,身心如婴儿。

人的大脑大约1400克重,约合3磅,每天大脑产生多少垃圾?这些垃圾,从物理上讲,叫垃圾蛋白;从心理上来说,是杂念。产生过的各种杂念有没有过去?是不是这个杂念产生以后就消失了?您看警犬能追到一天前人走过的气息,往往是您以为过去了的,以为不在了的,它只是存在于粗心粗身人无法知觉的地方。同理,昨天、去年、十年前都过去了吗?有没有存在一个地方?存在哪里?有没有人像警犬一样能读取出来?

念念迁流,流水永远如新,但如新之水不是在天地间循环吗?你中有我,我中有你,逝者如斯夫,不舍昼夜。人有没有过去啊?您的记忆是真实的吗?大脑每天产生225克的垃圾蛋白,一个月产生多少?每天产生的这些大脑垃圾您能排出去吗?不排出去会发生什么情况呢?你是否感觉越来越笨,反应越来越慢,越来越不愿意用脑子?一用脑子就累?这就是大脑里被垃圾堵塞了。那怎样清除大脑垃圾呢?修行方法叫:目,垂。

您们觉得自己会睡觉吗?真正去除人脑垃圾的方法是"睡",但不是您平时里的那种睡,目、垂是和"定"连在一起的。为什么修行人即使到了老年头脑还那么清晰,什么都能记得住,经书能倒背如流?因为大脑没有垃圾呀!它每天产生,就得每天清得干干净净。真正的禅者脑子里是如虚空一样清净的。您头脑不清醒,是因为大脑垃圾从未清理过,能清醒起来

第贰讲

吗？大脑不仅有物理垃圾，更有精神垃圾，杂念一个一个那么多，过去的记忆那么丰富，对未来的担心那么执著，如此多的东西储存在大脑里，注意，储存在大脑里不是储存在大脑细胞里或神经元里的意思。大脑里本是空空如也，流水一样不存记忆的，记忆的仓库在"识"里，"识"是经由大脑产生作用的，这点以后细说。所以靠跑步、运动、打拳能真正解决得了大脑的问题、意识的问题、心灵的问题吗？

您看现在健身房里锻炼的人，跑步带个耳机，这就是典型的身心分离，您们修炼打坐时带个耳机听流行歌曲，或者互相聊天会怎么样？

学生四：走火入魔。

学生三：练了练腿。

师：身心分离时，锻炼的只是肌肉，而身心合一，锻炼的是专注力。所以，热爱体育的人更需要修禅，并且体育运动的锻炼对身体的利与弊，西方人也不太理解，其中阴阳、寒暑的平衡，西方人不懂。许多体育健将身体却特别僵硬，让他打个坐试试就知道了，根本坐不住。还有些运动的人，也每天拉筋，也很柔软，但是您看看他的持久、爆发、平衡，各方面的综合能力就知道了，很难和谐。

人为什么有邪见？知行不合一。孔子说"学而时习之"，"习"，就是熏习、修习，就是实践、实证。不是先知而后行，那就叫"学后时习之"了，先知未必利于行，因为所知会产生障。"障"有两个："所知障"和"烦恼障"。有学问的知识分子最大的障碍就是"所知障"。有"所知障"的人看一点书，看一点佛经，就以为自己懂了。如果知行不一，不如不知，知行必须是同时的。边行边知，边知边行，在行的过程中把您的知识不断地减少，智慧不断提高。

"瑜伽"这两个字，本叫"相应"，就是身心合一，但"禅"的修行不是合一。修行有过程，第一是培养专注力，这是"合一"，这也是印度瑜伽、婆罗门教的至高梵我合一境界。但如果合一就解决问题的话，释迦牟尼佛就不用去菩提树下悟道了，他禅定功夫早就修到合一了。故此，"合一"只是修禅的一个过程，合一之后是"无我"，无我之后，是无法，此时无念、无相、无住，一切皆空，空中生妙有，所以"因无所住"后，紧接着"而生其心"。

人体和地球一模一样，有大气层、对流层、平流层、有极光，有气态的雷、电、风、火，有液态的各种体液、髓、痰、湿、血液，然后才是肉、骨、筋、膜等。每个人都是一个"星球"，可为什么有的人成了太阳，有的人成了月亮呢？修行能量强的人，可以有透视功能，可以观生命体的电磁场，观灵光起伏。所以修行，道家叫"修炼精元"；儒家叫"修身养性"；中医叫"固本还元"，其实都是回归生命内在，修复精气、元气、电磁场，契合自性灵光，这样自然安泰自在。宇宙中这么多流星，为什么没有伤害到地球？因为他有月亮和大气层的保护，健康的生命体也有自己的卫星和卫气。

人的观念、信仰、坏境、朋友、呼吸、饮食、欲望、静息与睡眠等都会影响气场，这些气场就形成人的气质，包括运气和命运。如果您是一个积极向上的人，那么整个气场就是积极向上的；如果思想习惯是消极负面的，那么气场自然是消极负面的，各种消极负面的人和事都会和您的气场相应。所以修禅是加强自己的能量场，要有积极正面的思想和愿力。人体的能量场是一个很敏感的信息场,无时无刻不在与外界的信息、能量进行交换。感而遂通,感而化之。

禅是心的修养,如果热爱体育者所有的体检指标都达标,这些代表智慧吗? 没有智慧,锻炼得越好越容易自傲,就像武功越强的人越容易自傲,古今多少高手死于狂妄愚痴啊! 有定无慧,不免愚痴;有慧无定,不免邪见。老子说:"是谓微明。"即有智慧的人,从微弱、渺小的地方,能悟出大道来,能从"微"而"明"。没有智慧的人,只会看到眼前的现象,并且只看到好的一面、对自己有利的一面,关注和自己有关的人、事,而对于不利的一面、看上去无关的,则漠然处之。这是由于不懂因果律,一叶障目,不见泰山故。殊不知,下一刻有什么事发生,我们从自己当下做的事情就会知道,这根本用不着神通。

所以,问题不是您修炼瑜伽、武术、体育、户外还是舞蹈、静坐、太极,这些和跳广场舞、学习花道、茶道区别不大,能和自己相应时,什么都一样。而如果仅仅是身体锻炼,这就和法无关。例如有人练瑜伽,您和瑜伽相应了吗? 练瑜伽时脑子里充满杂念:为什么她比我柔软? 怎么能拍出好看的瑜伽照片晒朋友圈? ……完全和自己身体不对话,连专注都做不到,您筋拉得再好,姿势再优美也没用。打坐也一样,看上去一坐不动的,就真的在修禅吗? 真的是禅定吗? 除了自己和悟道的师父,外人根本无从辨别。

修者心如果和自性契合,不坐在那里同样也是禅修。临济义玄禅师的师父是黄檗希运禅师,一天,他来到禅堂里,发现了几个弟子打坐时虽然坐得很直,但其实根本心没契合法,禅师对着其中一个就是一板子,那位委屈

禅问

啊,说,师父啊！我们在打坐,可义玄却一直在房间里睡大觉,您为什么不去打他？黄檗禅师说,我去看。果然,义玄在睡觉。可是回来后,他告诉被打的弟子:他在禅修！你们不在禅修。各位想想,为什么禅师认为睡大觉的义玄在禅修,而那些打坐的弟子却不在禅修呢？

学生一:因为睡觉的时候他也念念不离自性。

师:师父为什么能知道呢?

学生三:因为他们在一个"量"里。

学生六:老师,为什么修炼的"炼"是用火字旁？不是应该绞丝旁的"练"吗?

师:西方体育运动用绞丝旁的"练",西方运动只练不养,强调高、快、强,以肌肉、筋骨运动为主,目的在于发挥身体的极限,所以力量雄厚、肌肉强健是其目的。而中国传统修养法则不同,"炼"是以生命为鼎炉,气血为柴,气脉为氧,以气血、气脉炼就精、气、神。精、气、神不是皮肉、肌腱,不会以大汗淋漓、损耗心血为修炼手段,"炼"的核心不是力,而是以气为通路,调节心能。所以,"炼"之"火",内容有气血、气脉、阴阳、升降、开合、虚实等,这些全部看不见、摸不着,也无法测量、计算。西方人认为"力"有办法统计和比较,而中国传统修养的这些生命能量没有标准检测,所以他们不理解。可以说"练"是死的、可以计划,而"炼"是活的,修者在熔炉里,生命时刻处在玄妙变化中。

所以,打坐、打拳、瑜伽,如果心没有相应法,一切都不是禅修。反之,相应法时,举足下足、行住坐卧、语言文字,一切法皆是佛法。可是禅修的境界可说吗？故此，以后您们如果看有人坐在那里像个菩萨一样，您们现场该如何处理？

学生八：合十后微笑离开。

学生五：不置评论。

学生九：不起分别心。

学生十：我去和他比比，看谁坐的时间更久。

师：欠揍！

（众大笑）

师：欧阳修游嵩山，见寺中一老僧，与语不尽顾答，异之，拜问曰："道人住山久如？"答："甚久。"问："古之高僧临生死之际，皆谈笑脱去，何能致之耶？"答："定慧力耳。"又问："今乃寥寥无有，何哉？"老僧笑曰："古之人，念念在定慧，临终安得乱？今之人，念念在散乱，临终安得定？"欧阳修服膺。

什么是"智"？慧光照起来，这个"知"才是灵知，慧光不照起来，这个知就是"所知障"，是障碍您成就的障道因缘。什么是"慧"？叫"扫心"，是减法，慧光一起，帮您清理身心的垃圾。什么是"慧光"呢？我给你们说一个满空禅师悟道的故事看您们能理解多少。

（众欢喜鼓掌）

师：满空禅师的师父是大名鼎鼎的镜虚禅师，脾气特别暴躁，爱喝酒，爱吃肉，小满空呢，是他的侍者，只有十几岁。一天，天气特别好，平时暴躁如雷的镜虚禅师心情也特别好，于是师父在前，满空在后，欢喜地在后院散步。小满空看师父今天心情好，就想起了一个问题，昨晚读经正好读到"不

禅问
126

净观",自己不理解,于是就问:"师父啊,为什么'白骨观'又叫'不净观'呢?"

镜虚禅师居然没发火,一转头,笑眯眯地问:"你说呢?"

满空说:"师父,我不理解啊!我想人死后,身体血肉腐烂,但骨头是干干净净的,白骨是不臭的。"

其实满空说得有道理,白骨有年老和年少的区别,老年人的骨头,骨质松,偏灰色,真正年少气壮时的骨头才是白骨。所以,明明白骨是身体内最干净的,为什么说"白骨观"是"不净观"呢?

满空继续说:"师父啊!所以我想,白骨不应该是不净,应该是净的才对!观'白骨',应该叫观'净'。"

他正感觉自己说得有道理,等着师父夸奖呢,突然,镜虚禅师一声狮吼,对着他叫道:"你再给我说一遍!!!"

哎呀不好!师父暴躁的脾气出来了!满空吓坏了:"我说错什么了?"呜呜呜,赶快逃回房间去。

回到房间还是想不通啊,为什么刚才我问师父时,师父没发火,可我跟他一通解释,这个"白骨观"应该叫"净观"时,师父就像个狮子一样地暴怒?满空左思右想,想不出来。突然,镜虚禅师推门进来了,对着他又一声大吼:"把你的白骨给我拿来!"

啊!原来如此!

满空言下大悟。在他悟道的刹那间,镜虚禅师的脸立即由阴转晴,老禅师满意地、哈哈哈哈地大笑着出去了。

留在房间里的满空,也忍不住哈哈哈哈笑着出来啦!

第贰讲

过了几天,来了一群学僧,镜虚禅师说:"满空啊,你上去给大家说法吧!"小满空于是立身上前,对这群学僧问道:"你们知道'白骨观'为什么叫'不净观'吗?"

下面鸦雀无声。

小满空转身就画了一幅图:一个打坐的人,他在人的肚子里写了两个字:白骨。

等了一会,他又在人的左上方写了两个字:不垢。

然后,小满空合十下来。

当下,有三位禅师因此悟道。

(众愣,师见状摇头苦笑)

(休息20分钟后回来)

学生八:老师,我休息时一直在想满空禅师画的那个人,他在肚子里写了"白骨",又在左边写了"不垢",我这样说一下行吗?莲花为什么这么干净……

师:谁告诉您莲花干净的?

学生八:因为泥脏……

师:谁告诉您泥脏的? 如果泥脏,您上午去做什么泥疗?

学生八:因为莲花干净所以显得泥脏。

师:谁告诉您莲花干净的?

学生八:坏了! 我又受"出淤泥而不染"这句话的误导……

师：您一起念，就是"二"见。您拿显微镜看，莲花上面有没有寄生虫、微生物？所以您执意莲花为净时，我就说它不净；可是您执意说泥脏时，我又说它不脏。我再问您，大便脏不脏？

学生一：不脏，对于狗来说，是食物。

师：对于人来讲呢？

学生一：也脏也不脏。

师：不脏？您吃一口我看看。

学生一：现在还不行。

师：现在还不行？那修行以后就可以吃大便了？是不是我天天在吃大便？

（众笑）

师：您们的问题是经不起提问。大便脏不脏，您吃的有机蔬菜难道不是大便浇出来的？大便有没有作为营养被蔬菜吃进去？被大、小便浇灌出来的蔬菜，您不是吃得很香吗？宁可花三倍的价钱去吃大、小便浇出来的有机产品，不愿意吃非大便浇出来的，什么叫"现在还不行"？

（众笑）

师：什么叫"脏"，什么叫"净"？没有脏就不会有净，生命的成长，是在垢、净不二转换中成长的。您人为分出了善、恶，分出了好事、坏事，就一定落入二见。好了，我已经为您们解开满空禅师的禅机了。您们听懂了没有？

学生八：不懂！

（学生六欢喜，学生一似懂非懂）

学生九（大声）：懂了！不垢不净！方为"不二"。

第九问
为什么"中国禅"能在当代崛起

师：您们说为什么"中国禅"能在当代崛起？

众：现实需要。

师："当代"指的是什么时候啊？

学生五：现在，当下。

师：哪个地方的当代啊？

学生六：世界的、全人类的当代。

师：现代社会科学这么发达，宗教这么成熟，商业这么繁荣，那为什么还需要"中国禅"？

学生五：如果这样已经足够丰富人的心灵，现代社会就不会这么充满了紧张气氛。

学生七：现代年轻人越来越自私、极端。

学生三：关键是在学校学的专业也似是而非。

学生四：不能怪他们，多数老师自己也似是而非，照葫芦画瓢。

学生一：人类发展到今天，物质方面极大丰富了，精神方面却越来越不行。

学生九：好在西方人开始意识到了这一点，现在灵修很火热。

学生一：他们的灵修也是建立在二元论基础上的课程，把精神和物质分开说。

学生二：所以东方传统文化该抬头了，现在国学课这么受欢迎。

师：灵修热，"国学"热，为什么"中国禅"还能崛起？我想在座超过一半以上的人应该尝试过寺庙里的禅修、西方的心灵成长课程或国学班吧？

（众点头）

师：有没有人愿意分享一下这里体验"中国禅"修养和过去参加的课程有什么不同？

学生十一：老师好！我原来一直在学国学，学了两年，增加了不少国学知识，但是在生活、工作中用不上，"知""行"合一不了，反而多了很多知识，分出了有文化和没文化的不同圈子。这两天到这里，说实话内心有些崩溃，重塑三观，感觉我什么也记不住，但知道要放下，内心里确实是减少了很多东西。所以感觉自己不会讲话了，心里空了，发愿要回去好好读老师的书，认真坚持这两天学的禅茶修养、莲花导引、行禅等功课。

师：我还想请问您，我其实每天也讲了不少的概念和专业名词啊，我讲的课速度也快，没有一些基础的新人根本不知所云。如果学生们都有基础，我讲课和现在又是不同，可以说是烧脑大会，那时候更难过，可能发现自己不是一般的笨。您问问那些修了几年的师兄们，他们是不是感觉自己特别笨？

（众笑）

师：反过来说，习惯后，又会感觉自己越来越鲜活，心灵越来越空灵。您们有没有感觉出去后再看原来习惯的人、事，就能发现以前发现不了的问题了？

（前排老师频频点头）

师：所以您们有缘来这里，电闪雷鸣一样过几天，大脑一片空白，原有的意识流一次次被截断，这相当于电脑旧了，换个芯片再重启。有许多老师来了以后一脑门子问号,全部是"为什么":为什么行禅要走这么慢?半个小时走了不到五米?为什么书上的一个个字都认识,放在一起就不知所谓了?为什么要大声读书?……来的时候已经带着一堆问号了,我听说有老师认为我是神仙姐姐一样的,那我是不是应该飘在空中给大家洒洒甘露水?

(众笑)

学生九:老师,您看上去那么年轻,我们想请问您今年多大了,可以吗?

师:《景德传灯录》记载武则天见老安禅师时问安禅师年龄,对曰:不记得了。武则天好奇,为什么人会不记自己的年龄了?安禅师曰:"生死之身,其若循环。环无起尽,焉用记为?沉此心流注,中间无间,见沤起灭者,乃妄想耳。从初识至动相灭时,亦只如此,何年月可记乎?"武则天听后,欢喜信受。您多大了?

学生九:不知道。

师:我却知道。

学生九(疑):我多大了?

师:尚未生。

(众愕)

师:带着问号来,听完课,回去问号更多。但是随着问号的增加,个人境界怎么样?

众:提升。

师:不断地在转化,不能说提升。转化是动态的,没有谁高谁低,如果一旦分别了高低,就形成了阶级,而转化是每个人随时随地,随着自心的变化而变化的。因此,没有一种境界是固定不变的。您们到这里来,之所以不少人身、心得到大改变,是因为教育的妙处不在既定环节里,不在精心设置的课程内容里,教育如果可以一条一条写得很清楚,就是死的。

"中国禅"的禅风就一个字:活!来了以后"杀人刀"一刀刀直指人心,打乱您的固有思维模式,大脑一空,"活人剑"一剑剑启发心灵,就有人在突如其来的某个刹那,那些原本沉睡的生命力,活泼泼的灵光,倏忽而来。所以,禅是启发灵光的种子,灵光下,您能看到人生之路,看到真实的世界,会更有情地生活在无情的人世间。所以听不懂的老师不要心急,听不懂太正常啊,就像您们刚进学校,认识字吗?因为不懂才需要学。

刚才休息时有老师问,书自己还看不懂,能不能送人?佛经您都懂了吗?《心经》才二百六十字,您解释我听听?所以,不是懂了才读、才学、才送,而是因为不懂才发奋去读、去学、布施给一切需要的迷人。不懂本应是您往上走的动力,而不应成为不学、不送、不修的阻力,什么东西您都懂了,那这课容易讲,说吧!想听什么?一切天注定?灵魂要高尚?一切都是最好的安排?苦就是人生?无论什么时候遇到的,都是对的人?

(众笑)

师:如果您们习惯听简单的、不用动脑筋的,那么我们现在就一起讲讲"鸡汤",保证大家没压力,也保证一点用都没有。讲几天废话,然后大家一起哭一哭、闹一闹、抱一抱、跳一跳,欢乐地回去了,然后在朋友圈写:我去了沙漠,听了一位神仙姐姐讲课,太感动了!太美好了!接着配几张美图、修过颜的自拍,美美地等着点赞,再然后过几天自己忘了,大家忘了,一切恢复原有生活。

(众笑)

学生二:我们公司以前搞团队训练、拓展训练就是这样,大家感动了、分享了一堆,然后回去恢复原形。

学生十五:我在这几年四处听课学到了很多名词,回去给员工讲,他们听不懂,然后我感觉他们真没文化。现在一想,其实我自己也不懂,学了一堆无用的概念,越学越复杂了。

师:其他课越来越复杂?难道"中国禅"不复杂?

学生一:在座百余人,有几人能听懂师之法?

师:不计其数。法在心悟,岂在言说?凡言者,为止小儿啼,为接引初学者。法无尽,心无量,一人之身内便有无量众生,您大脑不悟未表内众生不悟,岂是您可知、能计数的?

学生四:难者不会,会者不难。

学生十:"至道无难,唯嫌拣择。"

学生九:老师,我想主动说一句。

(众鼓掌)

学生九:我读《高明中庸 修身为本》总序时有一句话体会很深,想分享:禅法的核心,是……

师:大声!

学生九:"禅法的核心,是为了活着的人,当下自在!"

（众鼓掌）

师：哈哈哈！很好很好！您把"中国禅"为什么在当代崛起的精要找到了。

（众鼓掌）

师："中国禅"自惠能祖师开始，对宗教进行了翻天覆地的变革，可以说曹溪禅风是没有法事、超度、许愿、放生等仪式的。"中国禅"直接继承了释迦牟尼佛的佛法核心。

佛陀曾对弟子说，佛不在世时，法就是佛，从法中求佛，并不曾说寺庙中见佛、佛光中见佛或法事中见佛等。佛法中，"真佛"是指佛性，即佛的清净无为和慈悲般若之功德。而体现在人身上，作为人的品德、智慧、能力、行为活动，皆表现在利乐众生的事业中发挥作用时才有价值和意义，否则，佛和佛法是个空洞抽象的概念，是为能被人利用而产生的经济价值。

临济禅师曾开示："真佛无形，真法无相。你只么幻化上头，作模作样，设求得者，皆是野狐精魅，并不是真佛，是外道见解。夫如真学道人，并不取佛，不取菩萨罗汉，不取三界殊胜，迥然独脱，不与物拘，乾坤倒覆，我更不疑。……缘何如此？我见诸佛空相，变即有，不变即无。三界惟心，万法惟识。"

一切宗教皆以生死为皈依，要解决您死后的问题，这个出发点是：您对死不恐惧了，必然安心。这个的反面教材就是现在恐怖分子对信徒说，你去怎么怎么样了，就是圣斗士，死后马上能见到"安拉"，天堂里会有多少多少个处女在那儿等着你，是不是这样的？因为死后的事情谁也不知道，有没有天堂地狱,有没有处女,死了以后还能不能享受处女都是由"人"说了算的,而"人"说这些话是有目的的。

轮回和因果说,是婆罗门教的基本教义,他们怎么教育人民的？我现在富贵是上一世积累的福报,你这一世受苦,是因为上一世犯了很多罪,做了很多恶事,所以呢,这一世苦你要接受,你是奴隶就是奴隶,不要有什么妄想,安心做好你卑贱的工作,保持卑贱的身份为我服务,你命不好是不能改变的,只有接受我的统治。现在只有乖乖地听话,乖乖地行善积德,然后你下一世可以比现在好一点点,是不是这样？

有多少人听信了这些理论,安于接受被统治和奴役？不在意活着的这一生,而将全部希望寄托在死后、寄托在来世？西方的宗教也有类似的说法,你死后的一切归上帝来管,上帝会安排你去天堂还是地狱的,在你死了以后多少多少秒钟,会有一个人给你宣判,宣判你去哪里哪里。

那我们再看,中国古典神话里也有阎王,神话世界是文人基于现实世界而创造出来的神世界。阎王有生死簿,你干了多少好事多少坏事都给你记在账上了,所以死后统一算账。如果按照这样子的话,人还有可能解脱吗？还有可能成佛吗？释迦牟尼佛和他的这些弟子们,所有成就的,有谁不是当下证悟？否则要修行多少世,才可能把我们的"业"消完呢？"业"是消不完的,因为人在一边造业、一边消业,并且您不知道您什么时候,什么行为是造业。

"中国禅"之所以能在中国文化最鼎盛时期横空出世,关键是它和中国传统文化的"人文精神"相契合。什么叫"人文精神"？就是充分体现天、

第贰讲

地、人三才的平等性,万物之中,唯有觉悟的人能和天、地的能量对应,唯有大善知识能和天地平等不二,万物齐观。而这种人,能补天地之不足,积极发挥人之灵性带动的主观能动性,能动性才是"中国禅""人本"的核心所在,这对旧有的"宿命论"做了巨大的革新,祖师说"放下屠刀,立地成佛",这就是为活着的人说的法!而不是关心死了以后去哪里且怎么超度。

"活在当下"的含义是,再也找不出一个比"当下"更现实、更圆满、更立体、更能动的时空节点了,当下宁静,随缘自在,人间便是极乐净土。心安,处处是家乡,是净土,是天堂、彼岸,是归处。

我有一位师叔,他的轻功很棒,立地高飞数尺,他是从小身上绑着石块炼出来的,所以功夫很高。不过他有个毛病,昨天有位老师过来问我,说我学茶道,学古琴,觉得人变得很静,我说这又怎么样?您要是认为这样就很好的话,接下来就该变得讨厌别人了。那位老师就点头,说,是的是的,现在已经这样了。您们有没有这样的体验?当刚开始修行时,突然感觉到安静,真是欢喜啊!这就迷上了安静、干净、清香……当心情变化后,就喜欢找到一个静的环境,此时突然有人来大声说话,您讨不讨厌?如果这个人身上还很臭,当然他自己不知道,他还往您身边凑,怎么样?

(众笑)

师:当然我这个师叔不是那种不死于俗而丧于雅的"文化人",他功夫虽然很高,却有个毛病,和"文化人"讨厌"没文化"人不一样,他是什么人都讨厌,十岁开始除了他喜欢的朋友外,谁也不见,一个人盖茅棚住在山里。

有一次,他从山下采药回茅棚时,走在悬崖边上,路很窄,大概只能一人通过。走着走着,突然,看到一条大蛇盘旋在路中间,蛇头向着月亮的方向,此时月亮已经初升了。师叔一看,那怎么办呢?有几个选择:一个选择是从蛇身上跨过去。他轻功了得,虽然背了一大筐草药,但这也不是什么难事,但修行人觉得这样跨过蛇身不太好,蛇正在入定中,对它会有妨碍。比如您们打坐时,有人从您们头上飞过,感觉如何?

(众笑)

师:另一个选择就是退回去,从另外一条路绕回去,这大概再需要花三个多小时才能走到,但师叔当时就不想走了。他想,哎,这个蛇也入禅定啊?我看看它能定多久。于是,他也盘腿在蛇旁边坐下,眼睛看着蛇,蛇不动,他也不动。蛇头就一直跟着月亮的方向,一转眼,已经后半夜了。

突然,师叔的大惭愧心出来了,他想:为什么我是修行人,看到蛇时心里会慌?不是怕也不是不怕,就是不舒服。这种不舒服的心怎么出来?还有,为什么蛇都能这么不动地看着月亮入定,头一直昂着,我为什么就静不下来?武功好不代表禅定功夫好。这一夜,他看着蛇,心里波浪汹涌,特别惭愧。

清晨回到茅棚后,他下了大愤心,就在茅棚里不出来,饭也不吃,就这样一天一天过,渴了喝点水,饿了树上的果子吃两个,就这样转眼过了半年。半年以后啊,突然有一天,听到"嗡嗡嗡嗡"的声音,他特别讨厌噪音,跑过去一看,您们猜是什么东西?

众:马蜂!

师:哈哈!是推土机!茅棚后面的地被商业开发了。他好不容易找到

第贰讲

139

一个适合修行的地方,完了,山后不远几台推土机轰鸣。您们说,他还能保得住茅棚吗?还能保得住他的清静吗?他这样,能修行成就吗?

众:不能。

师:他最终还是成就了!终于想通了,躲不开不如迎面而去,所以进入社会了。现在特别好,他每天带着弟子们打坐、炼功,偶尔也讲讲经,最重要的,是不再讨厌人了。

昨天说的满空禅师悟道的故事,晚上回去参出来了没有呀?

学生九:白骨,不垢也不净。

师:禅的公案绝对不是语言文字、历史故事,如果我把它转换成您能听懂的话说的时候,意义已经失去了,故此许多话是不可说的。

那好,我们再回到问题上,为什么"中国禅"需要在当代崛起?大家看看现代社会是什么社会?科学突飞猛进,现在的速度到底有多快?比原来快十倍百倍,商业社会中商业是被谁带动的?

众:资本。

师:资本只要求一样东西,是什么?

学生十二:利益最大化。

师:我们前面说过"生意"是生生不息。做生意应该利润最小化。咦?做生意利益最小化赚什么钱啊?可大家看看,利润最大化的活得长吗?利润为什么最小化?第一把赚来的钱去做研发,去做创新,去做真正让企业能够生存下去的事情;第二是拿利润尽量多帮助别人。原来做生意,叫"无尖不商",现在把它改成"奸"了。为什么是"尖"呢?以前卖米,我卖一斗米时要多给您一个尖。现在却不然,个个怕吃亏。所以"无尖不商"和"无奸不商"有天地之别。

企业把赚到的利润多回报给社会的时候,大家想一想会发生什么事?作用力和反作用力。好的项目大家都想签给您,为什么呢?因为您一直在养育着您的内、外合作伙伴。

很快,科学大发展了,许多人可以长生不死了。怎么长生不死?我肝脏坏了换个肝脏,可以换别人的肝脏,也可以换我自己的肝脏。我自己肝脏怎么换?就是我自己先克隆出来一个自己后,一切内脏都是我自己的,所以以后有钱人会不会多克隆几个自己,放那儿备着?

(众笑)

师:科学变成了这个样子的时候,一个是可以用自己克隆人的内脏,还有些其实连克隆人也不用了,坏了直接换机器,除了大脑之外其他都可以换成机器的,您们觉得那还是人吗?最后还有什么呢?可以冰冻,人造冬眠技术,等等。未来各种花样层出不穷,人类就可以活到五百岁、一千岁。但还是不是人就不知道了。

(众笑)

师:此时如果一个人已经长生不老了,已经换得就剩一个大脑是人脑时,也不用吃了,也不需要喝了,男女情爱的这些都没有了,并且还不死,还有的是钱,大家说说这些"人"会想干什么?

众:称霸天下。

师:啊?哈哈,都知道?如果世界上有一堆又有钱又有资本又有时间又有聪明劲儿还都长生不死的"人",会怎么样?

众:战争。

师:这些生命科学的高科技除在美国外,还有哪里比较先进您们知不知道?

学生六:俄罗斯。

师:您们知道为什么俄罗斯在生命科学方面会先进吗? 俄罗斯和美国第二次世界大战后走了两条路。美国发展军事、网络,而俄罗斯的人一直对灵性科学非常感兴趣,他们在哲学、文学方面的造诣很深,所以从冷战后,俄罗斯投入大量的资金在灵性和生命科学的开发上。俄罗斯现在已经完成了在同一个机器下,同一个人,可以瞬间转移,但是现在还依赖机器。那下一步会怎么样? 据媒体报道,某医科大学于2017年将实验换头手术。人头都能换了还有什么不能换呢? 那么,把我的头都能换给您以后,您是我呢还是我是您呢?

(众笑)

师:科技已经如此发展的情况下,宗教内部信众的心也发生了剧烈变化。大家越来越不信任宗教,但又找不到一个东西可以替代神,因为科学越深入越发现宇宙万物的奥秘越多,宇宙是不可思议的,人类究竟怎么产生的? 进化论当中显然有不少漏洞。同类之间能进化,异类之间是畸变。可是西方人由于家庭的关系,大多数人生下来就有宗教信仰,很少有人成年后会主动脱离宗教,但是宗教的功能却今非昔比了,不少人虽然名义上是基督徒、天主教徒等,但是对本来教义完全的那种信任还剩多少呢? 对神的依赖还剩多少呢？故此，这些人也会去做弥撒、做礼拜，但不少人是形式上的习惯，真的相信有万能的上帝存在，会祝福我们吗？

但是大家要注意一个特点，宗教只有百分之百信，才能起到宗教的作用，如果百分之九十九信那就已经失去大半的力量了。因为一旦您产生一丝的怀疑，这个怀疑在关键时就会放大，所以不存在百分之十到九十九之间的区别。信，只有百分之一百，要么就信，要么不信，没有中间地带，如果不全信就等于不信。

还有个奇怪的现象，诺贝尔奖的获得者里，有一大半以上的科学家都信神，这是为什么呢？宗教人士解释是因为神存在啊！可是我们再去想一想，他们为什么会信神？因为他越深入科学，越发现科学的渺小，无法用科学解释的东西实在太多了，所以只能给个假定，有那么一样东西，假名为"神"，制造了这个规则。

随便举个例子，就我们太阳、地球、月亮这个简单的"三体"，科学至今给出完美答案了吗？为什么"三体"的比例那么完美？为什么月亮是空心的？地球内部是什么？为什么月亮里发现那么多金属，并且是人造的金属？为什么"三体"的位置那么完美，为什么度数和引力就恰恰好呢？……科学家有太多的解释不了的东西存在时，只能假定一个"神"存在。

科学已经发展到这个程度了，我们还是合成不了一颗有生命力的种子，不过应该快了，但是被合成的那个种子，未来会是人还是动物呢？已经被基因改造过的人，还是人吗？会不会若干年以后走在大街上，分不清谁是人谁不是人？未来大家坐一起，我是否需要拿一个机器——验人仪，验一下您到底是机器人还是真人？还是半人半机器？还是全部人？这太恐怖了。

（众笑）

师：以后要发牌子才能分辨，第一排坐机器人，第二排坐半人半机器，第三排最后是全人。为什么分不出来？因为以后的机器人有表情、有温度，是有机体。人和机器的最大区别是什么？比如说电脑再聪明，人和电脑最大的区别是什么啊？

学生七：人有情感。

师：不排除未来人工智能也有情感。人和电脑最大的区别在于人的思维能力，人会提问，会反思，而电脑只会读取。可是到了人工智能就不一样了，它们和人一样都会思维和反思，否则"阿尔法狗"怎么能把李九段给打败了呢？

它不用吃饭、睡觉，可以附着在任何形体上，它不断地学习，不断地反思，反思能力才能让生物进步，一切的进化是在反思中进化，反者道之动，不会反思的动物进化就特别地慢。那么人呢？不会反思的人只有退化。也就是人只要您反思一下，就进步一点！所以，每天反思极其重要！世界是一个变化的过程啊，那么您想一想在这种情况下，科学发展如此之快，人会更加安心吗？

众：不会。

师：所谓科学，乃是人类的共识及共业。继往而开来，从已知求证未知，这是求证的学问，本应永不停驻，不断探讨。这才是真正之科学精神！

当前的科学知识虽已较以往大为丰富,但是否就无所不知了呢?是否就完全了解宇宙、生命奥秘了呢?

其实,佛法在几千年前早已穷究真知,知道了宇宙、生命是生生不息的,只是色相转化而已。宇宙中一切物质与非物质之"能",均是循环不息、生灭不已的,世界相续与众生相续,是宇宙的物理法则。例如,动物死后,其尸在地下腐化,被细菌吃光,其剩余的体内各种矿物质元素,什么铁、钾、钙等,都归回泥土中,而被草木吸收,于是就成为草木的一部分,草木及其花果又被动物吃,成为动物的食物,这就是循环,生灭不已。这是地球上的物质循环。还有宇宙的生灭循环,各星云系统爆炸成细微气体之后,已经毁灭,但是其爆炸之光与能及气体,渐渐又旋转聚汇成形,再成新的星云系统,每一系统内都有亿万星球,生灵各异。这是《华严经》讲的:如因陀罗网世界,亦如镜灯,重重发光,佛佛无尽,无尽法界。《华严经》云:华藏世界所有尘,一一尘中见法界。三千大千世界,无穷无尽,都是在不断生灭循环之中。所以,您们要不要修习真正的佛法,而了知这无穷广阔的宇宙万象呢?

(众点头)

师:现代宗教的安心作用已大不如往昔了,以后有没有人会说:啊,您依靠上帝吧!上帝不是人工智能。

(众笑)

师:如果那个时候,是人工智能的天下、机器人的天下时,保守说人类有一半以上的工作都将替换成非人类,是啊!您的智力不如他,还要请婚假产假,还要八小时工作,还有劳动法、工会,人家没那事,然后世界上这一大半被淘汰下来的人,请问他们做什么呀?

学生八:在家禅修。

(众笑)

师:禅修?好啊!您的意思禅在当代崛起是因为大家都被机器人挤下岗了,没活干了,是吗?

(众大笑)

师:这个想法很好啊!没活做了做什么?可以全部在一起打坐。

(众笑鼓掌)

师:可是禅修、打坐以后怎么办?全部一切饿死?做公益也要有收入啊?

学生七:提高灵性,打败机器人。

学生二:老师说了,人工智能也会来禅修。

学生四:未来太可怕了。如果什么都被机器人替代了,人要都没饭吃的,会做什么?

学生五:变成机器人,不需要吃饭。

学生六:抢?!

学生九:人和机器人决战!

师:哦,人机大战?最后剩一半机器人一半人,和谐相处,握手言和,划江而治,这边是人工智能世界,那边是人类世界?当年西楚霸王就想划江而治来着!这是弱者的梦想。世界的变化速度比我们今天想象的还快,眨眼便至,为什么?因为资本的力量啊!人类的资本在投资人工智能和机器人产业。以后我讲课,下面坐的学生可能会有一半是人工智能,您说他们能不能入禅定啊?

众:能。

师:刚才说的那个蛇,入没入禅定?

众:入了。

师:好,风能否入定?水能否入定?一切动物的"定"是何种形式?

(众无对)

师:您们觉得不可思议吗?我在青城山时,有一只老鼠在我面前入定,后来被我带回山上放生了;今年三月在峨眉山,我见到一条狗,就是在入禅定啊!几个小时不动地看着我,我下山时还特地给它拍照了,那种眼神,是狗吗?我们第一天晚上一群人上沙漠高坡的时候,您们有没有感觉到风的禅定?

学生四:有!突然之间,就空了。

师:对呀,您们十几个人不都在吗?当时不远处还有一只蜥蜴,也在禅定。那为什么人工智能不能禅定?当宗教性的东西越来越起不到让人安心作用的时候,人只有两条路走。一条路就是什么都不信,变得越来越极端,现在的世界为什么这么动乱?这里爆炸那里打仗,德国的那个飞行员为什么要劫持飞机啊?他们是有宗教信仰的人啊,而且都是高学历,为什么会这么做呢?极端。极端是精神病,可惜的是,平时看不出来他有精神病,这才是最恐怖的事。

许多刚进入禅修的老师也是挺极端的,满怀成见,看别人不习惯,要么有洁癖,要么有心疾,反之心理都不正常。可是修的时间长了,越来越柔软,越来越能够包容,所以禅修是什么? 是让人柔软,柔弱胜刚强。科学是什么呢? 是绝对理性的,科学的终极就是一切数字化,科学和数学,是未来世界的主导,然后是神本主义的宗教,人,要么依赖于上帝,要么依赖数字,这些依赖皆非有利于人性。东方传统文化不是这样子的,您们注意没有? 特别疼的时候您会怎么样?

学生一:"妈!"

(众笑)

师:可是特别苦的时候呢? 会喊什么?

众:"天啊!"

师(笑):都清楚得很! 所以我告诉您:疼喊妈,苦喊天。为什么呢? 东方的"天啊"和西方说这个"Oh! My God",是一样意思吗?

众:一样。

师:如果认为一样,就不理解什么叫东方的"天"。为什么疼的时候喊"妈"呢? 这是人的自然反应,身体是妈妈给的,所以疼痛时,就怀念妈妈的怀抱,人从母体里出来,身体难受首先想到的是妈妈。可是苦的时候东方人喊"天",不是"上帝呀"的意思。"上帝呀"是什么意思? 是万能的上帝呀! 求您来帮我吧,恩赐一些力量吧! 而东方人的"天",不是说:您是万能的天,来帮我解决难题吧,而是唤醒我们内心的本性和天相应,通过呼唤自己内在的天命,"天命之谓性",天命是像天一样的广大的心量,是启发我的能量能像天一样的,和天之气、天之能相应,是"和天齐"之意,原意不是得到恩赐、加持。

中国古人认为天地中有万物，万物中有人类，人类中有我。由我而言，"我"不啻为人类中心，人类不啻为天地万物之中心，而"我"又为其中心之中心。而"我"之与人群与物与天，寻本而言，则浑然一体，既非相对，亦非绝对。从来世界人类最初碰到的困难问题，便是有关"天"的问题。西方欧洲古人所讲有关"天"的学术性著书，把"天"与"人"分别来讲，他们是离开了人来讲天，用二元论把"天命"与"人生"划分为二，认为人生之外别有天命，显然是把"天命"与"人生"分作两个层次来讲。"天命"与"人生"分别各有所归。如此一来，则天命不知其所命，人生亦不知其所生，各失却其本义。这一观念的发展，在今天，科学愈发达，愈易显出它对人类生存的不良影响。

中华文明自古认为"天"与"人"是和合的，中华文明是建立在以天地人、万物统一为基论，一切平等，宇宙人生会通合一的基础上的。"天命"通过"人生"承载，离开"人生"，也就无从来讲"天命"。离开"天命"，也就无从来讲"人生"。所以"人生"与"天命"和合时，才是人之万物之灵处。离开了人，何处证明有天？中华文明的一切人文演进都顺应天道，否则即无"人文"可言。所以西方人需要另有天命、天神的宗教来依靠，而中国人，是认为"天命"与"人生"同归一贯，"天""人"两者间，并无"隐""现"分别。能顺应天命的人生，便是圣人、大人、神人、真人。所以大家现在清楚了为什么"疼喊妈，苦喊天"了吧！疼时找安慰，苦时寻力量。

（众点头）

师：从希腊哲学开始推断，万物永动，一切东西都在动，但动不会自动，一定有东西推动才会动，就像人不会自己走，肯定有东西推着你走，推着人走的是什么？是意念，如果意念不动时你就成植物人了，那推动万物之动源是什么？最后的永动者，就是"神"。"神"演化了世界上一切的动，所以万物有规律，神掌握着规律和秩序，而人，不过偶尔发现了一点小秘密，人对于神来讲是微不足道的，一切都是神恩赐的。神先造了男人，又觉得太孤独了，又造个女人，然后怎么样？再造，给人准备了万物。

可是东方不这么认为，庄子说"庖丁解牛"，有一个屠夫，分解牛的过程像舞蹈一样，游刃有余，手艺炉火纯青，这就是匠人，匠人精神就是中国百姓的信仰！

中国传统中"体""用""道""器"间原本不曾悬隔天壤，"道"在"器"中，意味着可以即"器"即"道"。故，有书画琴棋之道、工商农匠之道，中国人的人生，每一个专注生活的人都是修道人，生活便成了一个修道的过程……这恰恰是"中国禅"能脱胎于佛教，自然在中国立足生根、开花结果的土壤。中华文明的特点，就是将人从有限性中振拔出来，心性就此超越现实维度。

学生十一：汉文明中，宗教一直没成为主流，原因在此啊！

师：工匠精神就是百姓的信仰，他们不需要宗教，敬业、乐业就是他的信仰，也是精神寄托。精神无以寄托的人才需要宗教和神灵。

中国人的思维方式和西方不一样的，但是印度又和中国不同，印度一直以来是婆罗门教为主的，婆罗门教的体系是种姓制度，婆罗门教创建了出家修行制度。他们的修行为什么呢？就是要离开人间，去往神界。印度教三大神分别是创造之神梵天、保护之神毗湿奴、毁灭之神湿婆。印度的婆罗门为什么要出家修行啊？为了自我解脱，为了能梵我合一。可是解脱、合一、轮回、报应、因果这些都不是"中国禅"的修行目的，"中国禅"认为只要人类社会存在，修行人就无有其他的极乐世界可去，留在人间，众生不觉、誓不成佛是禅者的菩萨行、菩萨心、菩萨道。

人和人、国家和国家、天堂和地狱、此岸和彼岸没有什么严格的分界，全在一心。现代科学研究物质，结果研究出了夸克，夸克是最小的单位了吗？夸克已经无形，那么物与物有分界吗？量子力学也到了弦论阶段，宇宙是什么？是弦。弦能看得到吗？

学生三：看不到。

师：它的动有规律吗？

学生三：没有规律。

师：那同样一个道理，如果最小单位是无形的，由此合成的个体，是什么呢？有固定的形吗？

（学生三无对）

师：我们住在这个酒店里对不对？这酒店已经存在十年了，十年之间是不是每天都在换里面的住客啊？同理，我们这个人就像酒店一样，表面看上去没变，实际上内容不停在更新，普通人是在不停老化。我们多数人是线性思维，举个例子，我们怎么来论历史呢？会按照时、空来分。学者会说：秦朝时期、唐朝时期，这就是线性思维。但事实不是这样的。

第贰讲

历史是一条长河,您能把长江水分为一百米一段吗?人民也是一样,人民就是这个河水,换了身衣服,换了一个朝代,人民变了吗?我从唐末突然之间换到宋朝了,我是唐人还是宋人呢?历史是不能断开的,抽刀断水水更流,所以不能按照时间来分,按照人的思想来分,可思想又是无形的,所以怎么划分呢?

(众无对)

师:所谓的划分,都是方便说。其二,按照空间来划分。古代用地域划分有道理,因为交通不便,可是现在用地域划分是没道理的。您觉得深圳人是南方人还是北方人?美国人是白种人吗?人口的快速变化、融合、迁流,现在地球就是个地球村。所以如何去严格划分呢?用时和空的局限来划分历史时,实际上是自定义,因为一切都是变化的、延续的,你中有我,我中有你。我昨天跟大家说过了,河水是怎么来的?雨来的,雨水怎么来的?河水蒸上去。您告诉我长江里面难道没有黄河成分的水吗?一切都在流动啊,风在流,地球在转。如果现在地球突然不转了,会发生什么事?

学生八:我们全飞起来了!

师:多好啊!飞在半空中打坐。

(众笑)

师:如果突然之间地球又转了,会发生什么事儿?

学生八:全摔死了。

(众笑)

师:所以您的心门一定要打开!要有一个动态的思维方式,绝对不要固在那里。啊,唐人就是那样子,宋人就是那样子,儒生就是那样子,如果这么思考,就叫"脸谱化"。"当代"的各种问题是怎么来的呢?西方文化怎么兴盛,东方文化怎么衰落,因为元明以后中华文明僵化,才会有新文化运动的复兴,不过西学东渐,失之偏颇,才会有现在这个情况。

人只重利益不重修养,这才好相信眼见为实,而科学确实能证明一些事物的表面变化,科学还能带来财富,科学的好处实在是数不胜数,而修养和科学相比,的确没什么用处,但修养最大的用处,也许就是它没有用处。

教育也如此,所谓的分数、学历,甚至知识都不是教育的本质,教育的本质是点灯,如一阵风摇动一片树林,一束阳光照亮一方国土。一切东西您都要学会发问,为什么会这样?源头是什么?在发问和思考中,向上一路,所以我们今天在这里深刻体会,"中国禅",能不能够在当代崛起啊?

众:能!

第十问

为什么"中国禅"必须在当代崛起

（众唱颂《春有百花秋有月》）

师：嗯，你们现在很有气场了啊？以后我们如果到西方去，您们先让西方人领略一下禅颂怎么样？我就不用讲了，让他们直接从歌声中感受"中国禅"！

（众鼓掌）

师：为什么"中国禅"一定要在当代崛起啊？

学生九：因为我们什么也不是，不是宗教、不是学术、不是神秘主义、不是神仙术，我们什么也不是，也什么都是，因为一切法皆是禅法。

学生一：禅法就像圆相一样。

师：应该说一切不离见性的法皆是禅法。现代人认知视野宽阔，认知手段多端，信息爆炸，故，对比古人，更难产生信任，正因现代人认知多途，怀疑一切，"中国禅"直指人心的修法正好将人心之本来面目毫无遮拦和盘托出，直陈当下。所以，最适合当今时代人的禅法不是绕来绕去的渐法，也不是本就偏重于物的科学，而是雷霆扫荡、电光击石的直指人心法。换句话说：禅修可在任何二元对立的环境中修，不过真正的禅师、禅者心中必须看破二元，远离二元，超越二元，粉碎二元。

当代中国是最充满活力的国家，其文化比西方更多内涵。一方面，中国人在回归传统文化的自我寻找过程中表现出来的复杂性和矛盾性令西方人惊叹；另一方面，中华文明本就是多元并存，甚至针锋相对的，这是中华文明之博大精深处，这种兼容并蓄的文明有别于西方，正是中华文明的强大之处和非凡的生命力，也是引人入胜处。我们如何发挥这些力量，而不是被某种固定的"形象"所局限,这才是当代中华文明复兴、"中国禅"能帮助人心稳定的真正"软实力"。

"中国禅"的禅法本身就有各种方式,其特色是不离自性,也不离寻常日用,一定要和每个人切身相关,每个人修禅都会有色身转化,现代社会污染那么大,谁也无法保障自己和家人的健康,吃补药、保健品是消极的抵御,而修禅带来的转变是积极的自疗自愈,发挥了人的主观能动性。"中国禅"为什么在唐朝的时候可以普漫天下?因为,它就是丰富多彩的生活本身。吃饭睡觉、举足下足、云门饼、赵州茶,生活的方方面面都是"中国禅"。"中国禅"里有甚深哲理吗?

众:有。

师:有艺术吗?

众:有。

师:包罗万象,"中国禅"祖师们在各方面都是第一流的,所以才能"辩才无碍,为众生依"。您想做"中国禅"禅者,您只有按照第一流的标准严格要求自己。注意,我说的是第一流,不是指争第一,而是您们对自己的定位,您想做什么样的人,是蝇营狗苟地过一生,还是成为禅门大丈夫?您把自己定位在哪儿,并向着那个方向去努力,才有可能成为那样的人。

"中国禅"修养是帮助禅修者的内心对世间的不公、无常少一些对抗、抱怨、争执,能圆融不二地看待万事、万物、万有间的看似公平或不公平现象。故此,"中国禅"修养以"圆相图"表法,就像道家以"太极图"表法一样。"圆相图"好看吗?

众：好看。

师：为什么"太极图"是固定不变的形象，而禅门祖师却用九十六种圆相图来表法？

（众无对）

师：是为了让人记住图吗？

众：记不住。

师：太极图能不能记住？

众：能。

师：虽然记不住圆相图，但看到圆相图能不能认识？

学生九：当然能认识。

师：祖师以九十六而变成无限，虽表面记不住，但见了便能认出来，这就是禅的妙法。天上的霓虹好不好看？

众：好看。

师：霓虹有固定的样子吗？大小、颜色、多少、变化，固定吗？

众：没有。

师："霓"和"虹"的区别在哪里？虹，是光的第一次反射，所以紫在内，红在外；"霓"，是光的第二次反射，所以红在内，紫在外。它们有什么区别呢？圆弧不一样，一个42度，一个50度，所以视角上给您的影响力也不同。感觉美！都是有内在道理的。那么霓虹的第三次反射在哪里……您们都要学会思考、提问啊！

学生八：老师，我每次一见您，就不会说话了。

师：从来都不会说话，谈什么见我就不会说话。

学生八：我的意思是见了您就迷糊。

师：我的意思是您从来也未曾明白过。

学生二：一问就蒙。

师：我们现在是开了蒙蒙班。

学生一：不是，平时不蒙，一见您就蒙。

（众笑）

师：不如反过来说，平时是蒙而不知，见了我是开始察觉平时自欺欺人了，所以不好糊弄了。"中国禅"在当代能崛起，要崛起，首先是拯救大家的心，从蒙昧而清明，我们一定要摒弃的是什么？

学生一：形式主义。

师：丈夫自有冲天志，不向如来行处行！这是禅门的家风，祖师曾经在唐宋大发挥了一场，在当代可以重新再来！心不变，法要变！咱们再复兴一下中华文明，怎么样？

（众鼓掌）

师：我天天跟您们说，要有独立意识，千万别跟着别人后面混，拾人牙慧。无论是艺术性也好，思想性、智慧性也好，一定要独创！现代人为什么缺乏创新精神？因为缺乏独立意识和思想！未来人类严重依赖机器、智能，人类如果在未来还尚余一些总体价值的话，这将不再是普遍个人价值。也就是说：地球上，人类的重要性大大降低，缺乏独立思考能力、自私自利的个人毫无存在价值，而能自觉自悟、超越机器依赖、不执著不忘初心、心系众生的个人，其价值无可限量。人一旦丧失独立思考和独立精神，就会走向两个极端：一是心智退缩，身体已是成年，意识仍如童年般幼稚，自以为是，掩耳盗铃；二是陷入各种不安，无缘由地恐慌，之后做徒劳挣扎。凡事抬杠顶牛，把无理当有趣，以为这就算是独立，提出不同想法就算是独立意识了。思想需要智慧，没有智慧的思想，创不出来什么新，只能跟在人后面抄。所以创新必从心空开始，心如虚空，境过不留，才是"苟日新，日日新，又日新"。今天，您新了吗？

（众笑）

师：我们修禅要把自己心力、心能、心量修大起来，凡人的强大只针对弱者；凡人的真诚，只在愚蠢时；凡人的勇敢，只表现在朋友圈里：这些人活得能扬眉吐气吗？心里时刻充满恐惧，天天在说假话，在表演。一个人为什么要真诚啊？因为唯有真诚才能安心。

禅的智慧呀，就像大海一样无边无尽，现在的宇宙在禅海里，也不过是沧海一粟。禅者的心跟法界一样大，但我看您们的心现在还是跟针眼儿一样大。

（众笑）

师：所以现代社会更需要大心人，浩浩然然，巍巍堂堂，人大方方，这才是"中国禅"的禅者。所以咱们这种法西方人不能修吗？禅的智慧、担当、豪气、丰富、功夫，他们没兴趣吗？

禅者的担当不仅是对一个国家、民族的担当，而是对全人类、对地球的担当，再推而广之，是对一切众生的担当。并不是说世界已经这样了，我的

第贰讲

力量太弱小,而是从我做起,从每一个当下做起,做个对一切众生有担当的人,这你做不到吗？不杀生,不破坏,不乱说,不乱发明。

有人不理解,什么叫不乱发明？现在对人类最大的伤害之一就是乱发明。自从有了手机以后,您们现在用手机也就十年左右吧,有没有感觉脑袋越来越笨啊？什么也记不住啊？越来越碎片化啊？手机的发明本来是为了沟通的便利,为了通信,可是现在变成了什么呢？变成了监狱,可是未来比手机魔障还大的东西不知道有多少。科技越进化,人越退化,以后写都不用了,全部是语音,我们现在这样子的课堂全部是可以虚拟的,大家可以是全息人相,我坐在这儿也是个全息人相,看上去在一起,实际上呢？

人只有两个世界,一个是真实世界,一个是虚拟世界。虚拟世界占的比例越大的人,越不安心。人和人之间的场景如果越来越虚拟化,人和人就没有什么实际关系了。

今天科技的进步仅仅给人类提供了更快捷退化的手段。人因虚拟化而更加感受到被隔离的孤独,进而普遍焦虑,由焦虑而极端。由于人际真实的互动越来越少,又因为人与人越来越不信任,人类在虚拟的网络中逃避,忘记了网络不过是工具。为了抚慰内心的空虚,诸多替代品,如网络游戏大行其道,网络色情等重度残害人们的心灵,不管我们接受或不接受,移动互联网都已经成了人类生活的主宰。

现代人通过工作、娱乐、消费、知识等手段,一步步把自己蜕变为网络数据的仆人。仆人在使用主人的财产时享受着各种错觉。而神也似乎从天而降了,科学家们、网络达人们开始变成能造"人"的神,基因改造、人工智能、不死不老的新人类很快到处都是，在科学技术的"进步"中，原来的人舒舒服服地丢失了万物之灵的明觉，欢乐地自我毁灭。一个新时代开始了，现代社会这把杀人不见血的刀是无形的。

未来人类，被各种信息、邮件、电话、游戏淹没，没有人想知道自己其实是在贡献数据，数据时代的文明不再是以某个国家、民族在实际疆土上创立的人类文明，而是一统天下的大数据疆土，每个人每一次回复的信息、每个放在网络上的视频、对话、情感都将被数化为一组数据，之后，电脑根据数据分析带动广告宣传、消费引导、资本投资、文化推广及时尚潮流，个人，不过是数据大海中的一滴水，不同以往的是，这种新文明的未来替代者，不会再是现代人类。

而这种主宰可逆吗？人类的出路在哪里？

（众默）

师：虚拟世界不断地加大的时候，人的不安越来越大，到极致怎么样？杀人或自杀！现代对社会不满的人是不是越来越多？现代社会的物质生活难道不比过去好得多吗？有连年战争吗？有人吃人吗？可是为什么大部分人都不满呢？习惯性地抱怨社会，抱怨家庭，抱怨团队不忠诚，抱怨客户人挑剔，抱怨污染，抱怨疾病，反正，除了自己，其他什么都不对。

抱怨的这些问题存不存在？当然存在，但为什么您没有反思问题出在自己身上啊？自己不节约，太奢侈，太计较，太虚荣，太虚伪，身体太差，智慧不够……人可以从自己身上开始减、简、俭，可不可以做到？

众：可以。

第贰讲

师：然后带动家人、亲朋、团队，可不可以做到？

众：可以。

师：看到别人奢侈浪费时，去说说，咱们不用这些或许更幸福，可不可以？

众：可以。

师：这不就是移风易俗吗？所以为什么"中国禅"必须在当代崛起？

众：因为社会需要！

师：过得缓慢些、从容些、优雅些、智慧些、健康些、平衡些、艺术些，古人从来没有这么紧张地生活，一封信，几个月才到也不影响感情。古人是"家书抵万金"啊！

所以我建议您们以后出国出差，给家人写信，用毛笔写："我很想你。"就这一句话，足已暖人心。

（众笑）

第十一问
禅者在日常生活中的表现神秘吗

师:人与人之间,情感的触动比什么都重要。一切的情感和心相关,和钱无关,您们把一切日常生活方式都调整到和心相关了,这就是"禅",这就是禅的"无所不为"。这和宗教信仰有关系吗?和地域文化有关系吗?和东方西方有关系吗?禅者是有丰富人情的活人,生活的情趣化就是生活的艺术。您能做到这一点,就会有许多不可思议的事情发生,这神秘吗?

学生六:神秘。

学生三:不神秘。

师:不懂的时候神秘,懂了以后就不神秘,不会双盘时觉得双盘神秘,不会禅定时觉得禅定神秘,但是会了以后就是平常事嘛,禅者的平常心也是如此嘛!魔术神不神秘啊?窍门不知时是神秘。什么是神秘化?故弄玄虚!什么是神秘?目前解释不了的人、事、物。

禅者的修行是佛界可以人,魔界可以人。对于善良而暂时无智的人,禅者无限包容,慈悲摄受;对于不善而为害一方的人,禅者威猛折摄,这才是大丈夫所为。谁告诉您们禅者只有一面的?我变脸比翻书快得多!信不信?

(众笑)

师:如果人只有一面,就缺乏弹性啊!为什么要有弹性啊?因为要自在啊!不柔软怎么自在?如果只有一张脸,变成了中流砥柱的君子相。禅是什么?机缘到了的时候,老师会一棍子打死你,这叫"杀人刀"。心贼不死,如何转心?禅门师者的智慧啊!总有无穷方便,我再给您们说个故事怎么样?

众：好！

师：宋朝的时候，有位禅师，他自己是悟了道的禅师，可是愁死了，弟子们跟您们现在一样，功夫不行，没办法呀，也得继续带着他们修啊。

有一天，那个县换了一任县官，是个儒生，儒生喜欢静坐，早就听说禅师的大名，所以想来看看这位禅师和他的禅寺到底什么境界。

上任后没几天，他就去了。先参观了大雄殿，又用了点斋，然后他就说：大和尚啊，我想去禅堂看看。

这时候是八月份，奇热无比，一般情况下，弟子们午饭后都休息，打坐时有人光着膀子，样子也不太好看。县官提出要去禅堂看，大和尚马上安排身边的侍者，快去通知维那。什么叫"维那"？就是禅堂的首座，管着禅堂秩序的，有人不认真就打板子的人。

从大雄殿到禅堂是两公里左右，古代禅堂是禅僧们封闭修行的地方，所以不对外。侍者跑去告诉维那，一会儿大和尚陪大人要来参观，你们赶快穿上大衣，坐好。不过侍者是个小孩儿，一紧张说错了，穿上大衣是正常的外套，可他说成要穿上冬衣坐好。

（众笑）

师：好，一群人穿着冬天的大棉袄，心里奇怪了，大和尚想显示我们修什么功夫啊？为什么大热天中午要穿上大棉袄打坐？心里有想法，那也没人问，坐吧！

过了一会儿，大和尚陪着县官上去了，禅堂有三个门，大家围着坐，其中一位禅僧，那个县官一看见，便吓了一跳。这位师父本来有高血压、心脏病,长得又胖,坐在那儿,我的天呐！汗像下雨一样不停地往下流,那县官一看,心里想啊,这什么毛病啊？大热天穿棉袄？而且天气这么热,空气不流通,房间内难闻得很,这位师父的汗怎么流成这样子？

于是对禅师说:"哎呀,大和尚啊,这位师父,他……他怎么了？"

大和尚说:"噢,昨天晚上,波旬到我们这儿来了。"波旬是谁啊？

学生二:大魔王。

师:啊,大魔王到我们这儿来了。这位师父啊特别慈悲,他把波旬拿到他肚子里去了,现在在跟魔王斗呢,所以才这个样子。

（众笑）

师:您们说这个县官信不信啊？

学生十:半信半疑。

师:心里不太信,不太信怎么办呢？再走两圈吧。啊,又走了两圈。走了两圈看看也没什么了,反正好像这些人也不是功夫很好的样子,也不是很安静祥和的样子,所以此时心里已经对这位禅师没那么尊敬了。就说,走吧！

好！大和尚应声和他转身准备下山。此时,突然听到一个巨声！哇,像炸弹爆炸一样,地动山摇的声音,您们猜是什么？

（众摇头）

师:坐在门口的那个维那,放了一个大大的屁。

（众爆笑）

师:这个屁到底影响有多大呢？跟地震一样令人害怕。大家知道他为什么吗？

禅问

学生三:热的。

师:这位维那师平时胃肠就不好,爱打嗝放屁,平时打坐时,不用忍耐,所以正常出气,师兄弟们虽然不舒服,但也习惯了。修行人和常人不同,本来打嗝、放屁都很响,气足啊,今天憋了那么久,不得了了,一放出来便地动山摇。

(众大笑)

师:哎呀,刚吃了饭就憋着,我的天啊!怎么还不走啊?他本来就几分钟要放个屁,好在屁也不臭,但是呢,今天不敢放,憋憋憋,肚子憋那么大,实在自己控制不了了,自动放出来屁,把自己吓了一大跳。当然县官在旁边也是吓了一大跳:这什么功夫?哎呀,不知道!现在考你们了,禅师什么反应?如果是您,什么反应?

学生六:这是功夫!

学生四:狮子吼。

师:狮子吼是放屁功夫?

(众大笑)

学生五:禅门特色。

师笑:为什么这个故事留下来了?就是因为这件事情结束以后,县官就拜大和尚为师了。所以大和尚做了什么反应很重要啊?要您,怎么做?

学生一:降魔。

师:这就是当下智慧啊!不知道?我告诉您们,禅师当下穿着鞋子直接冲上去,禅堂是要脱鞋进去的,可情急之下,禅师穿着鞋子就上去了,上

第贰讲

去做什么?

学生二:打了他一记耳光。

师:打您一记差不多!禅师对着维那磕了三个大头!大声道:恭喜您!终于打通了!

(众爆笑,鼓掌)

师:禅堂里有种功夫,叫"打通黑气关"。

(众笑)

师:这是真的啊!为什么打通黑气呢?因为黑气罩着体内,身体的气脉不通啊!所以,那么大的一个屁,说明全身气脉通了,肯定特别舒服了,是不是?所以禅师急忙鞋子不脱就冲上去:恭喜您!终于打通了!结果那个县官怎么想?哇,真有这样了不起的功夫啊?从未听说过!我静坐那么久也从未感受过这种气的力量!

(众大笑)

师:这比敲锣还大的一个屁给了县官极大的刺激!于是他产生了强烈的好奇心,我也应该修这个"打通黑气关"!谁也没想到,他当场磕头拜师!本来县官如果这么走了,对禅寺肯定有不良影响。结果没想到,一个屁救了禅寺。

(众大笑)

师:这个屁神秘吗?

(众笑)

师:禅师有没有骗人?

学生三:没有。

师:后来这位县官进入禅门修行后,还写了一本书介绍禅修,这是后话。所以,禅者第一功夫是随机应变,如果您们是那个大和尚,当下会怎么解释?

学生一:指着维那骂:"大胆!你怎么敢放屁?还不快向大人赔罪?"

(众大笑)

禅问 第叁讲

禅者颂
应机

笔墨文章是道场,
澄心一片烦恼亡。
无在不在见性门,
心安处处是家乡。

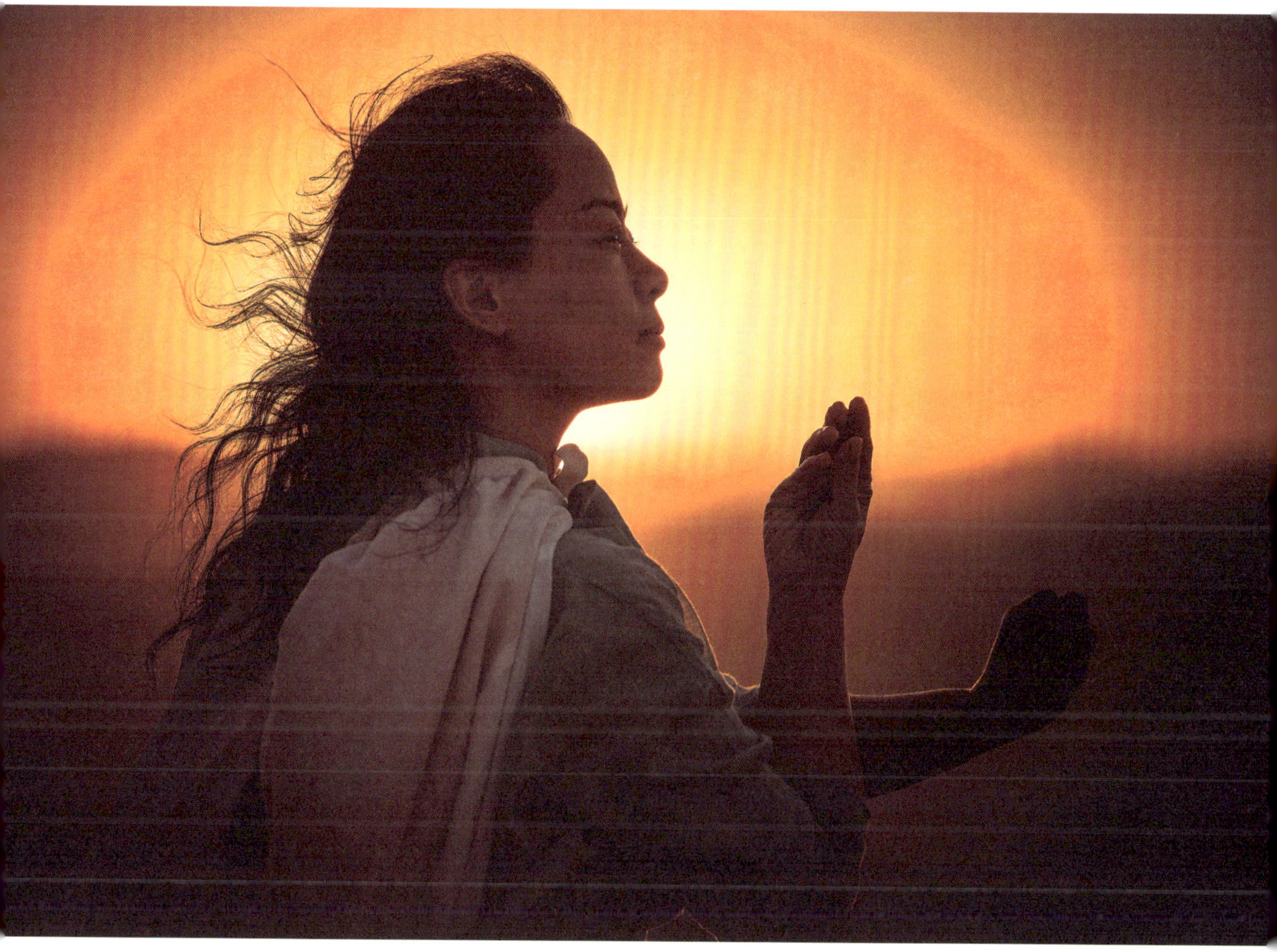

第十二问

"中国禅"体现了哪些中国传统文化元素和精髓?

为什么说中国文化最鼎盛的唐宋时期是属于禅的时代

师:这两个问题讲文化,这不讲到您们心坎里去了吗?在座都是文化人啊!可否跟我说说什么是"文化"?

学生十五(站起来):文化有精神文化和物质文化。

师:嗯,什么是精神文化、物质文化?

学生十五:思想属于精神文化,能表现的像音乐这些属于物质文化。

师:您吃的是文化饭,对文化就这么一点理解?

(学生十五低头不语)

师:文化人不懂文化,能做出利益众生的文化产品吗?能把原汁原味的中国传统文化推到世界范围,影响和感染世界吗?再给您一次机会,再讲一下。

学生十五:文化就是以文教化。

师:嗯,您真的应该打屁股了,就只会用商业方式和利益挂钩。

(学生十五惭愧地坐下听讲)

师:"文化"一词的源头在哪里?出自于《易经》第二十二卦"贲卦",贲卦(䷕),山火贲,此卦是异卦相叠,下卦为"离",上卦为"艮"。"离"为火为明,"艮"为山为止。贲,指贝壳的光泽,光泽和贝壳相互映衬,彼此装饰,色彩交错,合为一体,凸显文雅和光明。因此,"贲"是文明和光明,又有装点、装饰之意。贲卦旨在表现"文"与"质"的关系,以"质"为主,以"文"调节,也就是文明的主要功能是"节制"。节制什么?文明就是为了节制人过多的欲望。

孔子说:饮食男女,人之大欲存焉。也就是说人的基本欲望是正常的人性,原始儒家从来不会克制正常的人性,需要克制的是贪欲!所以,用"艮"表"山",代表文明、礼仪等人为的法则、法制而克制"离"之"火"不蔓延。"火"从人的角度来讲,就是贪念、嗔火、痴心、妄想、颠倒梦想,用"山"压住冲天的"火"势。什么叫"地狱"?有火的地方就是"地狱"。这当然不仅仅指外界环境闷热潮湿,而是指心中之火贪、嗔、痴炽盛,所以中华文明中,一切都要落在"知止"上。

谁背诵一下《大学》第一章?

学生六:"大学之道,在明明德,在亲民,在止于至善。知止而后有定,定而后能静,静而后能安,安而后能虑,虑而后能得。物有本末,事有终始。知所先后,则近道矣。古之欲明明德于天下者,先治其国;欲治其国者,先齐其家;欲齐其家者,先修其身;欲修其身者,先正其心;欲正其心者,先诚其意;欲诚其意者,先致其知。致知在格物。物格而后知至,知至而后意诚,意诚而后心正,心正而后身修,身修而后家齐,家齐而后国治,国治而后天下平。自天子以至于庶人,壹是皆以修身为本。其本乱,而末治者否矣。其所厚者薄,而其所薄者厚,未之有也。"

师:很好很好!曾子圣人讲得多清楚?"知止而后有定,定而后能静,静而后能安,安而后能虑,虑而后能得。"这是原始儒家的修养法,那么这些修养法是不是有先后关系?

学生六:有。

师:《大学》的这些修养法,所说的不是先后关系,而是本末关系,本末不是先后,而是同时存在的,如果理解成先后,就是依存关系。

学生六:啊?

师(笑):回去把这本《高明中庸 修身为本》仔细读三篇,再读《大学》原文,就能理解得更透彻一些了。

(学生六及众点头)

师:"止"是文明之本,"止"后要"制衡","制衡"的关键在"知位",不知道自己位置的人,永远要从高处摔下来。我一再跟您们说,您们生活中出现问题、产生矛盾通常是因为越位了。

人为什么喜欢越位呢? 越位的人常以为自己很积极,以为自己多做点是好事。实际上是不知道自己的责任和位置,足球比赛为什么越位了,进球也无效呢? 每个人在世间都有自己的位置,自知者明。在家里您的角色是妻子,不要越位当法官,天天裁判亲人的不对,不要越位当刑警,检查老公、儿子的隐私!

(众笑)

师:"知止"就是自知而守位,知止是文明的启端,是文化的作用。

贲卦的卦象怎么说?"刚柔相济,天文也;文明以止,人文也。观乎天文,以察时变;观乎人文,以化成天下。""刚柔相济"是天的特性,也就是"天行健"。天的特性是阴阳交错、太极互转,永远在运动变化中,所以"行"是天的特色,"行"是不住,不住才能"健"。作为人呢? 和天道相应的德性,就是自强不息,不能满足于一个境界而举足不前。如果一旦停止进步了,也就是"不健"了。人的"自强不息"之德性,就是动态中保持一个平衡,即"动中静"的能量。

"刚柔相济"的"天"如何表现出要预示的理呢？靠"文",即"文以载道"。天不会说话,所以需要契合天意、率天命而行的"大人"来"以文载道"。什么是天之"刚"？打雷下雨,狂风呼啸;什么是"柔"？清风和丽,春风得意。所以天永远在刚柔交替中变化。

什么是"文明以止"呢？"文"是"文以载道","明"是日月相推、阴阳交叠,日月无人推而自行,阴阳无人为而自变,"明"是光明,"以文载道"是如何人能契合光明。

故此,中华文明的核心是"止"！止什么？止贪欲、愚痴、嗔恚！文明是为节制人性中属于兽性的欲望,这些多余的火压制人性之善,所以要制住这邪火,以达到一种平衡,但注意,并不是熄灭,没说文明以"熄"。它只说文明以"止",就是不能过分,过犹不及。凡事要有度,能在一个恰好的度中,就是"中庸"。

因此,文明本是为了帮助您清净,走中道、不过分,这才是我们中华文明的核心！

（众点头）

师:什么是"观乎天文,以察时变"？天刚柔相济地变化,一切无常,"诸行无常",所以不要执著任何人、事、物、境。"察时变"是什么意思？就是不要执著在任何东西上,位置随角度变化而变化,名誉随位置变化而变化,境界随心量变化而变化,人生随智慧变化而变化,所以您抬头看天时,天告诉您的是"诸行无常"。

那"观乎人文"是什么含义？文明就是人文啊,文明不是天文,是人创造的,所以叫"人文"。创造人文的目的呢?"以化成天下"。用人文的作用成天下之德,如果大家都没有遏制,天下成为小人之天下,文明就亡了。所以文明是以文化的方式,不断地帮助世间人净化思想,降低欲望。那么现代社会的文化在做什么?

学生一:刺激消费。

学生八:眼花缭乱。

学生九:装模作样。

学生二:偷换概念。

师:哈哈,您们开批斗会了!应该说,真正的文化人是懂得文化内涵和核心的人,他当然可以成为一个商人,但要理解商道之本是利益大众,而不是个人名望、收入、财富的增加。

大家不要批评文化人,因为真正讲文化内涵的地方不多。大家在社会上学到的就是包装,被现象迷惑,所以看不到问题的关键。发掘出文化的价值,帮助他们转化,发挥出真正和中华文明相应的、令全世界人赞叹的中国文化来,这不也是"中国梦"吗?

现在许多做中国文化的人,是以中国为卖点博取眼球,哗众取宠。如果缺乏了"中国心",怎么做"中国梦"?

"中国心"是什么? 是真正的、不脱离根本精神的中华文明,它可以以现代的丰富形式表现,但核心宗旨是不能背离的。中国经济已经强大,但最终和西方文明对话的资本是什么? 就在文明里。如果我们自己不重视心灵修养和人格建设还怎么走向世界? 被世界人尊重的资本在哪里? 当今社会物质文明虽高度发达,但在商业刺激下,物欲横流、人心浮躁,如果不能传承古圣先贤给我们遗留下来的宝贵的精神财富,国人就只能随波逐流,在西方文化引导的价值观中迷失。

(众点头)

师:文化有三个出处,第一源于知识;第二源于商业;第三源于智慧。源于知识是什么文化类型呢?举个例子,有人以知识为基础卖茶,告诉您茶的作用、产地、冲泡方法等,大家都见过这些知识帖吧?

学生一:太多了。红酒应该怎么喝,应该醒多少分钟,用什么杯子、什么储存的温度等。

师:这是出于知识的文化。但这些文化是死的,就是我们说的鸡汤文化。为什么呢?他们没说错啊!举个例子,大家看中医怎么说?人空腹不能喝茶!说得对不对?对!但不知变化!因为知识帖只会告诉您空腹喝茶伤胃,喝茶应该在饭后一小时等等,可是人是活的,我每天不仅是空腹喝茶,我晚上睡觉前也是大碗大碗喝浓茶,您们多少人像我这样呢?

学生三:我是。

学生五、九等:我也是。

师:您们长期空腹喝茶得胃病了吗?

(众摇头)

师:您们晚上喝浓茶影响睡眠了吗?

(众摇头)

师:所以,从知识的角度讲,文化是死的,一切都是因人而异、因法而异、因地而异、因时而异、因境而异的,最关键是因心而异的!不知变通之文化,就是削足适履。看上去好像很有道理,这个应该怎么吃、那个应该怎么喝,实际上这些写知识帖的人自己本身也是知其然,不知其所以然。再举个简单例子,西医的理论基础是建立在尸体解剖上的,可是活着的人和尸体是一回事儿吗?活的时候有情感、有血脉、有思想、有气息,还有您能被打通的,黑气!

(众笑)

师:所以您从知识来研究一个人,从理性角度出发研究人,这个知识是死的,然后从死人身上得出结论,来医治活人,这次序正确吗?胃病能用胃药治好吗?如果胃药治好了胃病,胃药还会引起缺钙,然后又开始补钙,补钙又伤肾,然后又补肾,补肾后呢?拆东墙补西墙,没完没了!这种思路有问题,所以能治好身体吗?从知识出来的文化也是如此,告诉您吃冬虫夏草补肾,有没有告诉您吃冬虫夏草的禁忌?什么人不适合?什么情况下才能补肾气?注意是补肾气,不是补肾。

学生八:不能说啊!说了就卖不出去了。

学生九:他们自己也不知道啊!

师:所以这种死知识出来的文化,只能骗下愚。下愚之人别人说什么信什么,崇拜名人、偏听谣言,妄想吃什么能养身……中医是辨证施治,但是到中医的辨证还是不够,一旦进入修行了,和中医的辨证法又大不同,世间养身法和出世间修行法是截然不同的。

第二种文化的出处在哪儿?

众:商业。

师:哈哈,商业里面出来的文化,是有形式的"意"。比如说禅酒店,第一种叫禅意酒店,就像你们吃一个什么东西,这叫"日式"点心,吃过吗?

(众点头)

师:日式点心,是模仿。有的根本不明什么是"禅",以为放个榻榻米、几把茶壶、插花,挂幅字画,就是"禅酒店"了。那不如大家全部在脑门上刺个字:禅!禅!禅!这样不就您走到哪儿,都知道您是修禅的了吗?

(众笑)

师:学了个形式,就叫禅意酒店。搞个打坐房,一堆人静坐;搞个抄经房,大家抄抄经;放些古琴、洞箫音乐,好有禅意哦!

(众笑)

学生七:如果这样以为,那就是禅"二"了!

师:比禅意酒店高级一点的呢,叫"禅文化"酒店。这就更用些心了,搞了更多的元素,佛堂啊、经书房啊、讲座啊、禅修班之类的文化元素更丰富了,不仅仅是一个样式了,有的地方环境好,可以在临水边、在大树下,多拍几张照片,大家看看这多有禅文化?

(众笑)

师:有没有真正的"禅文化",在于您有没有具备一颗禅心,带动者、装修者、推广者、普及者皆是,否则全部是装点的形式,和禅没半点关系。

(众点头)

师:能具有一颗禅心的地方是具足了禅法的道场,我们可以叫"精舍",

可以叫"学堂",可以叫"酒店",这有何区别呢?投资者不以盈利为目的,但是也不反对盈利。投资的目的是什么?帮助人从中获得禅的智慧,重新观察自己的人生,重新规划自己的事业、家庭,开始在此学会反观自己,这具足禅法的空间,叫什么名字重不重要?

众:不重要。

师:一切的名号都是假名。所以您想和禅相应做事业,首先检视一下自己是禅意,还是所谓的禅文化,还是想契合真正的、帮助人色身转化的禅法道场。为什么"日本禅"有那么多的内容?因为弘法者了解世间人的心理,故此,真正契合禅法的禅文化必然是从禅的智慧里出来,现象、方式可以不断变,内在的禅心不变。这叫什么?

众:"无变化法,现变化事。"

师:一起念三遍。

(众大声念三遍)

师:一切东西在变,它只要不离"这个",什么啊?

学生六:禅心。

师:具足禅法的道场,才是真正有生命力的地方,修者能确确实实感觉到生命的醒觉,恢复心的活力。大家这三天来,有没有清晰地感觉活力恢复?一切是活的才是"禅",设定了一个固定模式,叫"死禅"。活的生命,才能契合禅的能量。

说了文化的三个出处,那么禅文化背后是什么呢?也有三:一叫当下观;二叫参究观;三叫随缘观。禅文化的本质是最终禅者达到能够"辩才无碍,为众生依"。"辩才无碍"不是乱说话,维摩大士的"一默如雷"同样是辩才无碍。这是六祖惠能传下来的"中国禅"文化的三个内涵。

什么叫"当下观"？当下成佛的观法。不管师者是棒喝、羞辱、冷漠,一切方法都是为了您能当下返观自心,清清楚楚地回到真实内心来观照,这叫"当下观"。

什么叫"参究观"？表现方式就是生活禅,有人认为生活中行、住、坐、卧就是生活禅。其实"生活禅"是需要有参究法的,我说行、住、坐、卧是修禅,但不是说,随随便便吃口饭就叫修禅啊！

前天您们跟我骑骆驼,有几个人心在当下的？有聊天的,有心里害怕的,这是活在当下吗？这么美好的环境您体会了多少？微风几许？明月几何？自心何在？这就是参究观。参究观做得好是会用心者,所以骑在骆驼上还不跟它相应,您们到底骑了公骆驼、母骆驼？

（众笑）

师：什么是"随缘观"呢？随缘自在。怎么样可以随缘自在？

学生八：惬意。

师：禅绝非标奇立异以炫人,也不故弄玄虚以惑众。禅者一言一行、举足下足,都是从戒、定、慧三无漏学中亲履实践得来,念念不离自性,万行皆发生于自性起用。

一切行善止恶是"戒"；六根涉境而心不随缘是"定"；心境俱空见万物现象变化能照览无惑是"慧"。随时能化解身、口、意三业的习气,禅心一片澄明,由戒生定,如大圆镜,如实观照万象,那才是由定生慧的"随缘观"。

禅文化其实是由这三个核心文化精髓而变化出来八万四千法,契合了核心内涵,发展出禅服装、禅茶、禅画等,一切您现在可以想象到的,和没有想象到的,全是禅文化,所以大家说禅文化在当代社会有没有发展空间?

众:有!

师:当代人需不需要?

众:需要。

师:我们不仅要自己会玩索,还要带着世界人玩索,我们带他们玩的过程中他们怎么样?

众:开心!

师:您们有没有发现一个特点?许多老师刚来的时候面部表情都是……

(师模仿表情)

师:绷着脸的。

(众大笑)

师:可是现在呢?大家互相看看,多少人发自内心地开始笑了。有的老师会反思,为什么这帮人都跟仙人一样走路没声音?为什么读书这么大声?为什么吃饭这么少?为什么三点就起床还不困?……这些人是人吗?这时候不少人会开始反思。

您们这几天行禅时,有没有人崩溃?原来我连路也不会走啊!

(众笑)

师:修行首先要制心一处,方无事不办。走个路都东张西望的,杂念纷呈,您能无事不办吗？所以禅修的内容是千变万化的,可以发挥的元素也是千变万化的。如果详细讲,我三十年也讲不完。

您们第一天看《莲花太极》光碟了吧？看懂了吗？

一众学生：看不懂。

师：对啊！看懂就奇怪了,因为您们的大脑已经被固化了,所以看不懂。那么想不想真正相应"禅文化"？

（众点头）

第十三问

长生不老术和修禅有何关系

第叁讲

师:都想不想长生不老？

众:想啊！

师:长生不老跟"中国禅"有没有关系啊？

一众学生:有！

另一众学生:没有！

师:哈哈！没有。

（众狐疑）

师:我不已经回答完问题了吗？没有！真没关系。

学生二:禅无处不在，连吃饭睡觉都是禅，为什么会没有关系呢？

师:首先取决于对"长生""不老"的理解。如果按您们心中理解的"长生不老"之意，就和禅没关系。但如果您和我一样理解"长生不老"，这又有关系了。

（众笑）

师:什么叫"长生"？"长"是什么？是长久、生长、增长意；"生"呢？是不息。要长久不息的是什么？不是寿命！而是生命力。所以"长生"主要内涵是和肉体无关的，反过来说，肉体是无法长生的，能长生的生命力一定不是凭借肉体存在的。这点理解了吗？

（有人点头，有人摇头）

师:举个例子，一个老人活到了一百二十岁，可是他得躺在床上，一切靠别人伺候，这叫"长生"吗？叫不死。孔子为什么说"老而不死为贼也"这么难听的话？因为人生就要对社会、对他人有贡献，从年轻开始占着资源而没有贡献只知索取的人,就是窃取资源的贼!赖着不死的,生命其实早就已经死了。生命和寿命无关,是一种循环往复促生的力量,所以"长生"的概念,是生生不息的生命力。

现在许多孩子,十几岁就像老人了,说话有气无力、老气横秋、疑神疑鬼,心理极其不健康,好吃懒做,自私自利,这样的"年轻人",早就老朽了。长生和精神力相关,您们这么理解,就和我们每个人、和禅有关系了。

那什么叫"不老"?先说什么叫"老","老"里面包含一是病、一是衰两方面。"衰"和竭有关,"病"和痛有关,这都是"老"。什么叫"不老"?

学生一:精力不衰竭,身体无病痛。

师:精力和精神有关,身体和物理有关。故此,"老"是身心两方面的,"不老"是身心能自在,如果年轻却难受地活着,跑步喘大气,精力不旺盛,记忆力跟不上,还是年轻人吗?您们现在自检一下身体,是年轻还是老呢?我们这个班是不是老年班?

(众笑)

师:长寿有什么用啊?长生才有用!就像学历有什么用啊?学力才有用!衰竭是什么意思?就是退化!不仅脏腑功能衰竭,大脑也会衰竭,精神力也会衰竭,灵感更会衰竭,一切的退化,都是衰竭!衰竭就是渐死的过程,未来科技发达能活到五百岁的也不稀奇啊,可是有意思吗?亲人死了,朋友死了,宠物死了,情感死了,就一个老不死的身体还在。

(众大笑)

师:您也不修行,天天靠吃药,靠换个机器心脏、机器腿,天天在那晃悠,这就是孔子说的"贼"!所以您说长生不老跟"中国禅"有没有关系啊?

学生八:有关系。

学生二:没关系。

师:"长生不老"是谁的说法呢?道家的说法,道家成了仙的真人能长生不老,但这些仙人您见过吗?人家住的也不在凡间,能不能长生不死跟您有没有关系啊?

宇宙中充满了各种有形、无形的生物,可能是外星人;可能是神鬼妖怪,那多一些神仙也不无可能,但这些神仙活得再逍遥也是他自己的事情,对这个社会有什么影响?如果对社会、对他人没有影响,他有没有长生不老跟您有关系吗?

众:没关系。

师:后来的道士和道家不同,为了求长生不老,开始炼外丹。以前是炼内丹,内丹是什么? 自己的精、气、神三宝,真气结成丹。

外丹是什么? 从葛洪开始,道士炼外丹是求长生不老。这里面肯定有成就者,不过更多的人是本来想长生不老的,结果死得更快。真正的"内丹"不是有形的丹,否则叫"肿瘤"! 什么叫"意守丹田"啊? 可不是守着下腹气海、关元穴附近哦,元气在身体里能住吗? 是无处不在、流动不息的,故此"丹田"也是流动的概念。"意守"是时刻心意相通,和动态的"丹田"相应,所以叫"无处不丹田"。

"外丹"怎么炼? 绝对不是仅仅采药、配药、熬药这么简单,有兴趣的,回家去看我的《莲花太极》下册第八章,我就不展开了。

流行吃外丹是在魏晋时期,那时候的文人时尚是清谈、玄虚,他们一个一个都好有风度的,有风度到什么地步,许多人爱袒胸露乳。

(众笑)

师:知道为什么吗?是因为不少人服用"五石散"。五种石头制成的外丹,吃下去,什么反应?发热!热啊!所以衣服穿不了,天天袒胸露乳的,拿着把大扇子。不了解的人以为是潇洒,了解的人知道是内热,再配上喝酒,为什么要喝酒呢?消化"五石散"啊!为什么爱吃"五石散"?就像现在吸毒一样,服后特别爽,瞬间发热,性欲旺盛,思如泉涌,这和您们吸毒没区别吧?

众:我们没吸过毒。

师:谁说您们没吸过毒的?雾霾、沙尘是不是毒? 唠叨、抱怨是不是毒?

(众笑)

师:区别在于古人吸毒很爽,现在人吸毒很难受。一种是主动吸,一种是被动吸。其实不仅吸空气的毒,思想上的毒,天天自己给自己灌那么多"心灵鸡汤"不也是毒?

(众笑)

师:其实从秦始皇开始,皇帝们一直在找长生不老药,有没有这种药?

众:没有。

师:只有长生不老之道,没有长生不老之药。长生不老之道是指如何保持生命力、活力的修行方法,所以中国历史上,有那么多皇上,吃外丹,吃得最厉害、最着迷的是谁？

学生八：万历！

师：二十多年不上朝，天天炼丹，他多执著啊！结果把祖宗的江山给吃没了。所以记住！靠吃外丹本想长生不死，结果死得更快。那长生不老和养生到底有什么关系？我上一次已经跟大家讲过了什么是"寿"，您们看有没有一位禅门祖师语录里谈过长寿的问题呢？

众：没有。

师：禅门祖师重视什么呢？其实和您们商业有关系，商业上赚了钱是真赚吗？什么东西有进必有出，能留下来的才叫利润，就像炒股票赚了钱是真赚吗？再例如您们吃东西，吃下去就要想着出，光感觉吃下去好吃，就不想自己有没有本事把它拉出来，这就是"二见"，是凡人的认知局限。

没有一位祖师，从一生下来就是禅师，都是隔了几年、几十年，甚至有人很老的时候才开始修禅，悟道后就成禅师了。"中国禅"历史上，到底有多少祖师，出了多少花样来表人可以"不死"？

如曹洞宗的祖师洞山良价。走的时候，跟弟子们说："我要走了，你们好好修行吧！"弟子们说："哎呀，师父您别走啊！"师父说："不行！"然后说走就走了。弟子们赶紧给师父办法事超度啊！他们哭得好伤心，正嚎啕大哭呢，洞山禅师自己站起来了："你们哭什么？谁叫你们哭的？这群愚人！算了，我陪你们再吃顿饭再走吧。"然后弟子们怎么样？赶紧慢慢去做饭，这个饭一做做了七天，洞山禅师也不着急，等了七天，吃完后圆寂了。

这都是神话吗？为什么禅门祖师能做到这样生死自在呢？为什么不

让自己的肉身多活些年呢？他们能不能多活？

众：能。

师：为什么不这样？因为"时"和"机"。惠能祖师他有没有功夫啊？张行昌拿钢刀在他的脖子上砍，他的脖子比孙悟空的还硬，"噔""噔""噔""噔"，砍到张大侠当场昏倒在地，祖师还在那儿坐着，为什么才活到七十几岁就圆寂了？祖师们他们早就证得不生不灭、不垢不净、不来不去的法身自在了，法身和法界一样大，地球对于整个法界来讲，是恒河的一粒沙，他想去哪都出入自在，所以他会在意这个肉体吗？弘法的时机到了就来，该走时就走。

"中国禅"有如此众多的祖师们都能证得到，我们为什么证不到？我们的生不是自己决定，当然祖师们能决定自己在哪儿"生"、什么时候"生"、"生"成什么。但是我们可以通过修行来决定自己的死，能够让自己真的和祖师们一样"长生""不死"。

灵性存在于意识的每一波段、发展层次，是无意识觉知。矿物质、植物、细胞、原子都有。含摄并进入越精微，越觉醒。无意识觉知便是超越。例如物理化学结晶的过程，结晶的时候，溶液中的一些分子开始聚集到一起，形成一个簇，或者说叫晶核，但这时候，这个过程是可逆的，有很多分子聚集过来，也有很多分子散开。一旦突破了某个临界点，晶核达到了一个临界体积，这个过程就成为不可逆的了。文明的进步、大国的崛起、生命的进化也都是这么一个过程，需要这些个体和集体产生正向的持续的能量，那么，在某个时刻，这些过程就会突破临界点，成为不可逆。此时，便叫超越。

我们可以活得纯简,却不能想得肤浅。一个有灵性的人,可以字里江山、画里乾坤,随心所欲不逾矩,这似乎看似很玄其实不然,觉者是悟到了一套适合自己的多元思维模型,能包容,不带成见,不轻易下结论。若您有心,当然也可以。

学生三:为什么祖师们能留下肉身舍利呢?肉身舍利究竟是什么?

师:从科学角度来讲,是不是已经证明物质不灭了?物质是在一个大的循环下,从一个存在变成了另一个存在,既然物质都能不灭,那么精神呢?

学生三:更不灭了。

师:精神状态比物质状态要微细,所以怎么可能物质不灭而精神会灭呢?但是精神和物质不灭的规律一样吗?当然不一样,为什么大修行者圆寂时能留下肉身舍利呢?居然还有人说舍利是结石?

(众笑)

师:为什么大修行人有舍利?因为气聚。凡人死时是散的,一散了怎么样?身体马上发沉、发臭。可是坐化的祖师们呢?肉身不仅不臭,有的还有清香,并且身体轻,还有人身体越来越小,如果最后缩小到一团,那就是要虹化成光了。

按科学上讲,肉体是蛋白质组成的,死后怎么可能不臭?可是我们看看六祖呢?在广东这么湿润的地方,为什么不腐不臭,也不生蛆不发霉呢?因为能量是往内收的,内在气脉能量打通的时候,就色身转化,不是以蛋白质等物质为主了，他们的身体和法界相通，空气一样自在流动，怎么可能会腐败呢？空气会腐败吗？所以，修禅的人，您们真要跟别人比，比就比身心谁健康，比出入谁自由，比走的时候谁没有恐惧，比谁的气更内聚成舍利。以后您们当中有人坐化成肉身佛如何？

（众笑）

师：所以长生不死跟禅有什么关系啊？就是在当下您能否悟道，能证悟，肉身就变得像风一样的轻盈。云有生死吗？水有生死吗？那人为什么会有生死呢？人和云、水难道有什么不一样吗？都是地球生命变化的过程。既然是个过程，您那么执著干什么？既然是个过程，我们就应该好好享受这个过程。

许多人问我，是不是多经历一些事情就有智慧了呢？那老年人全都有智慧吗？智慧如果和时间、经历相关，还叫什么"顿悟"？

经历多未必好，因为成见可能更多，这叫"习垢"。"习垢"是垃圾，是固定的、不变的、僵化的、脑袋里面的认识垃圾。凡人之所以为"凡"，是因为心里的一堵堵墙，就是我们的执著、障碍。这些墙不是一开始就有的，是在许多事情、经历、言语、传统的累积下，一点点地增长、坚固的。人习惯把身边一些细小的"石头"，例如他人的一个眼神、表情、评论、不恰当的话等，默默捡起来，珍重地放在心中，再用自己的回忆和烦恼当作水泥，仔细地彻成一堵墙，这叫"习垢"。

"中国禅"从来没有否定过轮回因果，也没有否定过这个世界上没有神，世界本是无穷无尽的，眼睛看不到的各种各样生命体，叫他神也好、鬼也好、怪也好,都是在的,世界是丰富多彩多维的。难道只存在我们看得见的东西吗?连个微生物如果没有显微镜您都看不见,比微生物再细的东西呢?所以既然感应不到,就即便在同一个空间,也属于不同世界,互不干涉,它也不会无缘无故地来保佑您,也不会无缘无故地来伤害您。无形的生物无处不在,本就跟您没什么关系,正常人去惹它干什么?除非……什么?

学生八:不小心惹到它们了。

学生一:悟道后的觉者能和它们对话。

师:为什么不小心能惹它们?有的人愚笨,念一堆莫名其妙、不解其意的咒语,这本是一些密码,懂得使用的人是拐杖,不懂使用的人是魔杖。所以,古时候许多巫师,不知道哪里来的能量,突然就通灵了。结果怎么样?您不知道哪里来的东西,一定不知道什么时候离开、怎么离开!所以最后几乎都没什么好结果。能否悟道是"中国禅"修养的根本宗旨,千万不要去碰各种玄虚。

"中国禅"修养里,发愿不退是神通;精进行力是神通;念念契性是神通;慈悲众生是神通;心开悟现是神通;具足功德是神通;眼见实相是神通;感通天地是神通;定慧等持是神通;平等不二是神通;导人见性是神通;自我控制是神通;理解他人是神通;心心相印是神通;灵感无穷是神通;生命鲜活是神通;出入不二是神通。

第十四问
进入修禅有年龄限制吗

师:进入修禅有年龄限制吗?

学生八:没有。

师:据《五灯会元》等禅宗史籍记载,四祖道信大师驻锡于破头山时遇到一位年老的栽松道人,道人向往四祖的精妙禅法,问:"您宣扬的禅法我可以修吗?"四祖看了看他,遗憾地告诉他:"您年纪太大了,就算真能领悟禅法,又怎能继续弘扬呢?倘若能再来一次,我应该还可以等到您归来。"

栽松道人听完四祖这一番话,当即来到河边。此时正好有一位少女蹲在河边洗衣服,栽松道人上前问讯,对少女说:"我可以在您这里寄宿吗?"

少女听了以为是求住宿的人呢,答:"我家里还有父亲和兄长,可以去我家里求他们。"栽松道人说:"只有您同意我,我才敢前去啊!"少女似懂非懂地点了点头,于是栽松道人转身策杖走开。

这位少女当时尚未婚嫁,奇怪的是不久她就怀孕了。那个时代,少女未婚先孕,太有伤风化,因此父母把她赶出家门。少女没了归宿,过着流浪的生活。白天在村里给人当佣人,纺线织布;晚上就四处找屋檐下过夜。

过了几个月,少女生下个不明不白的孩子,她自己也觉得非常晦气,就把孩子扔进一条水沟里。但到了第二天,再去一看,不由大吃一惊,原来小孩正向水沟上游漂浮,而且身子鲜嫩,精气十足,于是又情不自禁地把他抱在怀里。

少女暗下决心,不管今后受多大的屈辱,一定要把孩子抚养成人。自那以后,少女带着孩子沿村行乞。日复一日,年复一年,村里人称这孩子为"无姓儿"。不知不觉,孩子慢慢长大。有一天在乞讨中遇见了一位僧人,这位僧人就是四祖道信大师。四祖仔细端详这个孩子,发现孩子骨相清奇,就感叹道:这孩子如果出家修行,二十年后必定能够继承佛法慧命,堪当众生依止处。

于是就问:"你姓什么?"

答:"我是有姓,但却不是普通的姓。"

又问:"既然不是普通的姓,到底是什么姓?"

答道:"那是佛性。"

四祖又问:"你难道真没有姓吗?"

答道:"姓氏只不过是因缘假名,其性本空,故说无姓。"

四祖听了,知道是法器,就来到孩子母亲身边,请她答应让孩子出家。孩子母亲想起这孩子的神奇身世以及发生在他身上的许多奇怪事情,就痛快答应了,四祖给他起法号叫"弘忍"。

弘忍出家之后,住在双峰山奉事师父。他少年沉稳,性格内向,少言寡语,宽忍柔和。无论其他师兄弟怎么欺负他,也毫不争辩。由于从小心量宽宏,不谈是非,《传法宝记》说他"昼则混迹驱使,夜则坐摄至晓,未尝懈倦,精至累年",白天混迹大众之中,承担各种杂活,晚上摄心打坐,通宵达旦,精进修行,经年累月,毫不懈怠。这样的人品与悟性,得到了四祖大师的认可,故而因缘成熟时,把衣钵传付与他,弘忍便成为禅门五祖。在付法时,四祖还把门下弟子全部转付给弘忍禅师。五祖不久开法于双峰山东边不远的黄梅冯茂山,大弘禅法,史称东山法门。

其座下龙象频出,先后涌现如六祖惠能、神秀、智诜、慧安、法如等十几位大善知识。怎么样,您们说修禅有没有年龄限制?

(众笑)

师:有没有?

众:有!

师:谁说有的站起来!我打屁股。

(众笑)

师:修禅没有年龄限制!为什么呢?一切障碍都是有办法的。五祖老了能去投胎再来,这是一种方便。大家记住,修禅没有任何限制,只要想修,总有方法。关键在修的初心,如果您得了癌症,或者年老身体不好,想通过修禅治病或回春,那么这就不是正确的禅之初心。禅的发心一定是为了求法,对法有希求心的人才是,那么他身上的一些缺陷都是可以克服的。

三祖见二祖时是麻风病患者,他以白衣身份在安徽安庆市附近的司空山,遇到在此避难的二祖慧可,当时他已经四十多岁了,身患重疾,据《祖堂集》记载:北齐天保初年(公元550年)有一居士,不言姓氏,年逾四十,到二祖慧可处。求曰:"弟子身患风疾,请和尚为我忏悔。"慧可说:"把你的罪对我说,我为你忏悔。"来者沉思片刻说:"我还说不出我的罪究竟在什么地方。"慧可说:"我已为你忏悔过,你最好皈依佛法,出家僧住。"居士说:"今日见到和尚,已知自己是一个僧人了,但不知何为佛法。"慧可说:"是心是佛,是心是法,法佛无二,汝知之乎?"居士领悟地说:"今日始知人的罪不在内,不在外,也不在中间,在于其心,佛法也是如此。"慧可闻言,十分喜悦,高兴地说:"是吾宝也,宜名僧璨。"

后北周武帝灭佛，僧璨随二祖慧可南遁隐居，往来于司空山和天柱山之间长达十五年之久，居无常处，多年来无人知晓。后接二祖衣钵，是为禅门三祖。隋开皇十年(公元590年)僧璨正式驻锡山谷寺，公开弘扬禅法。

隋开皇十二年(公元592年)，他遇到十四岁的小沙弥道信，小道信前来拜师，问："愿和尚慈悲，乞与解脱法门。"僧璨说："谁缚汝？"道信答："无人缚。"僧璨说："何更解脱乎？"于是道信言下大悟。

僧璨大师一生载入史册的弟子只有道信一人，他传授道信《妙法莲花经》的"会三归一"法，这对道信大师的成长极具影响力。"会三归一"也是我这套"禅画美学"第六本书的核心内容，您们想不想看？

（众点头）

师：道信侍奉师父九年，僧璨经常向道信传授玄微禅法。后付道信衣法，传法偈曰："华种是田地，从地种花生。若无人下种，华地尽无生。"

在禅门人脉上，三祖僧璨是重要的坐标，是承前启后的关键，达摩大师将印度禅带到中国，当时人们是遇而未信，至二祖慧可时，人们是信而未修，在三祖僧璨时才是有信有修。

僧璨禅师的著述《信心铭》言辞简约，应机施教，是"中国禅"的第一部经典，可以说与《六祖坛经》并称中国化的禅门典籍，是理解中国化禅法和禅者实修的必读经典。隋炀帝大业二年(公元606年)，三祖说法时在树下合掌立化。

我们看看禅门的特点，从达摩东来中国后，二祖慧可是独臂，世间人认为是残疾人；三祖是麻风病，世间人认为是传染病、绝症，避之不及；四祖得法时是个小孩,世间人认为嘴上没毛,办事不牢;五祖是个老头,只得脱胎再来一次;六祖卖柴一字不识,世间人认为是文盲……用世间的眼光看,这些人有背景吗?有学历吗?有好出身吗?有财富吗?是精英吗?有名气吗?

(众摇头)

师:这只能证明一点!任何人都可以明心见性,见性成佛!年龄是针对世间人说的,因为谈到年龄问题,就是有遗憾。例如老年人有修的心了,却打坐坐不住,站桩站不动,读经记不住,反正样样不灵敏了;年轻人呢?身体好却没有修的心,花花世界太好玩了!中年人呢?上有老,下有小,还有公司员工、团队要顾及,没时间啊!

(众笑)

师:禅门祖师个个都是辩才无碍的大丈夫。印度的龙树菩萨是佛陀圆寂后七百年出世的,号"第二释迦",是大乘八宗共祖,他一生著有大量论典,其中《中论》《大智度论》《十住毗婆沙论》等对中土佛法意义尤为深远。

《中论》阐发缘起性空的深义,其中"八不中道"的不二思想,深深影响着"中国禅";《大智度论》是以中道立场来彰显般若真理;《十住毗婆沙论》是从"有为法"宣讲弘扬菩萨大行,其中有一品叫做《易行品》,"难行道与易行道"是其中最著名的论断,就是把佛法中修行法门,即大乘菩萨道分成难、易二道。判难、易二道的目的在哪里呢?就是帮助修者如何决择菩萨行。

佛陀曾在《楞伽经》当中预言龙树菩萨,云:"于南天国中,有大德比丘。名龙树菩萨,能破有无见。为人说我乘,大乘无上法。"

什么叫"能破有无见"?就是凡夫是堕落在"有见"和"无见"当中的人。龙树菩萨的《中论》《大智度论》,这些都是讲般若"空"性的,但《十住毗婆沙论》是站在"有"宗的立场上。可见菩萨的法是不二法,分别"有见""无见"是凡夫的执著,讲"有"就认定实有,讲"无"就认定实无,这不是中道,龙树菩萨破斥凡夫"有""无"之见。

"有""无"还有另一种诠释。比方"密密无碍",是什么意思?当然我们要先把什么叫"存在"、什么叫"显现"搞清楚。"有"就是存在与显现之意,又分为四种状态:一是有存在也有显现,二是没有存在也没有显现,三是存在而不显现,四是显现而不存在。

"相碍有"是什么意思?一切法的成立都要适应局限,这些局限便是它们的相碍。例如人,一定要成为立体,也就是适应三维空间的局限;故,"有"是相对的,必然有局限性。"无碍"是超越"有""无",是中道。

然而,龙树菩萨年轻时,却因自负多智,而破正法戒,令自己的弟子皆着黄袍,雄视天下,不可方物,又向国王夸耀自己已经圆满了佛果。他和三位道友曾练成"隐身术",潜入王宫,性侵宫女、王妃,并使得宫女怀孕,最后被暴怒的国王埋伏士兵射箭杀死了三人,龙树由于躲在国王身后而幸免。之后,忏悔出家。先诵小乘三藏;次入兴都库什山脉和喜马拉雅山脉等雪山学大乘;再于当时傍湖的山窟岩洞,又称"龙宫"的地方受"方等"诸经。龙树菩萨修成后,屡次接受婆罗门、诸外道的挑战,无一不胜,于是万余婆罗门、外道归于佛门。后因"小乘法师"忿嫉,屡屡加害,于是"蝉蜕"

而示圆寂。

这些经历在鸠摩罗什大师著的《龙树传》里都有清晰的记载。龙树菩萨开创了大乘佛教第一个僧团,为大乘的振兴做出了卓越的贡献。

另据《大唐西域记》记载,龙树菩萨的大弟子提婆菩萨是锡兰国人,他渡海入印度求见龙树菩萨的时候,龙树见他是大法器,于是盛了满钵的水放在他的前面。提婆菩萨见了,一言不发,从容地把一枚针投入钵里。龙树菩萨非常高兴,就许可提婆菩萨入门,提婆菩萨成为龙树菩萨的传人。大家说钵水投针是什么意思?

(众无对)

师:哈哈,不仅您们不明白,龙树菩萨门下的许多弟子也都不明白,龙树菩萨后来曾对他们解释道:"满钵盛水表示我的智慧和学问很渊博,提婆把针投入,一沉到底,表示能够继承和钻研我的学问,他能够马上领会我的意思,实在是不同凡响,因此我传法给他。"这就是后来禅门祖师们常用的机锋,龙树、提婆两位菩萨都是辩才无碍的禅门祖师。据鸠摩罗什大师译《提婆菩萨传》上说,提婆菩萨悲天悯人,曾经为大自在天布施左目,所以仅存一目,故曰"迦那",就是"一只眼睛"的意思。

后来因为南印度一个国王不信佛法,他就改换服装应募为国王的大将,立了很多功劳而不要什么报酬,因而引起国王的惊愕,提婆这才说明自己的来历,引导国王崇敬佛法。可是外道们不服,提婆就倡议开辩经大会,说如果自己辩论输了,甘愿斩首,因为愚痴的头脑没有存在的价值。外道们也表示有同样的决心,愿意输了斩首,可是提婆菩萨说:"我如果输了一定斩首;你们如果输了可以不必斩首,只要皈依佛法做我的弟子就是了。"

外道们当时还不服气,但和提婆菩萨辩论了很久,没有一个人能够赢,结果全部皈依佛法,成为提婆菩萨的弟子。大乘佛法经过提婆菩萨那样的舍命弘传,才逐渐在印度站稳了。提婆扩大了师父龙树菩萨的影响,而自己也得到了"圣天"的美号。

有一次,婆罗门教的大辩论家马鸣向龙树菩萨挑战,龙树派提婆代表他出战。辩论前依照风俗,马鸣在恒河用沐浴仪式来清净身体,这时提婆走下河岸,把一个装满粪尿的金壶给马鸣看,然后开始很恭敬地刷洗壶的外表。当时,马鸣并不认识这就是和自己要辩论的提婆,惊讶地问他:"壶里装满秽物,光是洗涤壶的表面有什么用呢?"

提婆答:"是啊!你在这条河里清洗身体,又如何能清净你的罪障和愚痴呢?"

大家想想,我们身边有没有这样的人?天天搞各种庄严仪式,妄图清洗业障和消罪,这满脑子、满肚子装"屎粪"能洗干净吗?

(众笑)

师:不久,马鸣正祭祀他往生的父母,提婆又出现了,他搜集来一大把干草,并煞有介事地用水来浇。马鸣见了不解,忍不住问道:"你又在做什么?"

提婆说:"喜马拉雅山上有棵枯萎了的树,我正在浇水让它复活。"

马鸣嗤之以鼻:"你明明是在这儿浇水,却硬说是在浇喜马拉雅山上的枯树,真是个骗子!"

提婆答:"对啊!你的祖先过世很久了,早已投生他方,你在这里祭祀有什么用?你这是愚呢?还是痴呢?"

(众大笑)

师:马鸣和提婆的辩论是屡战屡败,最后终于深信佛法是最圆满的觉悟之道。后来他写出了印度最好的佛诗,如《敬师五十颂》是他现存最有名的作品。

菩萨是慈悲的,根据《付法藏因缘传》记载,由于提婆菩萨的辩才无人可及,许多婆罗门输了以后剃发成为提婆的座下弟子。这时,有一位外道的弟子,固执而无智慧,眼见自己的师父被提婆降伏归在提婆门下,心里愤愤不平,他虽然表面上跟随师父归于提婆,但时时都在等待机会报仇。

有一天,他发现提婆一人在林间坐禅,于是偷偷潜入菩萨背后以尖刀刺入尊者腹部。提婆菩萨的肚子被刺穿,血流如注,但他却对这位弟子说:"在我住的地方有我的衣和钵,你赶紧拿着它往山路逃命去吧!我座下有尚未成道的弟子,若被他们发现,一定会杀你。你现今仍迷惑,往后要好好地防护自己的心念。快走吧!"外道依照提婆菩萨慈悲的叮嘱,安全地逃往深山。

弟子们发现后,分头要去搜捕凶手,以便报仇。这时一息尚存的提婆菩萨反而训诫弟子:"诸法原本空性,没有一个所谓的我存在。既无害人之人,也无人被害。你们现在是被外相所蒙蔽,因愚痴而生妄见,种不善之业。其实,这是我的业报,你们不用去寻求报复,也不必愤怒或悲伤。"交代完毕,提婆菩萨安然示寂。

那么,大家说,提婆菩萨真的脱不开弟子的刺杀吗?

众:不是。

师:菩萨有死吗?

众:没有。

师:所以大家说有没有限制?

学生三:一切限制都是自己找的借口!

(众鼓掌)

第十五问
什么是"中国禅"的"不二智慧"

（师唱颂《云上曲》）

师：各位老师为什么要修禅？

学生三：修正自己的习气。

师：那就不要忘了为什么修，如果您来后不关心精神修养、不关心和法的契合、不积极修正习气，忽略了"见性"这个根本，而是老惦记着断食减肥、驻颜回春，这就是被习气带动，忽略了禅的根本，《心经》中说"颠倒梦想"即是。我们先来说说什么是"精神"？什么是"智慧"？您进入禅门修习，第一要"发心"，又叫"发菩提心""发愿"。没有"发心"的人，不能算进入禅门。禅茶、导引、太极、打拳、静坐、拉筋、瑜伽练得再好算进禅门吗？

学生七：老师，什么叫"发心"？与生活中"使命""目标"等这些一样吗？

师："发心"也叫"发愿"，我们常说进入禅门的基础是"信、愿、行"，其中，"信"是基础，不信何必来？"愿"是核心，没有愿修不成，一定跑偏！"行"是起用，没有起用，修出来的是知识，是个人见解，只有在起用中才能证法、悟法和觉察。愿是不忘！信是不疑！行是不住！

什么是"愿"？是"原"加"心"，即"原心"，也就是我们的"初心"。人生下来的初心一定是和谐的，没有对立、阶级、矛盾的，有了自己后天所赋予的意义时，才形成分别。"愿"是禅者的初心，修禅需初发愿，中集慈悲、智慧的资粮，最后行证而得圆满正觉，一切出发点皆为利乐有情的修行，才叫真正的修禅。故具慧者，能从最初即入禅门，而不是一步步逐渐走进来的。

禅者想成佛的心，是从一开始就可以策发的，然后此发心，摄持一切修行过程，在这些过程中反复提高功夫，内心清净无为，从而令发心更加圆满。所以修行第一在于发愿,发愿干嘛?利益众生!这就是和人生下来的初心相应了。小孩子若是看到大人杀鸡、杀鱼,一定会特别难受,因为纯洁的孩子能感受到他生之痛苦。此时的心是柔软的、善良的,几乎没有孩子生下来就残酷、冷血,可是一旦变得麻木了,看到杀生,不但无动于衷,甚至也要去剁一刀的时候,此人已经失去原心了。

我们作茧自缚的是这颗心,破茧而出也要靠这颗心。如果心麻木不仁,无论年龄,这个人就是个行尸走肉。所以禅者能用无常、缘起的眼光看待自己与事情,而不是用妄想、情绪麻痹自己,平时,时刻提醒自己,与当初发的愿心不要相违背。

"愿"是原心、初心,这要自己念念不忘,注意我们的愿不能只限于自己喜欢什么、想得到什么,而要想想自己能为社会真正做些什么。有了方向,还要走好脚下的每一步路,不因为一时的挫折就沮丧、失落。现代社会的风气是大家每做一件事,先要考虑有没有价值。所谓价值,就是问后果对自己的利益,这是通常的心理。禅者做人做事本应先不要考虑自己个人的利益与价值,认为是善的就先做了再说,后来自然有成果的,这就是德业。

从善才能心安,应付人情即烦恼,烦恼都是自找的。其实"别人对您的看法",是"您以为别人对您的看法",进一步说,即使别人真的有什么看法,那也是他内心的念头,不是能猜透的,并且是不停变的。在意面子,才会在意别人的看法。

碍于面子,囿于感情就是自己在搭建自己的监狱。"感情"是好听的谎言,背后的真实面目是妄想、业力和烦恼。没有什么"感情"放不下,而是自己根本不想放。怎么"放"？心能随法而转，自然就能净化妄想执著。而凡人心中想的是什么？从来都是"自己"的。很多人之所以焦虑、失落，其实是违背了自己的"原心"，自认为在社会上成功了、自认为练达人情、自认为精明能干，小时候的梦想多幼稚，现正总算看透了、看穿了。于是，我们就此世故，变成自己年少时最憎恶的那种人，就成了远离"原心"的浮萍。

您脱不开烦恼，修行无进步，事业不顺利，家庭不和谐，身体不健康，首先要换的不是修法、师父、团队、伙伴、配偶，而是，先换自己的心！

学生九：心怎么换？

师：寻找正法的帮助！找回自己的精神，精神变化的背后是心变了。一个人有没有精神，就看是否能和自己的原心相应，违背了自己原心的人一定是没精神的。不过我说的精神是"不二精神"，不是通常意义的精神，例如工作狂也有精神，这是极端精神，和祖师们为法忘躯的精神一样吗？

众：不一样。

师：祖师们为法忘躯的精神是大众精神，为了利益众生，而工作狂是为了自己的利益和名誉。有人说我的企业这么大，我是为了员工，这是借口，骨子里还是自己的成就感、名誉心。禅门祖师从来没有名誉心、成就感，这些的另一个名字叫"法执"。世间极端的人的"精神"，都是出于自私的目的，这种精神力越强反而会和原心离得越远，这是种病态，是变了质的个人主义。

中华文明的核心是"知止"，即遏制人的过分追求和欲望。我们的国土不仅是地理的概念，也是文明的概念。精神国土也是国土，所以令国土内的人心清净,能够自我控制,精神从极端急躁暴怒、戾气横生,或极端抑郁压制、焦虑不安回归中和,是文明的作用力。

真正的爱国不是狭隘的民族主义、民粹主义,是热爱并能够传承这片国土上的文明。所以不要极端,否则越聪明,越有知识,口才越好,煽动能力越强,则人们越陷入灾难。

"不二精神",是人之精神能契合自己的愿心、原心、初心,是每一个细胞里都蕴含的,每一个眼神、行为都具备的,是骨子里的精神气。

什么是"不二智慧"？包含两方面:觉醒和应用。

觉醒的作用首先是意识的觉醒:对外包括社会关系的觉醒、伦理道德的觉醒等;对内,包括生命的觉醒,即人和自己的关系的觉醒。什么是我的生命,生命的价值是什么？根本是什么？就像我们修禅要认识修禅的根本是什么一样。您了解自己的身体吗？天天带着血液系统、淋巴系统、消化系统等集团军"打仗",您了解各系统之间的关系吗？这还只是身体。身体转化的通路在哪儿？怎么去寻找这条路……

学生六:通路在气!

师:那气各方面的关系如何？气与数,气与呼吸,气和血,气和脉,气和息,气和意识的关系……例如水加热变什么？水蒸汽,但是汽冷了以后还是水,汽在身体内是气的流动。生命的海在哪里？在"海底"啊!"海底"留存着水源。"海底"在哪儿？在会阴区域。水加热以后变成了循环身体的气,加热机制是生命的阳气,加热生命之水源,启动生命元气的循环,气带动血,故此,元气充沛则精血充分,所以气和血的相互关系就逐渐清晰了。各种关系要一点一点自己去参究,不要等着喂饭。再例如,人生命体征消失,呼吸、心跳都没有了,还有气吗?

学生八:没有。

学生九:有!

师:您们这是猜谜!祖师们在禅定中,可以数日、数月没有生命体征。远的不说,近代虚云老和尚就常常数日在定中,没气,人早死了!那为什么入定的禅者有些人生命体征能全无呢?没有心跳、呼吸,气从何出入?从何运转?大家要多参究一下……许多人认为没有生命体征就代表了没气,没气怎么回来啊?

(众笑)

师:按照这种说法,虚云老和尚不知道死而复生多少次了,古往今来多少祖师一入定就是数日数月,这是现代科学无法解释的。他们说这是神秘现象,其实根本没什么神秘,难者不会,会者不难。所以一定要觉醒!唯有生命觉醒了,就通达了。否则什么也弄不明白,稀里糊涂的,然后想通过看几本书,了解修行境界,这是梦想。

人与自己身体内的关系要搞清楚,更要搞清楚心、意、识的关系。心的第一次投影是"意";第二次投影是"识"。"识"是大脑意识范围的,也就是现在西方科学研究的意识科学。研究来研究去,还是没说清楚究竟意识是怎么产生的,"意"和"识"之间是怎么对应的、怎么互相影响的;也没研究清楚意识是物质还是精神;此外,无形体有意识吗?无情的矿石之类有意识吗?您们说意识有尽吗?

第叁讲

学生八:无尽。

师:又是猜,为什么无尽?《庄子·天下篇》云:"一尺之棰,日取其半,万世不竭。"这个观点如果按现在量子力学来说是不正确的,因为现代物理学认为当长度小于1.6×10^{-35}米时,即小于所谓的"普朗克长度"时,大家所熟知的空间便瓦解和崩溃了,或者说空间便消失了,也就是变成无形了,故此时间、能量都不能分割下去。那么,庄子圣人的话是分割物质吗?

众:不是。

师:是辩证法吗?

众:不是。

师:有人把庄子的这句话理解为无限分割,这就像微积分在西方一诞生,就大显身手,引无数英豪尽折腰。其实了解《易》中"方圆图"的人呢,就知道微积分不过是入门。不过西方人公认微积分是十七、十八世纪数学所达到的最高成就,然而它的创始人牛顿和莱布尼茨对之所作的论证却很不严谨。无论是牛顿的瞬和流数,还是莱布尼茨的dx和,都涉及一个"无穷小量"。

而在他们各自的论述中都给不出确定的定义。在微积分的推导和运算过程中,常常是先用"无穷小量"作为分母进行除法,然后又把"无穷小量"当作零,以消除那些包含有它的项。那么"无穷小量"究竟是零还是非零呢?如果是零,怎么能用它去作除数呢?如果不是零,又怎么能把包含它的那些项消除掉呢?

莱布尼茨曾把"无穷小量"形容为一种"理想的量",但正如一些数学家所说:"与其说是一种说明,还不如说是一个谜。"奇怪的是,微积分自身虽然存在着明显的逻辑混乱,然而在实际应用中则是卓有成效的得力工具。这样,微积分就具有了"神秘性"。

起初,"神秘性"集中表现在对于"无穷小量"这个概念的理解上,数学家们不能容忍理论本身是如此地含糊不清乃至荒谬绝伦。伏尔泰说微积分是"精确的计算和度量某种无从想象其存在的东西的艺术"。其实,东方的"易""道""禅"不都是可以说是无从想象其存在的艺术吗?

"识"是生命的储存器,就如您家的仓库。那么"意"呢?"心"呢?禅法认为人靠"意"带动,意是靠"心"带动,心生则法生,而西方认为"意"是靠大脑带动的。意识有限还是无限呢?有限的肉体、有限的大脑能产生无限的意识吗?一切关系不清楚,生命无从觉醒,只有一团无明,然后天天说要赚钱,请问您赚钱干什么啊?赚了钱,两腿一蹬进医院了。

(众笑)

师:生命的意义体现在人有多大的决心和能力来对抗以享乐为主的生活模式和盲目追求"成功"的观念中,以及随处建立丰富的生动和欢喜的新生活中所显示出来的创造力。人生其实是在无意义中寻找和创造一种意义,这就必然建立在给予他人的多寡上,给予的越多越有意义,这种意义需要对现有的一切重新评估。如果您长时间心怀慈悲,慈悲也会心怀着您。一个人知道了生命的意义,知道了自己为什么而活,就可以欢喜享受任何一种生活。因为人肉体的局限,所以才有读书和修证,读书时沿着作者的眼去观世界,修证是把这种体验印入心。

现代许多人却不是不见棺材不落泪,而是见了棺材也不落泪,妄想和生命讨价还价:我先把这个项目做完了再进棺材怎么样?

(众笑)

师:孔子有个学生叫宓子贱,曾任单父宰,单父也就是今天山东省菏泽市单县。他在任一年多就把单父治理得井井有条。

单父的地界与齐国接壤,有一年齐国发兵要打鲁国,此时正值初夏麦熟时,郊外一带大约有几千亩麦田没有收完,农民怕齐兵到了城内无粮,推举老农进城拜见宓子贱,希望他能同意城内百姓出城抢收麦子。

子贱却不同意,农民们三次请求,三次被拒绝。此时齐国的一队人马已经到了,看见郊外的熟麦,便下田收割,满载而去。结果,城内未曾遭劫,人人称颂贤子贱,幸亏他下令闭城不放城内百姓出去收麦,否则麦没收完,城就破了。不料,那位请愿的老农是鲁国丞相季平子家臣的族人,他到曲阜告子贱,说邑宰故意不放城内百姓出城收麦,结果熟麦被齐兵割去。季平子听了,怀疑宓子贱私通齐寇,立即命家臣到单父,责问宓子贱。

子贱答道:农民今年没有收麦明年还可继续耕种,失去单父这一季的麦,既没有加强齐国的实力,也没有削弱我们的国力!而如果同意大家出城抢收,有些人自己没有种麦但却收到了麦子,就会滋生侥幸心理,这叫"幸民"。如果国家内"幸民"多,比失去一个城池还可怕,因为"幸民"会希望动乱和战争,只有这样他们才会趁乱而得到好处。

季平子听了这一席话后长叹道:宓子贱有远虑,我不及他。

学生一:古人真有智慧,人人如果都变成"幸民"了,这个国家就乱了。

师：很多时候，我们只在乎一时得失，争一时之短长，而错失了长远的根本的利益，这是无智慧不识本末的侥幸心理。同理，人在社会中生存，自己和生命的关系没弄清楚，和内心的关系没弄清楚，没搞清楚遇到事情本能为什么会产生这样的反应，怎么才能善护念？祖师们一直叫学人"善护念"，什么是"善护念"呢？

学生三：护住愿心。

师：人对自己没搞清楚，对社会能搞清楚吗？什么是社会？社会为什么会动荡？社会是由什么气氛来带动的？社会要不要公正、要不要公平？公正和公平是什么关系？公平是每个人都有相同的机会，大家机会均等叫"公平"。公平的意思是"平等"。那是不是"平等"就行了呢？

（众无对）

师：什么是"公正"呢？就是因人而异的平等。每个人条件不同，对于各种条件分别对之以平等叫"公正"。例如这里有一面墙，一个高个大人能看到墙外，矮个小孩看不到，大家都站在地上，这公平啊！但公平无用，小孩子还是看不见，怎么办呢？在小孩脚下垫个高台，创造条件了不就可以看到了吗？所以公正是智慧的人针对不同情况的灵活性。如果忽略公正，弱势群体是缺少机会的。

社会为什么会稳定？共识越多越稳定，价值观越趋同越稳定。稳定、和谐的基础则是公平和公正。公平是从普遍性入手，公正是从差异性着眼。缺乏共识的社会叫"流沙社会"，价值观变来变去，随着社会现象起伏不定，则产生各种形式的动乱。社会的公平如何体现？即普通人也有平等机会可以通过努力创造、改变、参与历史,只要努力就可以被认可,并受人尊敬。

社会的公正如何体现?即因人的能力、能量而能提供相应的机会和选择。

生命的能力在于能自我进化、净化、变化、融化。"化"能越强,社会越和谐,生命越自在;反之,则越对立、越保守。

西方战胜东方,是海洋文明战胜农业文明。如果不算蛮族入侵(匈奴、蒙古),西方文明的第一大拐点是希波战争,这场战争中,希腊人在斯巴达和雅典两个城邦的领导下,击退了强大的波斯帝国的入侵,取得了史诗般的胜利。

但仅仅五十年之后,国力如日中天的斯巴达和雅典就陷入了伯罗奔尼撒战争的内战火海。战争持续了三十年,希腊上千个城邦卷入战争,最终雅典被攻陷,而胜利者斯巴达国力也大大削弱。又过了三十年,两国被小小的马其顿轻松征服。可以说,伯罗奔尼撒战争后,辉煌的古希腊文明从最高处坠崖。

雅典与斯巴达为什么会两败俱伤?斯巴达是希腊世界最古老的强权,它以寡头宪政的政体和强悍的军事体制著称。而雅典则是实行全民民主的新兴力量。希波战争之后,雅典进入全盛,建立起了自己的殖民帝国,挑战斯巴达的霸权。雅典的崛起让斯巴达警觉,希腊形成了两个强权对峙的局面。最终两个边缘小城邦的擦枪走火,引燃了整个希腊文明的"世界大战"。

这是一场民主与寡头的制度对决,而民主的表演令人失望。民主真的一定是个好东西吗？由于群众不善推理，不善理性，易被感性煽动，并且急于行动，故而，他们易受奇迹打动，易被偶像影响，缺乏智慧和想象力，故叫"乌合之众"。

伯罗奔尼撒让整个西方文明反思了两千年。苏格拉底说，民主就是用修辞来煽动暴民，所以不能把国家交给民众。此后西方政治家花心思最多的就是，如何限制群氓与暴民的民主，不让雅典的悲剧重演。

现代人精神混乱不堪是为什么？因为价值观混淆，人们辨不清方向，所以跟着神秘走，跟着热点走，跟着舆论走，跟着利益走，社会上缺乏共同的价值观。所以，现代重读圣人经典、重视修身养性的好处在于，稳定一颗颗混乱的、疲惫不堪的心。

"不二智慧"体现在哪里？体现在应用上。您对内、对外，对生命、对制度、对社会，对各种关系，包括人与人的关系、人与社会的关系、人与制度的关系、人与万物的关系、人与宇宙的关系、人与精神的关系、人与一切一切的关系，有没有搞清楚？运用是否随心所欲？能否当下宁静，随缘自在？当下宁静是禅者的"定"，随缘自在是"慧"。为什么能随缘自在呢？因为一眼能看懂游戏规则。

所谓的生命就是生长的秩序，秩序就是规则，不了解秩序和规则，谁能随缘自在？了解真正的内在秩序和规则后，才能"出入不二"啊！什么是"出入不二"？您既是秩序的挑战者，又是秩序的维护者。至于什么时候挑战、什么时候维护，是智慧的起用，这靠讲能讲得明白吗？

学生四：靠实证实修。

师:怎么能够得到"不二智慧"呢？修得越用心也就体悟得越多。例如有学生经常在这儿挨骂,智慧长得快不快啊?

（众笑）

师:所以不要急！建立信心,人生、社会、制度、秩序、国家、天下、文明,听起来好像很大的概念,实际上是一码事。您就是您的人生、社会、制度、秩序、国家、天下、文明。

一切从心开始。

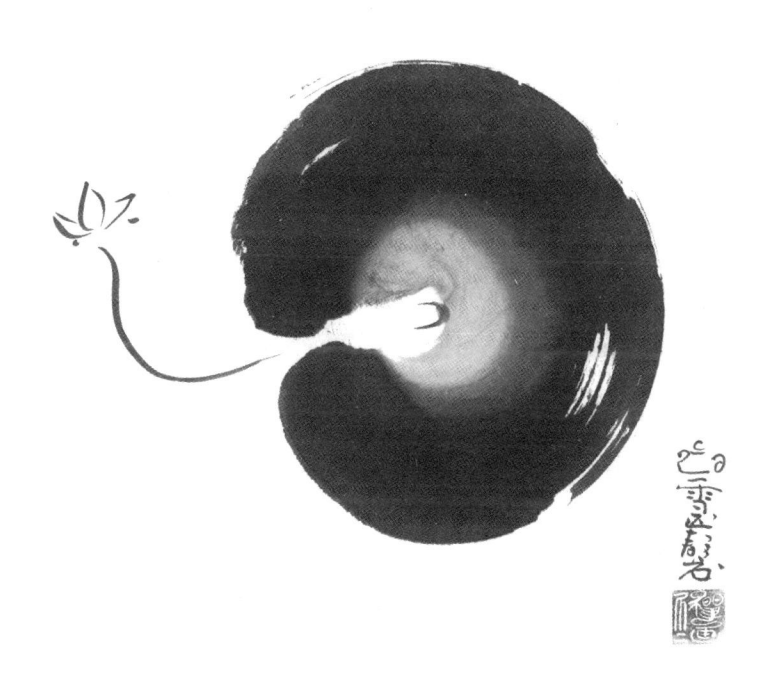

第十六问
"不二智慧"仅仅是"中国禅"才有的吗?
"定慧等持"怎么理解

师：维摩大士在《维摩诘经》中所讲之法就是"不二"之法。六祖在《坛经》里曾多次提到《维摩诘经》，大家有时间请多参究《坛经》原文，并参考阅读《至宝坛经》，加强对《坛经》的深入理解。"中国禅"无他，唯传"不二"之法，"不二"是佛法的终极，也可以说是"中国禅"的心法！对于修习"中国禅"的修者来说，是丝毫含混不得、马虎不得的。如果搞不清楚这一点，那么"一切法皆是佛法""语默动静体安然"等都是空话。

中国禅的"不二"心法是经罗什法师传来，僧肇法师的《肇论》为"中国禅"思想的雏形。罗什门下一众龙象，每位都著有关于"不二"之法的经典论述，简单地说，"中国禅"的"不二"是"即体即用""体用不二"，这就和印度禅、中国传统的道玄有了区别，其法的特点是"触目皆真"。印度的"中观"与中国原有的"道玄"，本也都有"不二"思想，但脉络和基础与"中国禅"不二之法有区别。就"中国禅"的法脉来看，学术界、佛界一般认为有"中观"和"如来藏"两个基本法流。而这两系学说也有各自不同的"不二"说。

如《华严经》《法华经》《涅槃经》《楞伽经》等诸经中都有"如来藏缘起说"的典论，倡导"自性无二"和"一致无二差别"的观念。尤其是达摩祖师传来的《楞伽经》和《大乘起信论》这些对"中国禅"有深入影响的经典，其"不二"与僧肇法师依《维摩诘经》而发挥的"不二"存在着不同。

区别在哪？中观说的"不二"，乃抉择于诸法无性缘起而不落两边，是更顺于实相的，而罗什一脉解《维摩诘经》"入不二法门"说："万法之生必从缘起……然则有之缘起，极于二法，二法既废，则入于玄境。"

如来藏的"自性无二"，多就一切法如法性真体，即"真性一元论"的角度予以论究的。所谓"非异",即是"心体无二""染净如体不二",不能笼统地以固有经典中的"不二"思想来说《肇论》与"中国禅"的"不二"。

六祖下,石头禅一脉就是深受《肇论》启发。石头禅师禅风,《景德传灯录》引向了"即心即佛",这就是"即体即用"的"不二"。而《祖堂集》中对石头禅师禅风的解释,是倾向于一物不为、无法可修的,所谓"灵源明皎洁,枝派暗流注"。石头禅师与马祖禅师的禅风有什么不同呢?前者在"即事而真""即体即用""即心即佛"的客观方面来发挥;后者从"触目是道""平常心是道"等主观方面来融会事理。

石头禅师因读《肇论》而发明心地,而真正启发石头禅师悟道的,恰恰是在现代学界看来颇有问题的《涅槃无名论》:石头禅师因《肇论》有悟所作的《参同契》,融会了《涅槃无名论》的旨要;启发了石头禅师《参同契》中"执事"与"契理"、"明"与"暗"之间以"回互"为禅风的石头禅法。

"不二"是《肇论》自始至终一贯的中心主题,石头禅师不是照着《肇论》发挥不二,而是接着发挥,这就是"览万像以成己""境智真一"。于是,才有性、相不二之说。《参同契》开宗明义说"竺士大仙心,东西密相付。人根有利钝,道无南北祖",这就是会通顿、渐法。所以,大家说"不二"是"中国禅"独有的吗?

众:是。

师:"中国禅"特有的"不二"是综合、圆融了印度禅和中国传统道玄的"不二"思想后的新生。《金刚经》上怎么说的?"一切圣人皆以无为法而有差别。""不二"即是"无为"法,"无为"法当然也是有不同的,"即体即用"也就是在起用上有区别,但本质趋同。我们平时所说的正法即是"无为法",老子说"无为而无不为",又说"为无为;事无事;味无味"。

为什么圣人因"无为法"而有差别?这句话有两层含义:行无为之事的就是圣人。什么叫行"无为之事?"便是行事如行云流水一般,做义所当为、理所应为之事。做过了,便旋说旋扫、随做随放,如雁过长空、风来竹面,不着丝毫痕迹,无有纤芥在胸,无拘无束,一切不留,无可记忆,方可观自在。

反过来说,什么是"行有为之事"呢?就是做一些所谓的好事,念念不忘,别人不回报就怨别人无情,自认为是大善人。

(众笑)

师:那么圣人行不行有为之事呢?当然行。"无为"是圣人的"心",而"无不为"即是有为。圣人的有为,心里是无为,所以名气、利益都可以要,但是不为自己要,为众生要!也就是说,这些外在增减对圣心无丝毫影响,以无为心带动日常一切言行举止的是圣人。自以为自己是圣人的,是小人。

学生十一:那如何分辨邪法与正法呢?

师:所谓邪法,其修者凡于己、于人皆有所损毁,越修越局限、越迷信、自大;而正法所说所行,皆以利己利人、自觉自悟为宗旨。

如果有人告诉您他在修禅,其实一试就知道他修的是不是正法,是不是真正的"中国禅"。例如遇到大危险,此人心中马上产生一种浩然之气,会靠自己的能量来带动解决,这修的便是正法;如果马上反应的是去找佛菩萨许愿,您保佑我过关啊!这就是迷信。

正法必是具足自我带动的精神。而一遇困难,即想依靠他力带动的,上师活佛菩萨保佑,给我加持吧！那是迷信。什么是真正的"加持"？阳光、雨露、水、佛菩萨、一切能量,时刻都在给您"加",是您自己不"持"！明明告诉了您的习气、毛病,却自己不善护念,不痛改习气,就像生病去看医生,医生开了药您却不吃,那有什么用？真正的"中国禅",一切的力都从自性而发,靠和自性契合的力量应对现世变化,这叫契合本性。万变不离其宗,故能一切有为事信手拈来,用而不取、不住、不留、不记、不念,这就是可以"无不为"了。

再说个例子,有老师在我教的禅茶导引中加了一些动作,如果您是在无为心中悟到了为什么要加这些,那么加什么减什么都可以；可如果不是本心出来的法,而是为了养生、为了效果,这就是有为,而不是"无不为"。

虽然禅茶导引时间改为二十分钟了,可是您们修炼后有没有效果？

众：有！

师：为什么这么简单的几个动作就有用呢？禅法是心法,禅门是心门。如果不契心法妄加各种术,修者就会过分关注身体反应,记一堆动作,忽略导引的根本不在身体上、不在姿势上。"一切圣人皆以无为法而有差别",见性的圣人没有差别,而为了不同根器的学人推行的法有差别。差别是有高低吗？

众：没有！

师：《坛经》云："见闻转诵是小乘。悟法解义是中乘。依法修行是大乘。万法尽通,万法具备,一切不染,离诸法相,一无所得,名最上乘。"您说有没有差别？不过南传修者如果做到了"如法修行",那么就是大乘。如果大乘修者仅做到"见闻转诵",那么就是小乘。《无量寿经》云:"心无下劣,亦不贡高。成就善根,悉皆增上。当知此人非是小乘。于我法中,得名第一弟子。"也就是说如果修行达到了"心无下劣,亦不贡高。成就善根,悉皆增上"的程度就是大乘,反之就是小乘。《坛经》既然说修我禅门的一定是最上根器、最大根器,所以有没有高低?

学生九:有高低。

师:《坛经》云:"下下人有上上智,上上人有没意智。"再问一遍,有没有高低?

学生十三:高和低是相对的、随时变化的。

师:这就是了么!一切都在变化的,变化之因在哪儿?

众:心。

师:所以当下一念是禅修的关键,一念成魔,一念成佛。佛、魔有高低吗?

学生三:一念成魔,一念成佛。

师:哈哈哈,总算有进步了!佛、魔就在我们的一念之间。一念迷则魔生,一念悟则成佛。

学生八:这算不算"诡辩"?

师:什么是"诡辩"?诡辩的人是心中立了一个知见,为了证明自己正确而辩解。而禅师说法,心中并无固有知见,说法无碍是为了破除学人心中之固执,两者天壤之别。因为法无自性,所以能说法无碍;因为说法无碍,故能说一切法,辩才无碍,为众生依。法本来就是因时、因地、因人、因境而异的,所以无固定之法,无固定之说。您心中是否曾有过遇到朋友落难,一念想帮,一念又顾及了许多、患得患失的时候?

众:有!

师:佛、魔不就是一念吗! 那您的心理变化有没有高低呢? 是不是同一个您呢? 外表看得出变化吗? 人为什么需要老师?"非我者师",就是永远在您旁边能够棒喝您! 没有一个人天生是圣人,都动过不善的念头,只是说有人能止住,这就是心力。

人都有高低,法也有高低,但都是暂时的。为什么"不二智慧"是"中国禅"特有的呢? 因为"中国禅"唯论"不二",根本就在见性上,见性就是"不二"。不二精神,不二思想,全是围绕着"不二",离开了"不二"就不是"中国禅"。

佛讲《法华经》的时候,有五千比丘当场退席,为什么呢? 凡人闻深法而惧,闻深法而不信,佛悟道后讲了二十一天的《华严经》,讲完以后一个弟子也没听懂,怎么办呢? 只好讲《阿含经》,讲渐修法门,但是渐修法门的终极也是"不二",但是为什么渐修法没有一开始直接说"不二"呢? 因为说了怕大家像五千比丘一样都退场了。但您按照小乘的方法能不能也走到"不二"呢?

学生五:也能走到。

师:可能时间比较长,比如说我们开车要去济南,您是不是需要先知道目的地? 如果我告诉您,一百米后往右,三百米以后再往左,您受得了吗? "中国禅"是直接告诉修者目的地,至于您坐飞机去还是走路去,怎么去都行,总之目的地就是"不二"。所以祖师们句句不离自性,总是提醒您目的地是"不二",不要走偏了!而"中国禅"修者也需要时刻提醒自己念念不离自性,就是明心见性……这就是"中国禅"的紧箍咒,只要一偏离,就成了"固二"。

所以"不二"是不是"中国禅"特有的?是!又不是!"一切圣人皆以无为法而有差别。"为什么需要有差别?佛、菩萨出世只为一大事因缘——教化。"教"是方便,"化"是对社会、生命而言的,一切的个体和社会最终的结果是靠"化"。化的能量越强、越大,量越广,自由度会越宽广。如果这个生命、社会越固,就会越僵化、固执、保守、落后、愚昧、迷信,所以关键在于"化"。如果我们生命中一个个问题都设定了固定答案,城墙都垒好了,那还"化"什么啊?只剩下一堆知识,您就只能"固"在那里了。

人类社会总是从野蛮走向文明,文化的根本任务是以文化之,以之化成天下,实现这一目标,培养社会公民的文明修养。孟子曰:"饱食暖衣,逸居而无教,则近于禽兽。"《礼记·学记》云:"教也者,长善而救其失者也。"没有人天生就能理解人类文明,每个个体进入文明前都是蒙昧的,失去文明的地方,充满了野性的欲望,而提高修养的快捷方式唯有真正的教育。"教"是教化,"育"是培育,无教养的人就是野蛮人。因此,每个个体成长的第一个阶段就是接受真正以人为本的教育,教育也因此称为"启蒙"。对每个个体产生终生的影响,便是从蒙昧中走出,因此,在社会生活的长河中,教育是上游。如果上游浑浊不清了,下游无论怎样也清晰不了。而教育如果不能触及心灵,如果没有情感交流,如同池塘没有水一样。没有水,就不成其池塘,没有情感就不能称之为教育,只能叫"填鸭"。教育的最终目的不是传授已有的知识,而是要把学人的创造能力引发出来,唤醒生命,呼唤出生命的真正价值。

也有人认为能"启蒙"的人,比较高明,这么认为,就把"教育者"放在了高高在上的位置,把教育作为高对低的教训。其实不然,"启蒙"是如何启发人有勇气运用自己的智慧,如何打开灵光照亮蒙昧的心智。每个人都能自我启蒙,也可以相互启蒙。"启蒙"是平等的,虽然"闻道有先后",但先觉者有义务与他人分享自己之所悟,而非高高在上地好为人师。

学生六:"定慧等持"就是"不二智慧"吗?

师:"当下"是靠智慧还是精神带动的?

(众无对)

师:"当下"靠的是精神。精神从智慧里产生,但实际作用于当下的是精神。不理解?精神是融入生命每个细胞里的、随时发挥作用的一种力,可是精神力哪里来的呢?从您智慧来,您的智慧从哪里来呢?平时的精神状态所养,这是一个互养、互根、互辅、互生、互作用的阴阳关系。就如"中国禅"强调"定慧等持"一样,许多门派不是侧重"定"就是侧重"慧",这些门派在修法里"定"和"慧"是有别的,而"中国禅"是不偏不倚的,认为"定"和"慧"是无法分辨的。《六祖坛经》第四品专讲"定""慧",这一品不长,我们起来念一遍原文:

众:善知识!我此法门,以定慧为本,大众勿迷,言定慧别。定慧一体,不是二;定是慧体,慧是定用,即慧之时定在慧,即定之时慧在定。若识此义,即是定慧等学。诸学道人,莫言先定发慧,先慧发定,各别作此见者,法有二相,口说善语,心中不善,空有定慧,定慧不等;若心口俱善,内外一如,定慧即等。自悟修行,不在于诤,若诤先后,即同迷人。不断胜负,却增我法,不离四相。

善知识!定慧犹如何等?犹如灯光,有灯即光,无灯即暗;灯是光之体,光是灯之用。名虽有二,体本同一。此定慧法,亦复如是。

师示众云:善知识!一行三昧者,于一切处,行、住、坐、卧,常行一直心是也。《净名经》云:"直心是道场,直心是净土。"莫心行谄曲,口但说直,口说一行三昧,不行直心;但行直心,于一切法,勿有执著。迷人著法相,执一行三昧。直言常坐不动,妄不起心,即是一行三昧。作此解者,即同无情,却是障道因缘。善知识!道须通流,何以却滞?心不住法,道即通流;心若住法,名为自缚。若言常坐不动是,只如舍利弗宴坐林中,却被维摩诘诃。

善知识!又有人教坐,看心观静,不动不起,从此置功,迷人不会,便执成颠。如此者众,如是相教,故知大错。

师示众云:善知识!本来正教,无有顿渐。人性自有利钝,迷人渐修,悟人顿契。自识本心,自见本性,即无差别,所以立顿渐之假名。善知识!我此法门,从上以来,先立无念为宗、无相为体、无住为本。无相者:于相而离相;无念者:于念而无念;无住者:人之本性,于世间善恶好丑,乃至冤之与亲,言语触刺欺争之时,并将为空,不思酬害,念念之中,不思前境。若前念、今念、后念,念念相续不断,名为系缚。于诸法上,念念不住,即无缚也。此是以无住为本。善知识!外离一切相,名为无相。能离于相,则法体清净,此是以无相为体。善知识!于诸境上心不染,曰无念。于自念上常离诸境,不于境上生心。若只百物不思,念尽除却,一念绝即死,别处受生,是为大错。学道者思之。若不识法意,自错犹可,更劝他人,自迷不见,又谤《佛经》;所以立无念为宗。

善知识!云何立无念为宗?只缘口说见性,迷人于境上有念,念上便起邪见,一切尘劳妄想,从此而生。自性本无一法可得;若有所得,妄说祸福,即是尘劳邪见。故此法门,立无念为宗。善知识!无者无何事,念者念何物?无者:无二相,无诸尘劳之心;念者,念真如本性。真如即是念之体,念即是真如之用。真如自性起念,非眼耳鼻舌能念。真如有性,所以起念。真如若无,眼耳色声,当时即坏。

善知识!真如自性起念,六根虽有见闻觉知,不染万境,而真性常自在。故经云:能善分别诸法相,于第一义而不动。

师:六祖大师说得清不清楚啊?

众:清楚。

师:大家有时间,一定要加深对这段话的理解,我在《至宝坛经》中有详细解释。"定"和"慧"不二,没有定力的人何谈有"慧"呢?但智慧不长的人如何才能增强定力呢?真正的大定是和智慧相辅相成的,如果只有一面,有"定"无"慧"增长愚痴,有"慧"无"定"增长邪见。

有些人练身体,一身肌肉壮壮的,一套拳打得虎虎生风,但如果缺乏智慧,这身武功就会害了他。所以禅门修炼,一定是先发明心地,定慧同修。千万不要认为能坐那里几天、几个月一动不动就是禅修,这也可能是"枯木禅"。印度原来修四禅八定的高人很多,至今也有人打坐能浮起来、被埋在地下不死等"神迹",这些如果管用,佛陀为什么还要脱离瑜伽功夫进雪山自修?

有些文人则偏向另一边,不屑于身体修炼,觉得时常静坐一下抄抄佛经、看看书就够了,这样一来,容易"慧"多"定"少,缺乏定力时极易增长邪见,这就是"所知障",越感觉自己懂得多,其实越是障眼的迷雾。还有些人根本没有智慧,却有颗善心,天天去做好事,但总会遇到好心没好报。为什么呢? 因为做的是"自己以为的"好事,由于目光短浅,只能看得见眼前,不明事情变化的规律,所以感觉没"好"报,其实,是自己缺乏智慧故。

慈悲和智慧是鸟之双翼,缺一不可,有些人有慈悲没智慧,这个伤害通常是影响不大,可是遇到有智慧没慈悲的人,就是人类的灾难了。人类历史上这样的人多不多?

学生一:希特勒就是。

师:什么是定慧"不二"呢? 两者是不可离的,离了一个,就要及时认识到,因为缺乏一个就一定会偏,一偏就极端,所以"过"与"不及"都不是"中庸"!"过"与"不及"是两端,取其两端执扣其"中",不是真有一个确切的两端在那里,"中"也不是真有一个中间点,一切都是动态的。

生命难道不是如何在动态中保持平衡的艺术吗? 可是为什么一说动态平衡大家就感觉抓不住呢? 因为自己不具备平衡力,平衡力是靠修炼修出来的,不是想象出来的,这是微妙的、不可说的能力,因为其难把握所以世人就图个简单,喜欢建立"固",这样仿佛有安全感。真的吗? 住在监狱里的人是不是最有安全感？这样被禁锢的简单对人生有帮助吗？

生命中哪有什么简单的人、事？哪有什么不简单的人、事？简不简单在于您的能力，对于一个婴儿来说，走路不简单，对于成人呢？所谓的不简单只是自己的能力不够的托词，您需要提高的是自己的能力，使自己变得强大！否则创业简单吗？爱情简单吗？健康简单吗？教育孩子简单吗？……哪件事情都不简单，哪件事情其实都简单。难者不会，会者不难。一切不容易的，是因为您不会。

为什么不会？因为固执己见，不相信自己，不相信师法。世间充满不信任，如果常抱着怀疑的态度去审视，这种"智慧"是小见，禅的智慧不是为了看透他人，而是为了看透后反而更能包容。知众生苦、知众生钝、知道善良无智的人需要帮助，烦恼粗重的人更需要帮助。为了能够更究竟地帮助一切众生，所以才需要我们的功夫、智慧变得更强大，从而有更强大的能力去影响一切众生。

禅问 第肆讲

禅者颂
化机

日出天池月无影,
云上长白山有衣。
观至乾坤玄妙处,
始知日月不曾移。

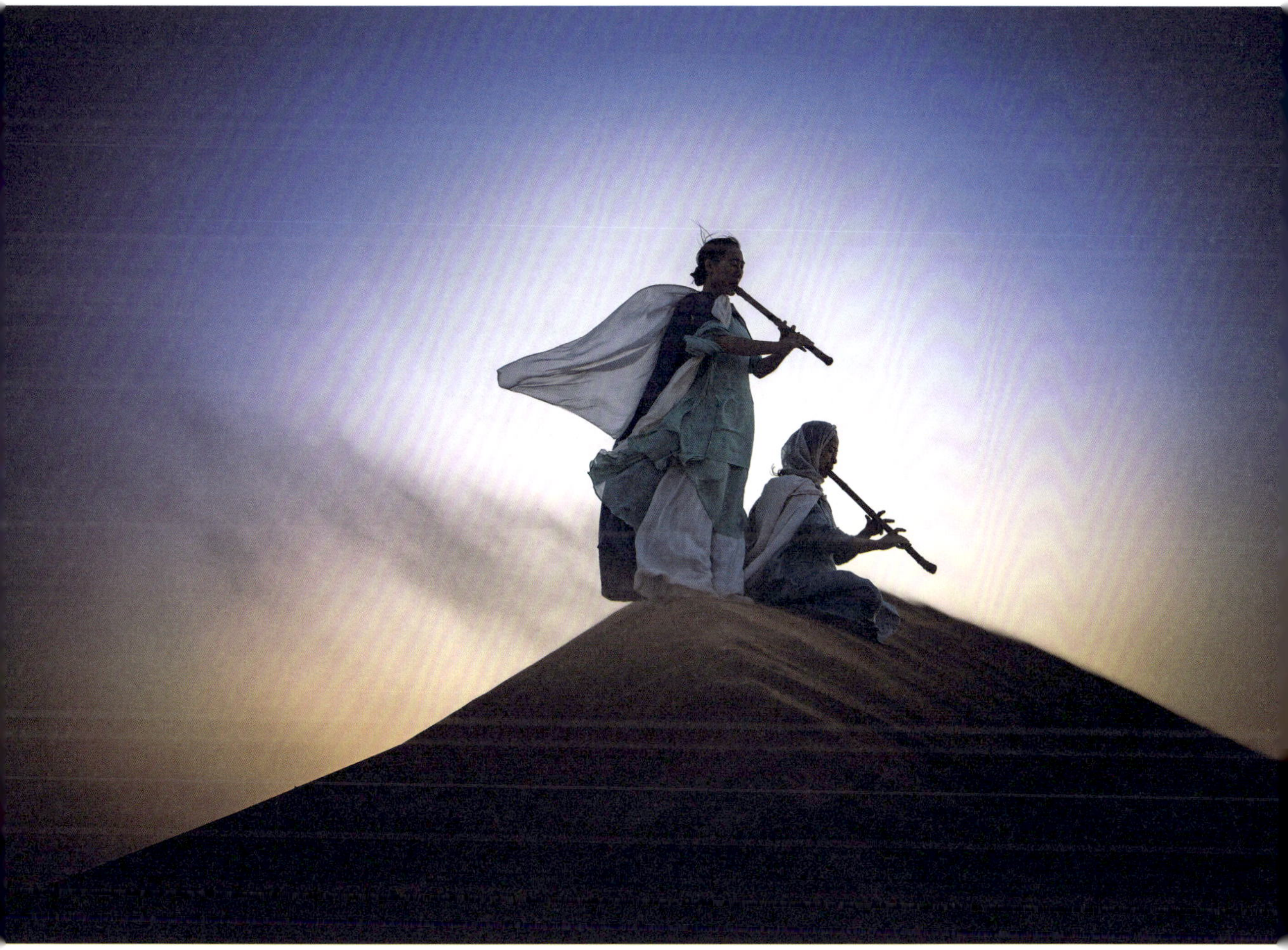

第十七问

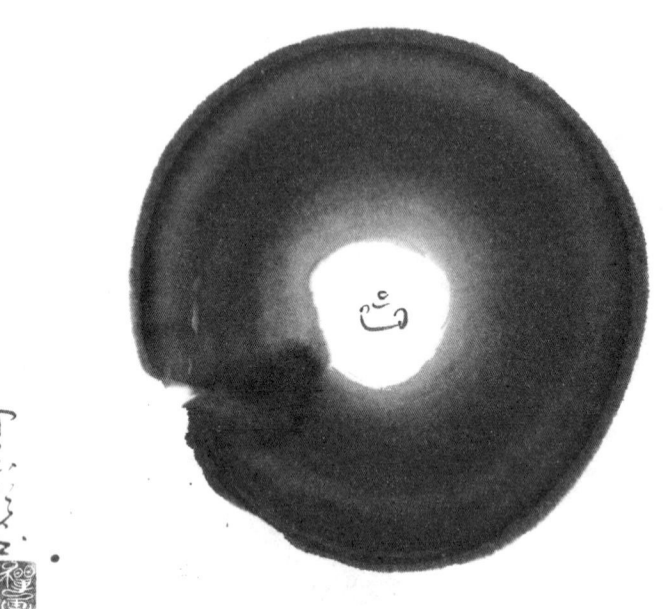

不会中文的人如何理解深奥的"中国禅"哲理呢

师:这问题您们谁来答?

学生三:如果证悟了,相互就能以心传心,不需要语言。

学生五:有一颗禅心就可以了,不一定非要懂中文。

师:不会中文的人能不能理解深奥的"中国禅"哲理呢?您们说证悟了就能,有了禅心就能?实际上这就是"文字禅"!都证悟了,都有一颗禅心了,当然可以不用语言文字,连哲理也不用啊!

(众笑)

师:可是如何证悟?如何具足禅心才是关键。不是本和末倒着说。"中国禅"中有没有深奥的、容易被人误解的哲理呢?有的是!例如"般若"的浅义是智慧,而深义含了五种:实相般若、境界般若、文字般若、方便般若、眷属般若(布施、持戒、忍辱、精进、禅定)。《心经》中观自在菩萨用"观"和"照"见五蕴皆空的般若,属于"境界般若"。您们说,这个翻译起来难不难?

众:太难了。

师:以前有个公案,唐末、五代时期是"中国禅"五家陆续形成的时期,在湖北武汉黄鹤楼附近有位禅师,认为自己已经彻悟,便到一位大居士家去化缘。居士接待这位禅师,知道是来化缘,说:"好啊,大和尚,我问您一个问题,答得出来一切供养随您所需,答不出来,请回。如何?"禅师说:"好。"

居士就问:"古镜未磨时如何?"

禅师想都不想,便答:"黑如漆。"

居士又问:"古镜既磨后如何?"

禅师答:"照天照地。"

这回答得如何?

(众点头称是)

师:可大居士说:"对不起! 和尚请回! 我不能供养你。"

为什么? 这就是典型的"文字禅"! 看上去没错,实际上是没有证悟的套话! 禅师依"教"而论说的话确实没错。"古镜未磨"就是此心懵懂时,当然黑如漆,不见光明啊!"古镜既磨"后如何? 照天照地,天地可鉴! 回答得多好? 是不是水平比您们高那么一点?

(众笑)

师:可是依"禅"而论,这就混不过去了! 禅师听居士言"不供养",心下知道自己不究竟了,惭愧心顿起,于是安居闭关修三年,一日突然发明心地,于是再回来。大居士看到他又来了,笑问:"古镜未磨时如何?"

答:"此去汉阳不远。"

再问:"古镜既磨后如何?"

答:"黄鹤楼前鹦鹉洲。"

嘿! 居士忙施礼:"和尚! 请接受我的供养。"

各位,请告诉我这是什么道理?

学生一:不玩"口头禅"了。

学生八:这才叫"教外别传"。

学生九:我们境界不够,其实还都是猜。

师:一切唯心造。凡所有想,皆是心境,凡所有见,皆是眼境,所观所照的是心念的变相,是"境界般若";能观能照的,不是境界般若,而是"实相般若"。修行人必须契合到能观能照的"那个",才算发现自己本来的面目。这就非语言文字所能描述了。所以,这个甚深的般若,是不是必须得得意忘言的人才能翻译出来啊?禅的公案如果依靠说文解字就麻烦了,误以为祖师们全是一群疯子。

(众笑)

学生三:所以鸠摩罗什大师是真的了不起!没有他的如神妙笔,得意忘言、得意忘形、得意忘象,哪有如此精妙的般若不二之妙法?

师:这就是大师心印佛法真实义后的再创作!能"心心相印"是需要功夫和智慧的,不是随便什么人幻想着就可以的。释迦牟尼佛当年拿起金婆罗花,一众弟子、天人菩萨,唯有迦叶尊者微笑相应。那些弟子跟着佛陀听法多年,修行个个有成,为什么唯有迦叶尊者能够印心呢?弟子们还陷在境界里,而迦叶尊者已能契入实相。

能心心相印的,必是同等能量的,如龙树和提婆师徒就能通过一碗水对话,您们可以吗?

(众摇头)

师:我们再看看六祖惠能大师,他是不是大成就者?他是怎么悟道的?闻《金刚经》悟道,《金刚经》是不是文字相?闻经后还是得去黄梅山拜见五祖,开始时五祖并未留意他,可当他说出"人有南北、佛性无南北"的话后,五祖心里就印可了他,以至于见了他的悟道偈后去碓坊用禅杖敲三下,惠能大师便知师唤他三更天去方丈室,这不就是心心相印吗?

第肆讲

佛法妙理，非关文字，非关文字的意思是不离、不执、不立、不破文字，而不是说没有。文字可以有，但需是无为而无不为，如果失去了这个准则而言"不立文字"就是刻舟求剑。我们的禅画修养也是一样，为什么有的人一观，就瞬间有反应，气脉震动，心意识清净；有的人看了却茫然无措，因为有反应的人内在已经具备了一定基础，就缺打开的机缘。

大道至简，人生不是由"人力"改变的，是由"业力"决定的，为什么同样的"机会""危险""能量"，有的人能"见"、能"观"、能感应，而有的人却茫然无视？因为心盲，心被"业"挡住了，只看到眼前的因缘和造作，而不知"业力"里包含多生、多世、多维、多面的信息。人生不能只从眼前的苦乐、得失来看。

业有白业、黑业、善业、恶业。如果认为是人力带动的人，会着重眼前的善恶因缘，以为人为造作可以改变。什么是业力呢？是多维度、多面、一切的东西综合在一起才是业，业力来带动整个生命。我们通过修行转业力的力量是不是人力？

学生八：不是人为的力量，而是人心的力量！无为而无不为的心力。

师：很好很好！《华严经》云：一切诸报，皆从业起；一切诸果，皆从因起；一切诸业，皆从习起。为什么有的人能够瞬间和祖师们相应呢？就如惠能祖师一样，"一闻经语，心即开悟"？心力所致，非人力所为。所以，运用人力叫"造业"；启动心力，这才叫"打开"。

人在人群中生活，往往会忘了自己是一个独立的人，而陷入群体中，成为群体的一员，顺流而下，随波逐浪，在群体中能出入不二的尺度的把握靠智慧。什么时候在"造业",什么时候能被"打开",这需要有大善知识引导,把握方向,厘清本末,灵活掌握各种方便法的应用,理解怎样把法结合到自己身心上。而遇到明师,修人便要听从师之安排,否则一切所听到的、所读到的道理如果没有实证,就仅仅是道理。如何和内心契合,帮助自己遇到事情时游刃有余地应对,这需要平常多修行,多亲近大善知识,远离损友,关键是时常体悟、反省、总结和观照自己的习气,缺少了这些平日打下的基础,境界临头时就很难产生转心的力量。

学生二:明师就是能把心门打开的人。

学生五:为什么祖师们乘愿再来的时候还要从头开始呢?

师:因为一切不留,无可记忆。祖师们在人间弘法,必须先了解人间,立足人间,而非带着神灵的能量大显神通。祖师们重新来时必经历红尘种种磨难,深刻体会当时社会的各种矛盾、关系、需求等,之后机缘和合时,大开宏门。如果每一位祖师都是一生下来就开悟,这就变成入世弘扬迷信了。

业力储存在生命里,大根器的人就等被师父发现,和师父相应,和法相应,所以是"时"和"机"。

学生一:我有个问题一直没想通,孙悟空一个筋斗就十万八千里,他背着师父翻个筋斗就取完经了,还那么费劲走路做什么?

师:取经是唐僧西行的目的吗?

学生一:当然是啊!不取经去干嘛?

师:取到经书能成佛呢?还是在九九八十一难中觉悟能成佛呢?

学生一：啊？……我终于明白了！原来取经不是目的,取来了经也未必能成佛！不经磨难,经书无用。

师：谁说取经不是目的了？

学生四：哈哈,应该说,经历磨难后才能读懂经书。

师：谁说读懂经书必须经历磨难了？祖师们未经磨难的就不悟道了吗？

学生四：嗯？这个……

师：如果必须经磨难才能悟道,是渐修的思维模式,顿悟法是因人、因时、因境、因地而异的,没有固定的、绝对的答案。

学生一：我明白了,对于唐僧师徒团队,磨难的过程是理解佛法、修行的过程,而未必可以套用、适合所有人,人人皆有打开自己佛性的方法。佛经取来,不懂,读、契也无用,关键在于我们是否读、契佛经智慧,并能将之当下起用。

师：哈哈,有进步了。

学生六：什么是"根器"？

师：法器是空器,根器好的学生,不会半信半疑,一闻正法,即刻起行。而根器不够的学生,被"业"障眼,正法现前,明师在侧,可是心里却总是恍恍惚惚,就是下不了决心改变生活、思维习气。"根器"里面含两方面,一是本人的悲愿,这和个人内心对法的希求心、对众生的慈悲心相关；二是众生的业力。众生希求法时,自然有菩萨讲法,而众生并无求法之心,愚痴懒惰、不肯脱身时,菩萨再慈悲也无用,所以邪道横生,迷信劣顽。

学生十二：什么是"慈悲"？

师："慈"是慈爱，"悲"是拔苦。世有三苦：一是苦中苦，如人生老病死苦、饥饿贫穷，这是人人都能认识到的苦。二是变化苦，由乐变苦，故看上去乐，实际是苦；开始乐，结果是苦。人生无常，人的名誉、地位、钱财都是变化的，是变化苦。三是苦本身是中性的，但本质上是苦，如人的身体本身是中性的，无苦或乐，生到无常之世，很多苦就相应伴随而来。

"慈"是带给众生利益与心灵的幸福感，给诸有情快乐与快乐之因；"悲"是指扫除和拔起他人心中的悲伤和妄想等情绪，歼灭其内心的执著。一个加，一个减，合称"慈悲"，亦谓给诸有情快乐与快乐之因，并将彼等从苦难与苦难之因中拔救出来，亦泛指慈爱与怜悯。世人因不知"苦"，而苟且偷生，自得其"乐"。菩萨是再来人，故此能感同身受众人愚痴的苦，宣讲妙法，常施甘露，与人清凉，种快乐之因在世间，将众生从愚痴的苦海和时刻造苦难之业中，用法的力量拔救出来，这才叫"慈悲"。

学生五：啊！原来不是我生病了，菩萨帮我治病叫"慈悲"。

师：您说的生病是身病！为什么不见其实世人的心病更重？菩萨是医王！法王！

学生四："慈悲"与"同情"有什么区别？

师："同情"是不平等的，一高一低，施舍怜悯，可怜别人叫"同情"。而基于平等的大爱，这不是施舍，而是一体不二的感同身受，叫"慈悲"。

不过，慈悲是绝对不能离开智慧的，否则就把自己带进了深渊，例如大迦叶尊者，他和太太妙贤的求法经历就是一个很好的例证。根据南传"根本说一切有部"的经典记载：在劫比罗城，住着一位劫比罗姓的大婆罗门，他是城里的首富，有个天仙般美貌的女儿，并且不仅容貌姣好，性格也温顺善良，因此，父母就叫她妙贤。

妙贤长大后美貌和品德被人们颂扬，这时，尼拘律城的尼拘律大婆罗门给他的独生子迦叶求亲，劫比罗早就听说尼拘律大婆罗门的独生子迦叶容貌稀奇，智识无双，所以答应了这桩婚事。

不过，虽然妙贤貌似天仙，但迦叶却无喜无悲，他的心希望能早日修行，而妙贤也是如此。故夫妻婚后约法三章，虽在一起生活，但身体互不相触，各修清净善业，共求出世之道。于是迦叶与妙贤度过十二年冰清玉洁的夫妇生活，彼此督促，互相勉励，结成了清净的道友。

十二年后，迦叶的父母先后去世，迦叶便将所有的财富全部布施给贫穷的人们，出家去了。随后在广严城的多子塔边，迦叶接受了佛陀的摄化，九日便证得阿罗汉果，成为尊者。

他出家以后，妙贤也想出家，但她遇到了一群裸体外道，她便跟着这群人出家了！所谓裸体外道，是一群故意不穿衣服，以示一丝不挂、什么都可以无所谓的人。他们男女杂处、杂交，这些人中共有五百男众，见了妙贤如花似玉的体貌，尤其是在大家都光着身体的情状下，怎能不狂乱？于是，妙贤每日遭受五百裸体外道的集体轮奸，最残酷的是，轮奸居然变成了这五百男人的日常功课！日复一日，妙贤生不如死，只好向教主申告。没想到教主听后，为了他地位的稳定，下了一道手谕，命令五百男众分成两队，一日允许二百五十人轮奸妙贤！怎么有如此无耻的外道？怎么有如此自私

禅问

卑鄙的教主？怎么有如此悲惨被五百男人当作泄欲工具的境遇？

所幸不久，王舍城举行大会，佛法僧团与外道都可参加，尊者到城中托钵乞食时，竟在路上遇见了裸体的妙贤！尊者惊讶得几乎说不出话来！夫妻十二年都没有拉过手的妙贤，居然和裸体外道在一起！不用说，尊者也知道妙贤投错了修门。所以尊者带着妙贤离开了裸体外道去见佛陀，得到世尊认可后，妙贤便到了比丘尼的僧团中，礼拜大爱道比丘尼，为她剃度出了家。

妙贤在僧团内是快乐的，可只要一进城乞食，就感到痛苦非常。因为她的美貌、她的体态，每次进城，都会吸引很多人的注意，并且大家议论纷纷。妙贤还没有证得圣果，对外来的讥毁称誉做不到不动心。所以，她越来越害怕乞食，宁愿挨饿，也不想进城。这事被迦叶尊者知道了，既曾是她名义上的丈夫，又复是她出家的介绍人，他是不能不管她的，于是得到了佛陀的允许后，他每天将所乞的饭食带回来分一半给妙贤。可没几天，僧团里便有人笑话他们了，迦叶尊者一听有人讥笑，便想自己的行为为僧团造成了不利影响，于是不再分食给妙贤了。没想到，这件事令妙贤发了大惭愧心和勇猛心，于是她开始精进修行，终于证得阿罗汉果，可以不受烦恼的左右，也不怕人家的议论了，接下来她大大方方地进城乞食，往来自由。

然而有一天，妙贤进城乞食，遇见了一个不信佛的王之宠臣，他见到美若天仙的妙贤，便将她劫持了，带进王宫，强迫她脱下袈裟，换上宫装，配上假发，涂上了香油香膏，送进了王的寝宫。

第二天早晨，比丘尼僧团发现妙贤失踪了，大家忙四处打探，神通第一的莲华色比丘尼发出天眼通发现妙贤居然在王宫受辱,于是莲花色运起神足通,飞往王宫上空,唤道:姊妹呀!你已经证了阿罗汉果,怎么不发起神通逃脱,而要在此受辱?

但不是每位阿罗汉都有神通,不修便没有,妙贤就不会神通。于是莲华色立即把发起神通的方法告诉了妙贤,片刻,妙贤便自己逃了出来。阿罗汉被人强奸,僧团中还是第一次遇到这个头疼的问题,比丘尼行淫是犯了僧团的根本大戒,是应该被逐出僧团的。故此,此事一直闹到世尊面前。世尊便问:"妙贤啊,你被辱时受乐不受乐?"

妙贤说:"弟子已经离欲,所以不受乐。"

世尊说:"受乐是犯了根本淫戒,不受乐者,不犯不破,也没有罪过。"

于是,世尊趁此机会,向大众说了许多有关妙贤受辱的因缘。一切是业力使然,世上最可怕的是业力,即使神通也抵不过业力,但业力还是抵不过愿力。

人是很特别的生物,在绝望时的免疫力会迅速降低,很多时候依靠一点点希望可以支撑起生命。所以,任何一种坚定的希望,只要是深信不疑,成功的机遇都很大,何况是大愿力?

人本置身于各种烦恼沼泽、各种业力深渊之中,想要自己把自己拔出来,绝无可能。能培养和坚定、坚固自己的愿力,要找到有大愿力的师法团队。如果一时没有遇到,就要去希求、种因、发愿乃至营造。如何营造呢?与几个志同道合的善友一起切磋共学、彼此拉拔、共同发愿。为什么有的人一下子就能遇到明师,而有的人却遇不到呢?要先从自己角度考虑:自己的希求心真诚吗？如果真诚，一定能感召到相应的缘分。

对比妙贤圣比丘尼，我们谁有她那么悲惨？一个弱女子在这么悲惨的情况下，没有自杀，没有绝望，没有放弃自己，最终还能证悟，都能够出来，凭什么我们感觉自己悲惨、委屈、没信心呢？但如果认为妙贤是忍耐和忍辱就错了，这些不是佛法的中心，也不是目的，为无限的生命种成佛的正因，是这一生有限时光最大的价值。没有能量的凡人，躲不开的是自己的业障。他人有烦恼，自己有业障，因缘和合是"集"，有"集"之因才有"苦"之果，我们无法调伏他人的烦恼，但可以从对治自己的烦恼入手，提高自身能量而转化自己的业障，这才是忍辱的本意。若面对他人的烦恼，自己也以烦恼响应，这是旧业未除，又起新业，苦只会越来越多。禅者只有降伏自我的烦恼后，才能用更纯净、更强大的能力去利益众生，建设人间净土。

学生四：我原来参加过一些禅修活动，又是哭又是笑，情绪激动得不行，几天激动下来，还是不知道以后该怎么办，不知道禅是什么。

师：修禅，刚开始都属于感性阶段，看什么都新鲜。但新鲜感过去之后，才是真正检查自己是否发起愿力的时候；困难面前才是真正修行的时候。不一定每次修行都要有很多感触和心得才是收获，非要大哭大笑才是修行，那些是情绪，正是修禅应该远离的！道在平平淡淡中，不忘初心，日积月累，简单重复，一门深熏，这才能真正修下去，当然，平淡并不代表没味道，而是淡中得味。

好！讲了这么多，您们说不懂中文的人，能理解深奥微妙的禅法吗？

众：不容易。

第肆讲

师:换个问法,懂中文的中国人能理解深奥微妙的禅法吗?

众:也不容易。

师:其实都是不容易,不容易的原因都在习气上。例如佛经原本是怎么讲的呢?印度的文化习惯不是说而是唱,我们看印度电影会发现,正紧张的时候突然之间来段歌舞。中国人看到歌舞觉得是该休息了,前后不搭调,可印度人不是,看到歌舞更有精神了,印度文化以唱为主。佛经以前是唱出来的,偈颂都是唱的。唱的特点是什么啊?曲调简单,文字重复,越唱越有精神,修行人坐那啊啊啊唱,可以唱一天,可中国人就不习惯这样。

鸠摩罗什法师根据中国人的文化习惯,为中国人而再创造了,我们前面反复强调,"中国禅"不是"照着"祖师们说的,而是"接着"祖师们的说,这就是再创造。再创造靠什么?靠的是自性起用!不是背书,阿难多闻第一吧?这么多佛语都是他背下来的吗?其实是和自性契合了,所以后来他一用心,马上悟道。

学生四:什么叫"诸行无常"?

师:您也无常,我也无常,所以才是众生平等。万物都是无常的,但也有规律可循。譬如一年四季是无常的,却又是有规律的。一粒种子长成果实,从因到果的过程本身就是无常的体现。但种子,种到地里后生根、发芽、长成、开花、结果,这个过程是有秩序的。那么这个有序的过程是不是真实呢?因缘和合,有因有果。看上去这个过程实际存在的同时,所有这一切又都如梦幻泡影:当种子变成苗芽,种子在哪里?当苗芽又变成果实,苗芽在哪里?痴人想要执著任何一个事物实在或现象不变,终不可得。修行就是为了修改自己的妄想执著,这才是如理作意,种种担心、猜测、分别、判断、定义皆是非理作意。

学生八:如果遇到个坏人要度吗?

(师在纸上反写了一个"我"字)

师:这是什么?

学生八:反写的"我"。

师:写反的算不算字?

学生八:不算。

师:不算为何说是"我"?

学生八:算。

师:既然算为何又说反了? 正写是字,反写是不是?

从本的角度看,好坏皆无常。举个例子,人生是不是无常的?"无常"是不是"常"呢?"常"是不是"无常"呢?"常"是一种规律,是一种不变的存在。所以您说"常"是真还是假? 说"是"和"否"都一样的,因为说"是"的过程中,就产生一个反面命题,说"否"的同时亦是。世间是相对而生的,是不究竟的,没有不变的好,也没有不变的坏。所以要找一个没有反面命题的、究竟的,就是禅、法、道、空。这些才没有反面命题,所以,度化"坏"人变好,这是禅者的本分,如果本来已好,何必再度?

学生九:为何说"心地法眼能见道"?"道"可见吗?

师:有人问惟宽禅师:"道在何处?"

答:"就在眼前。"

问:"为何我见不到?"

禅师说:"因为你有个'我',所以见不到。"

问:"那您见得到吗?"

禅师说:"你有个'我',还有个'您',更见不到了。"

问:"如果我做到'无我无你'了,能见道了吧?"

禅师说:"既然无我无你,那谁要见道啊?!"

学生八:"诸行无常"的"行"是什么?

师:一是指行事,二是指起心动念。

学生九:我现在想想有些人自己不懂禅,却乱讲佛法、禅法,实在可怕。

师:最大的业报是什么呢? 是为了自己的利益,去误人子弟!谁乱讲法,谁自受其因果,如果为了名声、财富,为了一切功利性的东西去明知故犯,那就入地狱如箭!

学生九:如果能宣说正法,是否就是法供养、法布施?

师:《长阿含经》中阿难白佛言:"云何名为'供养如来'? 佛语阿难:人能受法,能行法者,斯乃名曰'供养如来'。"

第十八问
我喜爱读关于禅学、佛学的书，属于修禅吗

师:"中国禅"是"微妙之法",大家知道什么叫"妙"啊?

学生九:妙不可言。

师:生活中要有喜悦,"喜"与"悦",就很微妙,西方文化中没有"妙",因为"妙",不可言,不可量化。他们认为凡不可言、不可度量的皆不科学。

(众笑)

师:"喜"是欢喜心、随喜心,在自己角度叫"欢喜",在对方角度叫"随喜",是心生出的一种情感,这种情感就是"悦",如早晨的清风,如落叶的飞舞,无苦无乐,无喜无悲。清净的人,在每一个平凡的日子,哪怕独自在屋里煮茶,亦时而能嗅到楼下的花飘着的清香,听着茶水在炉里翻滚,感受外边熙熙攘攘的生活,感受内心随缘自在的清净,就这样心悦于此当下一念,便是千万年。儒家称这种悦为"乐(yuè)",不是快乐,而是"学而时习之"之"乐",曰:"人不堪其忧,回也不改其乐",表明发自心底的从容、淡泊、平静、恬然、自得。

"妙"之所以不可说,是因为"妙"是活的,一说便固定了,所以读书人在知识的层面上建立知见,就不再是"妙"了,而是知识。禅的知识越多,离禅越远,就是所谓的"知解宗徒"。

一切思考、知识之积累,如果以二元认知为基础,越积累越不可能体悟到禅的顿悟之境,徒益知见之累积,既抵不得烦恼,又无益明心见性。经历之增加,如不能随时随地当处出生、随处灭尽、做幻化观,则不过累积习垢,与解脱越来越远。因此欲明心见性者,不可不甚防此谬途。人生的经验,必须要当处发生,随处得解,能马上发生马上忘掉,一切不留无可记忆,把经验忘掉,而让从经验中反思总结的智慧融入生命,否则就产生习垢。故此,抱着主观成见心理来学禅、修禅,这是彼此浪费时间。修行是要能使得自己成为"法器"。法器是"空器","空"才能出法音,就像杯子装水,必须是空杯子才能装。

很多人说自己修过禅,其实也就是体验过一次两次,可能还不是真正的禅修,然后就开始妄加评论,说:修禅有什么呀?不就是打打坐吗?我在家也能打啊!不就是念念经吗?我有空也会看!佛经有什么啊?不就是说"四大皆空"吗?……您们见过这种人吗?

众:多得很。

师:曾有人来这里学禅茶修养,哦,不就是大被子包起来熏头吗?这道理还不简单?热气熏呗!谁不会?

(众笑)

师:这些小聪明,就是人的"习垢"。所以,这些人懂是属于嘴巴懂了,一看书名似乎就知道内容,缺乏谦虚心的人,是入不了修门的。"中国禅"修养的读书方法是怎么的?初级是学生大声用丹田气读,但真正的读书不是嘴巴读,而是心读!把书印入心!就像现代许多人念佛是嘴巴念,四祖道信也讲念佛法门,但不是嘴巴念"阿弥陀佛",而是心念,时时刻刻用心和佛性契合,如果是这样用心读书有没有用啊?

众:有用。

师:修禅不是现成的知识,如果把"禅"当成深奥的知识去接受,只可使学人获得某些"禅"概念,却始终不知道"禅"究竟不是概念,不是文化,不是科学,不是哲学,不是数学,不是物体,不是神秘主义,不是某种境界……这就像某些动物,会听音乐中的音调,并能随着音乐做出身体反应,但却无法理解音乐的内涵。常有人将"禅"看得太轻易,要么宗教化,要么学术化,他们却从未进入真正的禅修,有的以为打坐念佛是修禅,高谈阔论看上去非常内行。这些人讲禅,其实也就如同动物听音乐一样,可以听见"音乐中的音调",却始终不懂什么是真正的音乐。

(众笑)

师:聪明人看书越看越薄,感觉哪些话有用,摘录下来,您们是不是也干这事儿?

(众笑)

师:而智者呢?书是越看越厚。因为加入了自己的理解,产生了连篇的思想。所以一段话,可能变成无数的智慧。而祖师们如何看经典呢?是读后如同无读,不记得经典,是能融入生命。经典和心契合后,就是"空"啊!世间人记的东西很多,祖师们却什么也不记得,但随用随取。如果大家还是习惯摘录书上那么几句话,认为有用,其实就是"鸡汤"。凡所言皆有对应,皆有相对,皆有语境,警言、格言,关键时候都没用。

把厚书看薄是功利的人,似乎找到了快捷方式,以为摘几句话就能有用;能把薄书看厚的是智者,因为学会了反思;能把书完全融入生命的是禅者,因为万法皆空。功利的人能在万花筒般世界中找到五彩缤纷的颜色,把生活过得眼花缭乱,目不暇接,忙碌不堪;智者则能在物欲横流的红尘中坚守本色,清净无为;禅者是了知一切色乃滞碍,其之本色已无色,故能随缘而色，心不染色，色而无色，这即是无为而无不为。

读书、念佛、修禅都是一样的道理，心契合了，一切是修行，心不契合，表面上的形式什么用都没有。

第十九问
"依法不依人"是何意

师：佛言"佛法相因"，就是每个时代都有佛、菩萨应世示现，传当代"法"方便教化世人，这叫"时教"，令当代众生离苦得乐。佛涅槃时曾言：依法不依人，依义不依语，依智不依识，依经不依论，依了义不依不了义。

"依法不依人"最重要。"法"有几意：一指三法印，即"诸行无常""诸法无我""寂静涅槃"，这是佛法最根本的教义；二指毗奈耶，即佛所制戒律——五戒、十戒、比丘戒、菩萨戒等，故此，用"教"来解释。若一切人的说法、教授、表现以及言论、著作等不符合上述法意，皆不可以为善知识依止。反过来说，说法的师者言行契合法意者，便是表法的善知识，可为众生依。

但从"禅"的角度讲，此句的含义就不是如此简单理解了，"禅"的法不仅是无常、无我、涅槃清净之法，而是含摄了常、乐、我、净，也不仅是佛所制的固定戒律，禅门的"心戒"是根据不同情况由禅师们随缘而开的，"开"不是"破"，是具足"开遮智慧"的师者，故此，"禅"之师，需时刻契合自性，起用"开遮智慧"，不受有形、有律、有条的规定，故能随缘自在。

"依法不依人"本是从学人讲的，您们认为是什么含义呢？

学生三：不依师的情绪，而依师所讲的法。

师：嗯，再说说。

学生三：……

师：如果没有人，怎么能传法？法写成了文字就是死的，人是活的，唯有人的能量能使得文字之法复活，所以依法就要依契合法性之师！人能弘法，非法弘人，那为什么又说不要依人呢？

（众无对）

师：一位禅师悟道后讲"我眼本明，因师故瞎"，如果师者本人智慧有限，学养不深，一知半解，或者私心太重，必然会误导学生。误导包括四个方面：观念误导、目标误导、修法误导和行为误导。所以要依的是什么？是传正法的师，依师的法相，不依师的人相，什么是师的人相啊？属于凡人的情绪、性别、职位、外表、年龄、服装、学历、包装、宣传、名气等，这些本是可以忽略的。您说我是个男人女人和法有关系吗？我是个老太太还是个年轻姑娘和法有关系吗？这跟法有什么关系呢？

（众笑）

师：人情的东西不是不能有，而是不能依赖，这些是现相，不是实相。所以，我穿什么跟说的法没有影响，但不穿衣服行不行？

（众笑）

师：所以不要本末倒置，凡是讲正法的老师，都有法相，法相和法界相连接，师心本像虚空一样的。您和师的法相越来越契合时，感觉越来越什么也抓不住，心中一片清明，似乎没学什么，却越来越智慧。如果您和师的人相连接紧密时，会发现，哎呀，什么都是约束，越来越迷信，越来越固执。

越契合师之法相时，虽然感觉什么也都抓不住，就像虚空您抓一个看看？愚痴的人就觉得恐慌，智慧的人反而觉得欢喜，因为禅之心门是无门，无门为法门。但真的是什么门都没有吗？老子怎么说？"善闭者无锁"。比如说家里的门，装个最高级的以色列的锁就没有人能撬开吗？

（众笑）

师：没有门的秘密才是真正的大密门。禅门，因为无门，禅是心门，心如虚空,齐含万象。愚痴的人为什么感觉危险呢？因为习惯自欺欺人,以为有个门锁就安全了,这些都是防君子不防小人的。有个故事说,一条鱼向前方游去,众鱼纷纷阻挡:"危险,千万别游向那里！""为什么呢？"鱼问。众鱼道:"前面有很多诱饵,不少同类都有去无回。"鱼说:"诱饵搁在那里,它又不会自己伤害你,只有心禁不起诱惑,去吞食诱饵时,那才叫危险。"这个世界上,危险无处不在,但能识别诱饵、禁得起诱惑的心,就无处不能至。故,祖师们明知山有虎,偏向虎山行。

真正的大道都没有秘密,所谓的密只是一种修人暂时没有掌握的修行方法而已。禅是天下的公道,遍诸十方,无所不在。天下的真理昭昭彰彰,人人都可以认识得到,也都可以契合得到。

禅修时,只有身法有门,故称"有为法"。心法是无门的,故称"无为法"。能依导师的法性、法相者,是法器。但不是说导师没人相,那成什么了？变成佛像了,变成经书了,您到《大藏经》里去找,有用吗？师是活之法,是法的载体,但如果您被师的情绪、外貌等人相所转的时候,就叫依人不依法。所以"依法不依人",是不二关系。具有正法的人,他永远把您指向正法。正法有什么特点？第一是内求,第二是告诉您利他和自利不二。您们现在修行主要是自利,但自利是不算真正修禅的,唯有利他和自利均等,才算真正的修禅。为什么？因为凡是只想自利的人,没有一个能成就的。

如果修者业障、习气很重,心有千千结,色身上有种种病苦,修起来便起起伏伏,当然备觉辛苦,有些修到将通未通时,很多关节、肌肉绞痛,这是结使的折磨,能要人半条命。这时,倘若见地不清晰,几乎无法过关。要

第肆讲

知：魔由心造，妖由人兴，可是就有许多人牵强附会，一知半解。

修行时的各种神鬼现象、感应固然无可厚非，但绝非值得炫耀之事。禅者见地通透了，知道这都是稀松平常的事，只不过是自身业力、业缘的显现，成佛大道沿途的风光罢了。真正的根本感应，修行时与空、无相、无我、无念、无住时刻相应才对。一切的成就者，有什么秘密吗？

众：没有！

师：当然有！秘密就是"自他无碍"、大慈大悲的力量，真正的顿悟法门修成者，都是从"自他无碍"里修出来的。见到别人的苦，能感同身受，别人不出苦，就是不离开。唯有"人"的力量能帮助"人"觉悟，唯有一个生命能唤醒另一个生命，这种力量就是法力！是所依的"法"由人发挥出来的力量。

学生三：我原以为"依法不依人"这句话容易理解，原来还有这么多内涵。看来许多话都不能根据字面意思去理解，人法是不二的，没有弘法的人，就没有活着的法，应该依师说法时的法相，而不依师说法时的情绪。

师：什么是老师的"法相"？

学生三：说法的时候内心和法契合而说出来的法。

师：说法的时候内心和法契合而说出来的法？

学生三：说法的时候与本性契合说出来的法。

师：这是老师自己的事情，和您有什么关系啊？

学生六：依的是老师的这个时刻。

师：首先，"这个时刻"您能分别吗？如何分别？其次，难道老师不说法时就没有"法相"了？"法相"因说法才有，不说法即没有？

学生六：嗯，这个……

师：您们心中老局限在"固二"法门里，多问几句就原形毕露，自己都说不通，还想着出去和别人说？为什么好好的"不二"之法，到了您们那里一说就是"二"，一起心动念全是错呢？我反复在提醒大家，依法的"依"不是依赖，其核心点是培养对佛法的希求心，这是"依"的真正意义。若缺失了这一点，依法就变成情绪上的依赖，嘴上说要依老师的法相，那是口头禅，因为法相无相，您看不见。对法升起了希求心，就能降伏贡高我慢心，最重要的一点是自己要有不断向上提升的愿望。如果误解为依赖法还了得！法有什么可依赖的，法本无自性，靠什么能被人依赖？

什么是对法的希求心？越来越感觉法是无上的至宝，是人生不可或缺、须臾不可离的至宝，可离非道也。而承载了法之弘扬责任的师，能使得我契合到自己内心的无上至宝，所以我必然升起恭敬心，如果没有恭敬心，一切法不生。经云："法不孤起，仗境方生。"这个"境"就是众生对法的希求，对师的恭敬。

恭敬不是普通的客气和礼貌，"恭敬"和"礼貌"什么区别？礼貌是平等的，可恭敬不是。我们恭敬佛，因为佛是觉悟者，我们恭敬师，因为师是传法者，中国传统最讲师道，父母是给您肉身的人，叫"养育之恩"，而师父是开启您心门的人，叫"再生之德"。为什么是"德"呢？因为父母和您有血脉关系，而师父和您并无血脉关系却能像养育子女一样养育您的法身，这更难得！

当人的心里产生希求法之心时，这种真诚的感恩就有相应的师者能够感应到，禅门谓之曰："千江有水千江月"。月印千江之时，即使只有一勺水乃至一滴水,也能皆现全月。人的真诚心念力就像一滴水,虽微不足道,但亦能含藏整个法界,故曰:"芥子纳须弥",这就是观音法门的"普门示现"。如果水昏暗波动,月影便不能清晰分明,这种波动就是众生的妄想之心,众生心时时受外界影响自心被蒙昧,印心之水波涛汹涌,故此,不见清凉月,难闻清净音。

"普门示现"未必是老师说法,法在一举一言一行中,在一花一草一叶中,一日一月一水中……天地万物都在给您开示,故此叫"普门"。有心人能和万物相应,依万物示现之法意而不依人相貌、众生相,您能逐渐跟从自心的方向,去到法界,这是真正的"依法不依人"。

学生一:啊!真的没想到!原来依法是依从自己的内心。

师:您说我是有正义感的人吗?

学生一:老师,您有浩然正气!

(众笑)

师:"浩然正气"是正义感吗?

学生一:是!

师:阳光是不是浩然正气的?

学生一:是。

师:阳光分正、邪吗?天地万物自身是没有正、邪的,人根据自己的角度而分出了正、邪。其实每一物有物性,每一法有法性,从本性上观,邪也是正,恶就是善,没有善、恶之分,万法唯心所起,心正故无法不正,心邪故无法不邪。邪和正是相对的,有相对的都不真实,正也不是真实的,邪也不是真实的,这叫"不可思议"。禅者能不思正、邪,就真正在正法里逍遥了。

所以我说的"正",不是您理解的"正义"的正,就像一块肉放在阳光下晒,几天会生蛆,蛆是哪里来的? 外来的吗?

学生五:自生的。

师:我们这个身体里,本就有蛆的种子,阳光一晒,条件具备时,蛆就被激活了。所以一切法,都是包罗万象的。远观森林很美丽,走进去有毒蛇、蚂蚁、蜘蛛、各种毒虫,毒虫是正义的还是不正义的?

众:不正不邪。

师:森林是正义的还是不正义的呢?

众:不正不邪。

师:所以我说的"浩然正气"是什么啊? 是毕竟安乐。人能自在,在哪里都能毕竟安乐,滚滚红尘中、深山老林里都毕竟安乐,菩萨是顺逆皆方便的,有谁感觉自己特别有正义感,实际上是自己的误解。禅门说"不二皆同,无不包容",不是说这个世界要变得一尘不染才对,没有坏人存在,没有欺骗,没有战争,什么都没有就不是世界了,是什么? 是做梦。

有人说古人曾经也有"夜不闭户"的时期啊,这只是说那时候人性的欲望没有被激发出来,大家都一起向善的方向去发展,没有刺激、诱发、养育人性中恶的一面,物质相对匮乏、收入大致均等时,才有这种"夜不闭户"的太平时期,但现代社会呢? 并且,没有恶行,代表没有恶念、没有恶心了吗?

(众摇头)

师:社会一定是有两面性的,"不二皆同,无不包容"是修者不要理想主义,要知道任何现象存在都合理,生命是怎么生长的？此消彼长！您为什么会有"二"的概念呢？是只想长不想消！波浪有只涨不跌的吗？人生有只顺不逆的吗？社会有只善不恶的吗？如果只有一面,另一面也不存在。反过来说,如果一面存在,另一面也同时存在。人、社会和树一样,越是高大粗壮,根部就越伸向黑暗的地底。有智慧的人会怎样呢？会主动地去消,减少起伏程度。大家要明白"不二皆同,无不包容"不是原谅罪恶,而是有能力不随波逐流地作恶,有智慧知恶,有功夫防恶,有慈悲化恶。

所谓的能力,是指人对万境之觉察力、不变之定力、出入自在的随缘不变力,自在的人其选择是自主选择的,现代人之苦,是可选择事物以指数级增长,而人类管理情绪、应变发展、智慧起用、遗忘过去、拥抱当下的能力对比古人却在倒退。现代人何谈自在？生下来就在监狱中,监狱的围墙就是我们目光的尽头,我们能看多远,围墙的尽头就有多远。所以为了能让自己越狱,必须"向上一路",突破监狱的围墙。监狱里的人是看不清外面世界的,就比如人类欲控制任何一种慢性或代谢疾病。

我们无法从身体之生物经验以外的要素(如药物)来控制、预防或治疗疾病。医学史上从来未曾发现任何一个非生物体所需的外来物质不会伤害生物体。也就是说,凡是生物经验之外的东西,都会伤害自己。世界上没有一种药物可以让我们更健康、更有智慧或更长寿。我们只知道食、药同源,怎么就不说食、毒也同源呢？自然界没有这样的药物或分子可以治好人的病,除非那个分子在生命中本来存在。进一步说,一切病,靠药物是治不好的。

现代人为什么不健康？《内经》说："阳气者，若天与日，失其所，则折寿而不彰。"因为阳气不足了，天天熬夜，思虑过重，人体的血液、津液在体内的运行循环，都需要阳气为之敷布运行，而血液、津液需要通过阳气的气化作用，才能营养全身而产生精神活动和一切的脏腑机能活动，如此才能生生不息。人体正常的体液都需要阳气来养护推动，体液占人体70%，而现代人长期不动，空调、冷饮、冷食、短衣致使体内湿邪过重，正常的体液流动缓慢，代谢能力减弱，体液是滋润人体肌肤和运行五脏六腑必不可少的，过多或过少都会引起人体的病态反应，少了就是火，多了就是痰湿。现代人大部分的慢性病或疑难病症都是由阳气不足引起的体内阴液失调造成的。

那么消耗我们的阳气最多的是什么呢？是邪见，也就是妄想、执著。人体有九毒：意、识、水、火、风、寒、气、血、虫，其中"意""识"即邪见。人体阳气有五种外在的表现：神、魂、魄、意、志，其与人体器官有着紧密的联系。神属心，魂属肝，魄属肺，意属脾，志属肾，身心分裂不调和，便会引发各种病变。阳气的多少，左右着人体的健康，所谓病，即阴阳失调，寒热滞留。

人少年时元阳很足，神经、肌肉、骨骼都处于最佳状态。成年以后，各种压力增多，耗费精神过度，随着意、识毒素增多，邪见丛生，阳气则为之伤，而损害人们精神、增加邪见的因素之一，是现代社会的信息污染。现代人一天内接触到的信息，可能比古人一辈子接触到的都多，每个人的大脑里都装满了事，充斥着各类和自己不相关的信息。信息污染是伤人于无形的，遗憾的是，目前没有多少人觉察到这一点，还单方面地认为是科技发展

第肆讲

的象征。

学生八：什么叫"活在当下"？

师：一道闪电里是不是包含了所有电的密码和能量？

学生八：是。

师："当下"也一样，"当下"包含了全部生命的密码，过去、未来、现在全存在于当下，这一刻相应了，就悟道了，这一刻不相应就变成过去了，而过去心不可得，过去心就是妄想。记忆全面吗？

学生八：不全面。

师：不全面您执著什么？怎么活在当下呢？当下这一刻，如一滴水里包含了所有的密码。一切都是有生命的！当下是活生生的，数字是有生命的！文字呢？图形呢？您如果思维总是固执，认为有分别，您能把河水断流吗？可是西方人却是"断流"思维，研究身体从尸体解剖开始，研究东西把活的因素去掉，先减少活体的变量再研究，可是东方思维恰恰要返回来，一切东西都有自变量，忽略了自变量就是死物。您能预测因果吗？能预测缘分吗？一切既然都无法预测，您去计划干嘛？

所以公司里，使命、愿景、价值观、世界观，这些东西是什么？是公司的精神，精神怎么量化？只能达到越来越多的共识。剩下来还有一些呢，叫战略、计划，这个靠什么？靠智慧，智慧不够，定的方向一定不准确，最后剩下来的是执行，执行靠什么？靠有为的方法，也就是术数，这是可精确计算的。

第二十问
"中国禅"修养和普通人有什么密切关系

师:我们是不是都是普通人啊?

众:是。

师:那这个问题简单啊!您们说有什么密切关系?

学生四:"行也禅,坐也禅,语默动静体安然。"

学生六:"饥来吃饭困来眠。"

学生八:"平常心是道。"

师:完了完了,全是"文字禅"。千万要说"人话"!不要说"黑话"!

(众笑)

师:禅是心法,心法无门,平常人为什么不能理解心法?因为只能见到"事",每天被事推着走,而非被心带动生活。这是修和不修的根本差异!禅者"无心",这和平常人的"无心"有什么不同?

学生一:禅者的"无心"是不造作、不攀缘、不刻意。

师:让不理解"心"是什么的普通人契入心法修养,理解"心"是生命中最根本、最重要的,契合自己的本来面目,这比较难,所以需要方便法引导。心却并无实体,所以"修心"实际上是从修气进入的。

修气也是门啊!修气包括身、心两方面。修者一旦进入,身心自我感觉会有大不同,呼吸绵长了,气息稳定了,容易起伏的情绪缓和了,睡眠深入了,排泄通畅了,等等,这些身心的直接变化,是修气的作用力。这是不是在家里看几本书就可以自己成就的?

(众摇头)

师:学龄儿童不是在家看书就可以学习的,需要先找学校,找老师!为什么？学校不仅教认字,学校就是社会,一边学习一边实践,一个好学校对孩子的成长至关重要。同理,修气、修心这些比普通学知识、学认字难多少倍啊?

学生二:难于上青天。

师:那就更不可能在家里看几本鸡汤书、理论书成就啊! 普通人谁不希望自己身心健康,有个智慧人生? 可究竟什么是智慧人生却并不清楚,误以为有钱就幸福,所以要令他们知道,人生有许多不同的生活方式,人要活得像个人的样子,这虽然不容易,但作为一个有尊严、灵性、智慧的人,这是生而为人的必需品! 而非可选项。现在您们说修行和普通人有什么密切关系?

学生七:能成为一个真正的人。

师:那是不是必须修禅呢?

学生九:不一定,修儒、修道也可以。但只有禅是顿悟法,可以一念成佛,最快!

师:最快? 那缺陷在哪里呢?

学生二:不容易信! 人总是不相信自己可以顿悟,并且缺乏互信,老是小见狐疑。

师:为什么呢?

学生二:因为自私自利惯了。习惯小心谨慎,患得患失,发不出来大心,起不了大行。

师:很好很好! 您们也都自己会看病了。医生本有两类,一类只管对症下药,不问病因,不管吃药的副作用;一类从病因入手,通过交谈、开导、教化、劝诫、讨论、羞辱、棒喝使得病人回归正常人生轨道,将不知自病的病人生命之结一一解开,放松调整身心,学会遗忘。之后帮助病人看清一个个生命节点的承转起合和因果,认清人生之路,对生活能够合理安排,但最后病人能否松绑,关键还是在自己。"中国禅"修养和普通人生活有没有密切关系啊?

众:有!

师:可是这么好的修养方法,怎么修啊?首先要找对门,像妙贤一样,具足了想要修行的心却被裸体外道哄骗了,这就太可惜了!有多少人想找地方修行,可是呢?被带入了打着"禅"旗号的商业禅修,越修越迷信,越修越胆小,越修越古怪,越修越无法正常工作,越修越讨厌人世间……您们身边有没有这种人啊?

众(笑):多得是。

师:所以找对修门特别特别关键,正法修行时,怎么可能修得古里古怪、佛里佛气、玄里玄虚、看谁都看不惯,一进门,禅导师必然要告诉您目的地、宗旨、根本,这是外在条件,修者的内在条件呢?您先要学会做人!不会做人跑去找什么门有用吗?人都没做好,就想出世间修行,这不是妄想是什么?

什么是做人呢?分两种:第一是要善良,这是做人的基础,不妨碍别人,不害人。善良其实并不简单,不是当老好人就叫善良,老好人被孔子称为"愿人",是乡贼!那不是善良,是懦弱、胆怯、愚蠢。所以,善良的人是智慧的,能坚定自己信念的。善良不容易,尤其在遇到考验的时候,需要正念的引导、善法环境的滋养、智慧的帮助,才能够真正清晰和坚强起来。故此,要多结交善友、亲近导师,不离善法,强大内心。

　　社会是盲从的,大多人无智。雁群休息时,必有一雁放哨,叫雁奴。稍有异动,鸣警示众。一猎人猎雁数次,皆无功而返。突生一计,每次奔向雁群待雁奴鸣叫后即藏。群雁逃逸数次发现并无险情,迁怒于雁奴,后竟群而啄之。雁奴悲泣无助,待猎人下次再近,默而不鸣,于是群雁死伤过半。世间人亦如此,忠诚的易被误会,被误会的又往往不坚持。所以并不是只要心存善念,世界就全是美好的,而是内心有了善念,更容易发现世界美好的一面,更有勇气和智慧去面对世界不美好的一面。

　　愚痴的人会怀着烦恼去扫地,一边扫一边嫌别人做得不干净,这样,地虽然表面上被扫得干净些了,但此人内心却增加了一堆新的尘垢。善良的人会自我清扫内心的尘垢,把贪、嗔、痴、慢、疑,一切的分别以及对别人的看不惯、不甘心、怕吃亏、人我是非……统统扫掉。

　　具备了善良,还要知礼。知礼不是普通的礼貌,而是对天地万物都能心生恭敬,对上直心,对下谦虚。宋儒说:"敬有甚事,只如畏字相似,不是块然兀坐,耳无闻,目无见,全不省事之谓。只收敛身心,整齐纯一,不恁地放纵,便是敬。"这就表明,"敬"是内心不放纵,身心合一,是由内及外的自然心态。

　　之后要真诚,同修之间、师生之间,最重要的是真诚。儒家讲"修身为本",修身之要在真诚,也就是说不真诚的人是修不了身的。《论语》里有几次孔子批评子贡的记载，都因为子贡爱说大道理，不真诚。但是中国的读书人，越到后代，口气也越来越大。但凡有生命实感的人，都讨厌说大道理的人，光说不做，有什么用？生命的学问是实证实修出来的，说自己做不到的，就叫"戏论"。

做人有了善良、知礼、真诚后，还要谦虚，"中国禅"修养里"谦虚谦虚，体会无常，契合本性"是三要素。为什么要写两个"谦虚"呢？对内，是对您的内众生谦虚，不要强迫肝脏解酒，不要强迫大脑工作，不要给肠胃增加那么多负担，不要亏欠内众生了，不要认为内众生就该对您的大脑俯首帖耳。对外，对一切众生都要谦虚，三人行必有我师，术业有专攻，所有众生都有自己的强项，所以要谦虚对待一切众生。此外，第二层含义，是修行成就前要谦虚，不谦虚就无法成就，但修行成就后更要谦虚！否则您的一点点小成就，转瞬即逝。

这是做人的四原则，符合这个原则您才谈得上是个完整的人，符合了人类社会的道德标准。但注意，这只是对内的做人标准。那么对外呢？三人成众，为什么三人才叫"众"呢？"众"就是社会了，两人为什么不成众？

学生一：两个人之间很容易达成共识。

师：很好！两个人是相对稳定的状态，三个人之间关系就开始复杂了，关系复杂才可以流动起来，戏就开锣了。对外是人在舞台上如何演好人生这出戏：第一要知止。第二要制衡。我们看为什么三个人开始有戏了呢？因为不平衡了。如何达到动态的平衡状态，就是每个人的能力。

第三要守位。绝大多数矛盾是因为越位产生的，人不自知，不知自己的位置,德不配位的时候,对人是巨大的危险。还有许多人不守位的原因是因为过于积极,出于自私的目的追求名气和被认可,大家有没有碰到这样的下属啊?特别积极,做了许多不该做的事情,说了许多本不该说的话,并且被叫停的时候还觉得委屈、失落、不高兴,因为自己越位了自己不知道。

第四是包容。包容就是能允许各种不同的声音、想法、观念、习惯、方式同时存在,不要想着统统消灭掉,人的内心就有许多不同声音,社会也有许多不同想法,各得其美,美美与共。包容就是不去消灭,而去影响,因为越想消灭的东西,会长得越快,这是什么力啊?

众:反作用力。

师:哪里有压迫,哪里就有反抗!所以臭水沟不能堵,只能疏。为什么不能接受不同想法呢?因为有个"我"在!其实哪有什么是"我"的呢?"我"不过是因缘和合的一个暂时体,"我"不是上一刻的我,也不是下一刻的我。一念之间"我"已不是我了,哪有什么"我"啊?哪有什么"你"啊?生下来的时候什么也不带,离去的时候当然也是什么也带不走,把这一切想明白,就不那么纠结了,不过道理不能给您解决实际烦恼,需要进入实际修行。如何能念念不离当下,这是能力不是知识。

为什么现代人难以理解灵活的法呢?因为受西方影响,已经习惯固化了,老师明明在说活生生的法,可轮到自己一复述马上变成"固二"法门。

(众笑)

师:玩"固二法门",西方已经玩到极致了,工业社会的基础就是标准化复制。而中华文明的优势本在灵活上,看上去教育难度极大,推广不易,成就者少,但也有西方难以企及的大优势,是什么?

众:质量高!

师:不能叫"质量","质量"是停留在唯物思维方式上,应该说但凡一位有影响力的大成就者出世,世界就可能因此而变。中华文明能培养这种灵活性的精神强健、人格健全的人,唯有人格能成就人格,唯有人格能影响人格,可是用知识教育、标准化复制呢?人就逐渐变成机器人了。

未来世界是人工智能世界,是机器人世界,用机器的思维方式能战胜机器吗?所以,培养一位精神力强的大成就者难不难?太难了!可是出来一个就不得了。所以人要先发愿成为自己的国王,才能进入修禅。

曾有学生问我:老师,您看《圣经》多好啊,这么一本书,全世界影响力这么大,为什么佛法、禅法要说那么多?大家都看不懂。我说要想简单根本都不用一本书,就两个字:"信神"就可以了!如果五个字:"信神得解脱"……迷信还不简单?什么都不用解释,就说神迹,您什么也不用知道,信神就可以!

(众笑)

师:所以为什么要写那么多?因为禅不是使修者迷信,宇宙这么深邃,人心那么复杂,一本书能讲明白吗?千人千面,世界本就是千变万化的,每个人需求不同,所以才需要八万四千法门,说复杂其实也不复杂,因为万法同归,说简单也不简单,因为万千起用。众缘和合而生的一切有情生命、无情植物矿物都在无主的无常变化中生灭生灭,众生因无常而平等!众生在无常、无主的变化生灭中随"心量"而应对"所知量",据习气而吸附地、水、火、风、空的"五大"。最终高山于鸟不为碍,深渊对鱼成为池,这是修禅的最终目的,明知红尘万丈,却能不受其扰,不离不弃,心净而国土净。

（众鼓掌）

师:回到本题。进入"中国禅"修养有三门,《法华经》上说,有一种人,跟在师父身边就开心,师父一说法就觉得到了天堂!心境清净,欢喜无比,可是回家过几天,就被打回原形,所以老想回到师父身边,这叫"声闻门",离开师父就不自在,为什么叫"声闻"呢?闻法就欢喜,师父身边就是天堂了。咦?您那么乐做什么?您就是,对吧?

（众笑）

师(唱):什么人天天饿着不言饥?什么人天天吃着不说饱?

（众无对）

师:第二种人,是听了法,感觉自己会了,就想自己独立修行,搭个茅棚准备自己闭关。师父说的不是书上都有吗?我看书就行了!感觉似乎跟着书就可以自修。这种人有修行基础,自信,古代比较多,现代少。可是,修着修着不行了,"五十阴魔"境界出来了,自己搞不清楚。

学生一:给我们讲讲"五十阴魔"吧!

师:啊?没给您们讲过?"五十阴魔"从五蕴生,一蕴有十魔,从五十阴魔再变化八万四千魔。五十阴魔要专门讲,得花很长时间,我写下一本《楞严经》的时候,再细讲吧!您们一打坐开始妄念运动会,这是不是阴魔?

学生四:我们的魔还没来找我们呢!

第肆讲

师:哈哈,魔早来了!您的修行境界不够,所以来的是小魔,大魔王没时间找您玩,"道高一尺,魔高一丈",修者修行见地、功夫、智慧提高时,魔王就要来了。他老人家来找您好不好啊?

学生八:好啊!没有他老人家磨我,我怎么进步?

师:道理上是好,真来了就是两回事。

学生八(笑):可不?持世菩萨还被魔王戏弄,何况我等?

师:那些自己闭关的,被阴魔搅和得不行了,会又回来找师父。这些就是"缘觉门"。另外还有什么人呢?一听法,啊!老师说要利他,这是世界上最"善良"的法门,于是善心大发,见到谁都坐下,来,咱们聊聊"中国禅"吧!

(众笑)

师:善心不是不好,关键必须在智慧的引领下,如果缺乏智慧呢?就多引领大家读书,在书上找答案,千万别自己试图解释,善心重的人,是"菩萨门"行者。"菩萨门"行者最慈悲,不过,没有功夫、智慧的慈悲常好心没好报,遇到问题又开始求救:师父啊,救命!

(众笑)

师:总的来说,"中国禅"修养进入时,主要有这三个门,这三个门不是永远这样的,随时会变,禅者随着自己的心量、理解,每天都在不断变化,可能今天是"缘觉",明天是"声闻",后天是"菩萨",很少有人一直不变,还有的会同时既是"声闻"也是"菩萨"。

学生一:老师,有的经典说"声闻""缘觉"是小乘,"菩萨"是大乘。这怎么理解?

师:《法华经》云,诸佛、菩萨出兴于世,本怀是来说"摩诃衍"的,即一乘法。那为什么又会说二乘法、三乘法?是由于阎浮提众生的根机陋劣,相信不了大乘法、甚深法,所以只能由实开权,开出三乘的权法。这个三乘权法是一个方便诱导的过程,最终还要会三归一,会三乘归一乘。三乘皆佛乘,您的船量有多大,心量有多大,能量有多大,决定您是什么乘!

每个人的业力不一样,有些人一闻经语,心即开悟,直接入菩萨乘了。多数人是转来转去,被业力所牵。所以为什么要灭心魔呢?业力是心魔出生的土壤。

"中国禅"修养亦是,本怀是说直指人心、见性成佛的顿悟法,但因学人根器利、钝不同,才说养生、讲科学、助健康、谈气脉、炼肢体等等,开各方便门,不过修养时必时刻不离见性法,才是真正禅法,否则,执方便法好用,而陷在方便中,已是外道法了。

学生八:您上次说修法是"观",又说"观"法的核心在"闻"和"照",这又是什么?

师:用"闻"和"照"修法修"观",顺流时循声逐色,听不越于声,见不超于色;逆流时返观自性,不去循声逐色,则发现原来"闻"和"照"无别。这些修法实修时自然理解,徒说无益。

第二十一问
知识丰富的科学、哲学、文学、艺术、美学、佛学、建筑、医学等各方面的专家,是否也需要修禅呢

师:专家是否需要修禅?

众:当然需要!

师:不要总是习惯给我结论,生命只有一个结论:生者必死,高者必堕,聚者必散,积者必竭。除此之外,没有什么叫结论。

学生八:是不是输赢也不是结论?

师:明末苍雪禅师很了不起,留下过许多脍炙人口的经典禅诗,明亡后,许多明朝遗老聚集在他那里修禅。曾有位画家,画了一幅画:一座高山,一棵松树,下面一块大石头,石头上有一个棋盘,棋盘上稀稀落落几个棋子,却没有人在那里下棋。这一幅画意境甚高,大家似懂非懂,就有人请苍雪禅师题字。苍雪禅师当即挥洒一首禅诗:"松下无人一局残,山中松子落棋盘。神仙更有神仙着,千古输赢下不完。"

寥寥几句,说尽人生哲理,松树下面看似无人,却有一局没有下完的棋。深山里一个人也不见,于是松子掉在棋盘上,松子和松子开始下棋了,这是"春秋微言"的写法。什么叫"神仙着"?松子后面有没有神仙在下棋?凡夫不懂!但是神仙背后或许还有更高明的神仙,指挥着前面的神仙,所以人不要自认为高明,人外有人,天外有天,输赢都是过程,不是结论。

学生九:这是深切的人生体悟,悟者的心得啊!

师:有钱是定论吗? 有钱人活得幸福吗?

学生九:有钱和幸福是两件事,没有必然关系。

学生三:有钱人更不容易幸福。越简单的人越幸福。

师:科学家幸福吗?

学生三:大多数不幸福。

师:大多数?得了诺贝尔奖的科学家也大多数去信神了,为什么?

学生三:因为越深入了解,越多现象解释不了。

师:越深入科学,越发现宇宙的奥妙无穷,科学无法解释,这比无知更令人恐惧,越解释不通,越深入了解就越不安心,最后选择信神来解决安心问题。因为恐惧所以迷信,因为无知所以不信,科学家也是普通人,当然也可能会迷信,迷信有两种:一是迷信神,一是迷信科学,仿佛科学就是神。

一切自然常数如电子电量、质子的质量、相互作用力的耦合常数等,若稍有一点不同,原子就不会聚在一起,恒星就不能燃烧,行星、地球、生命都无法存在。现在的宇宙太神奇了,为什么那么有规律?为什么那么恰恰好?如果背后没有"神力",生命和生命之间,环境链、食物链等如何能配合得如此完美?

现代宇宙用动力学方法研究星系得到的星系总质量总是远远大于所有可见的星系质量之和,而现在的科学研究认为宇宙中暗物质、暗能量几乎主宰了宇宙中的运动和演化。宇宙中一切是那么精确而有序。爱因斯坦说,人类已知的是有限的一个圆,未知的是圆外的世界,是无限的。今天的科学只能证明某种物体的存在,而不能证明某种物体不存在。迷茫中的我们是否应该对大量未知的生命多些敬畏?是否应该真正思考:我们是从哪里来的?将到哪里去?

可是信神就能真正安心吗?神教的特点是渺小的人祈求神的恩赐,凡恩赐皆是由上而下的恩典,其主动权取决于施者而非受施者。受施者是被动的、微不足道的、无法抗争的,这和佛法、禅法的"命由己造"观念相悖。

科学进步的初衷力量在哪里?质疑。由质疑而引起实践和推论,如果科学已经容不得质疑,只能服从专家学者的论点,那就变成了科学教!

(众笑)

师:"无变化法,现变化事"。为什么专家们更需要修禅呢?原来的社会,孔子、老子、释迦牟尼佛时,东方传统讲统一,一切是圆融、统一的。所以即使是工匠,也可以匠心独运,无论做什么,是一个人从头到尾创造的,做船也是一个人从头到尾自己做的船,但是现在的航空母舰一个人能做得了吗?现在社会讲分工,古代社会讲统一。现代社会是从工业时代产生的,由欲望驱动的,工业时代,人就是流水线上的螺丝钉,欲望把每个人变成了扑食时的野兽。而所谓专家也是科学流水线上的螺丝钉,也有欲望、名气、财富、地位……只会做自己范围内事儿的人,就像井底之蛙一样,看的是自己头上那片天空。

只往"专"里走,不能通观全局时,心一定是被局限的,故此,表面自信,实际自卑,思想越来越偏激,这就需要人文的调和之力。那我们是不是应该退回远古时代,把航空母舰拆掉,都变成小船,一个人摇一个小木船就幸福了?

众:不是。

师:如果"中国禅"修养后,都决定把一百层的高楼炸掉,回到小木屋,那才是真正的发疯!您们说现代社会应该怎么办?

第肆讲

众:让专家修禅!

师:哈哈哈!又给我结论!您们说,禅心有多大?

众:无量广大。

师:古代的时候,小船、小房子在匠人的心里是统一的,为什么航空母舰、一百层高楼在禅者心里不能统一呢?宰相肚里能撑船,船不再是小木船,航空母舰也是船啊!心无量广大的时候,什么事物不能包容呢?科学也是万法之一,为什么就必须是古代的好?一切法都是佛法,科学为什么不能是呢?

(众笑)

师:在突飞猛进发展的今天,我们需要做什么呢?

学生一:需要帮助专家们把自己的心无量广大起来。

学生四:不成为一个专家,而成为一个通达无碍的禅者。

学生三:对!成为"达人"。

师:"达者同游涅槃路",西方的教育是培养专家,东方文明是养育通达无碍的达者。我们看西医,分了内科、妇科、外科、胸科等,人之病能这么分吗?外科的问题不是从内而来的吗?内科的问题不是从外表现的吗?所以,专家修行有什么好处?

众:大开眼界!

师:心门开了!就不会成为狭隘的、只看一点了。

学生八:可是许多知识分子不能理解灵性是什么,总觉得"知识改变命运"。

师：这句话是培根说的，他是英国唯物主义第一人，其实知识能改变的是收入、地位、名气，这些只是命运的一部分。人最终的命运和智慧、健康、见地、境界与修养有关，如棋手对垒，最后看的是棋手的格局，而非技巧。

佛陀曾有个最笨的弟子叫周利槃陀伽，他生于舍卫国一个婆罗门家庭，从小反应非常迟钝，什么都学不会，不会读书和写字，脑子笨到连一句话都记不得。

槃陀伽的哥哥却很聪明并且博学有礼，得到所有婆罗门教徒的喜爱。父亲去世后，哥哥出家跟随佛陀修行，槃陀伽则被认为太笨不适于出家，独自住在附近。有一天，哥哥鼓励他去求阿难尊者，接受他出家。槃陀伽说："像我这么笨的人，不敢奢望能成为殊胜的佛陀弟子啊！"

哥哥鼓励他说："在佛陀慈悲为怀的教义下，社会地位和学习能力并不重要，高贵广大的心量才是最重要的！你一样可以入门的，自己去争取吧！"

于是槃陀伽很恭敬地来到佛陀及其弟子阿难面前，请求成为佛陀的弟子。佛陀洞悉槃陀伽谦卑和纯净的心，就在给孤独园，同意阿难尊者为槃陀伽剃度。阿难收了槃陀伽后，教了他一个偈颂：诸恶莫做，众善奉行。

可是三个月过去了，可怜的槃陀伽仍然记不得这么短短的偈颂，他灰心丧气地去见阿难尊者，恳请能给他其他的教法及指示。

试了几次之后，阿难发现自己根本没法教会他，只好说："如果一个人无法学习并记忆任何事物，出家的目的是什么呢？"

说完，尊者摇摇头，请他以后自求多福吧！就让他走了。槃陀伽觉得很伤心，独自一人坐在给孤独园外发呆，一直坐到隔天，被佛陀发现了。槃陀伽哭着问佛："世尊,我究竟错在哪里？我是有什么恶业未消吧？"

佛陀告诉他："因为您曾经是一个过度骄傲的婆罗门学者,以前为了自己的利益无情地诋毁其他学者的教义,并假称自己拥有神通。所以现在要受缺乏智慧的痛苦。"

槃陀伽说："我从小就蠢笨,像我这样的笨人怎样才能摆脱这种痛苦呢？"

佛陀以偈颂回答他："宁为智者所轻,也不受幼童之赞,自知己为幼童者,宁为智者;自夸聪明者,实是幼稚笨者。"

佛陀决定亲自教他。他要槃陀伽每天打扫寺院、帮其他比丘擦拭鞋子来清除业障,同时边扫边念诵和思考两句话:"拂尘""扫垢"。佛陀要他一遍又一遍扫地同时背诵。

可是当槃陀伽开始扫寺院时,发现自己又忘了刚才佛陀教他的那两句简单的话了,幸而阿难尊者在,槃陀伽就烦请尊者在他勤劳工作时,能提醒他应该要念诵的句子。在阿难的帮助下,最后,他终于记熟了这两句简单的偈子,而且能一边扫地一边思维了。

槃陀伽每天扫地,就不断地将佛陀的教诲记在心上。到后来"拂尘""扫垢"竟变成了他的真言。普通人嘲笑他的愚笨,却也不得不感叹他的信心与勤勉。槃陀伽每天很认真地按照佛陀的交待,恭敬虔诚地扫地擦鞋。而且,他将这两句简单的偈子背熟以后,就自动开始更深一步探究它的意义。寺院的灰尘无穷无尽,他的觉观在心灵深处绽放。"尘""垢"究竟是什么意思呢？仅仅是指外在的尘、垢吗？人内在的尘、垢在哪儿？

这位最愚笨的扫地大师每时每刻、不知不觉地在扫地中禅修。一天，槃陀伽静静地在扫庙的同时自我观照，他突然领悟到："尘"是执著，而非泥尘，智者弃之；"垢"是嗔恨，而非泥垢，智者弃之；"尘垢"是无明，此外无他；智者清除此污垢与障碍，即得解脱。

槃陀伽顿悟了，原来执著、嗔和痴这三毒是轮回的根本！他打破了自我的幻象和一切迷惑的根本，从业障中拔地而起，人们惊讶地看到，愚笨的槃陀伽在那里放声大叫：看见了，我清楚地看见了！顶礼世尊！

他终于透视幻象而证得开悟，成为十六罗汉之一，后来广为弘扬佛法。人们惊叹，这么愚笨的人居然能达到崇高的心灵成就。一次，槃陀伽阿罗汉教导十二位心存疑惑的比丘尼和一大群数不清的在家人，其中一万二千人当场证得了不同层次的开悟。

又有一次，佛陀接受一位医生供养午餐，除了槃陀伽外，全部的比丘都被邀请了。但佛陀却不肯进食，而是在身旁摆了一个座位，直到槃陀伽被请来，坐到那个位子上后，佛陀才开始吃饭。佛陀说，众多弟子中，最擅于转化他人心念的，就是善良的阿罗汉槃陀伽，我们的扫地大师。

槃陀伽印证了一个不争的事实：对于内心的开发，真诚远比聪明、博学更为重要。一个人如果发了愿，坚持不懈，并得到正法教授，悟道就在某个刹那！

第二十二问
现代科学可以监测修行人的脑波变化，稳定的脑波是不是代表禅者的禅境呢

师：哈哈，这个问题比较有代表性。其实为什么会产生这种问题呢？曾有几所西方著名大学，搞过一些意识科学实验，他们在喜马拉雅雪山高处给一些有功夫的修行者做测试：为他们头上戴了测试仪，然后修者开始打坐，监测他们的脑波变化。

哇！科学家们发现，好了不起啊！打坐后，这些修行者的脑电波逐渐发生变化，有的人脑波能从疲劳和昏睡的δ波起步，有的人的脑波则是从抑郁的θ波起步，还有的人从兴奋的β波起步，不过，通过打坐，修者很快都能进入稳定的α波，通常人在没有外界刺激的情况下，α波最为明显，而当睁开眼睛，或受到其他刺激时，α波即刻消失。科学家们发现，长时间打坐的僧人，心情平静，只要一直静坐，β波、δ波或θ波就能转化成α波，这种波形最接近右脑的脑电生物节律，于是负责逻辑思考的左脑就会放松警觉性，科学认为左脑通常是潜意识思想的过滤和把关者。这时心灵更深层次的直觉、情感和创新就能发挥更大的作用。

科学家认为大脑的不同部位各司其职，有的管视觉，有的管听觉，有的管语言，有的管思考，这些区域的协调工作控制着我们的全部生命运动。哇！原来打坐这么了不起！这就是禅定……

（众笑）

师：诸如此类的实验做了不少，可能有人认为禅定就等于α波，美国的顶级大学都有生命科学研究实验室，还有科学家做过什么测试呢？就是我们称之为"拙火"的功夫。

在寒冷的北印度湖边，被检测的修行者穿着很少的衣服，然后拿个大

第肆讲

毯子放在冰冷的湖水里浸湿,接着用身体热量把毯子烘干,然后继续浸水,继续烘热。大家想,大冷天的,修行者可以用身体的热量将湿冷的毯子烘干,这是烘干机吗?

(众笑)

师:西方人不懂生命的能量,所以见到了拙火功,就感觉太不可思议了!人为什么可以不怕冷呢?为什么可以不吃不喝呢?诸如此类的实验在西方很流行,所以才会产生出今天我们要回答的这个问题。那我先问您们,大家觉得用西方科学的方法帮助您来修禅、入禅定,可能吗?

(众无对)

师:帮助的方法是外力,只能解决技术问题,例如您从来没有射过箭,然后可以戴上一个头套,两天后就变成世界冠军水平了,您们听说过这种方法吗?

(众点头)

师:无论是登山还是打仗、射箭等,现在科学都已经研究出帮助您达到目的的方法了,如果有一天您戴上这么一个头套,两天您就能背出全本《大藏经》了,您认为有助于您修行吗?

众(摇头):无助!

师:不理解的死记硬背是无助于修行成就的。快速地背下了,会更快速地忘记,记住更多的知识不会使得人因此而幸福。倒背如流不代表您能变成一个辩才无碍的大讲师,不代表您能智慧起用,更不代表您就悟道了。禅定境界不是昏迷状态,如果在外力帮助下,就不是"定"而是迷了。

用仪器帮助入定,小心得精神病！修禅是自觉发生的力量,能用外力帮助吗？西方人研究的课题,是如何通过改变人的意识让您更快地"学"会,"学会"有什么用？禅不是学会的！

您现在不是不会双盘吗？如果通过经络仪把经络打通,然后您的腿马上像面条一样柔软,可以双盘了,问题似乎解决了,是不是有助于您修行呢？

学生四:心不通,打通经络无用,几天又不通了。

学生一:双盘不等于修禅。小孩子都能双盘,瑜伽也有双盘,这和禅有什么关系？

师:心的问题不解决,光靠仪器帮助确实和修禅一点关系没有！禅无相,不是说打坐就是禅,不是说脑波平稳就等于禅定。机器能帮助您的,是加;修行能帮助您的,是什么？

众:减。

师:科学的方法难以帮您减！修先需要减掉您的所知障,结果通过各种仪器把所知障弄得更多了,能行吗？昨天讲了为什么专家们需要修禅,我们看看现在世界的问题是什么？精神和物质严重失衡,人为把精神和物质分开,知识也是物质的一部分。一会儿物质至上,一会儿精神至上,然后又去专门修精神,有脱开物质的精神吗？

众:没有。

师:物质和精神分开对待,人的精神变得越来越不正常,越来越极端,科学的越科学,宗教的越宗教,迷信的越迷信,不信的越不信,走在二分法的迷途里。不过现代西方人终于明白了:不是必须要信宗教才能成为好人。从某种意义上说,传统的关于上帝的观念已经过时了。一个人可以是精神性的,同时不信宗教,不必去教堂。对很多人来说,大自然就是教堂。纵观西方史,一些伟大的人并不信上帝,而某些臭名昭著的恶行却是以宗教之名干的。为什么物质和精神都走向极端?因为严重失衡了。

我们看看一两千年前,人的精神生活能占到生活多少比例?如果百分比的话,百分之七八十有吧?剩下百分之二三十是物质,当时如果一个人特别重视物质,这个人马上被斥为"小人"。可是现在呢?物质生活占了多少比例?现代人基本上物质化了,衡量一切的标准都物质化,还有多少精神生活?精神变成娱乐,可是娱乐不是精神,娱乐还是物质啊!人在多大程度上不依赖于物质,就有多大程度上的自由。终极的自由叫"自在"。所谓不依赖,是在生存有保障的前提下,有一种独立精神境界。

如果生存有问题,会受制于物质。而禅者为什么没有生存问题呢?因为可以不局限在凡人的物质里,不以凡人的物质为生存标准。在凡人中,没有精神目标的富人更不自由,因为他的全部心灵受制于物质,随物质的起伏而心态起伏。自由是精神生活的范畴,物质是自由的条件之一而非决定条件,物质永远不能直接带来自由,更别提自在境界。一个人,在生存基本条件能够满足之后,是物质欲望仍占上风,还是精神需求渐成主导,这是评定一个人的境界和素质的分水岭。

人不自由,皆因渴爱。《维摩诘经》中云:

"诸仁者!如此身,明智者所不怙。是身如聚沫,不可撮摩;是身如泡,不得久立;是身如焰,从渴爱生;是身如芭蕉,中无有坚;是身如幻,从颠倒起;是身如梦,为虚妄见;是身如影,从业缘现;是身如响,属诸因缘;是身如浮云,须臾变灭;是身如电,念念不住。"

希望大家能认真读、写、解、契此段。

现在有部分人开始反思了,我们要精神！西方涌现出那么多精神导师,但是他们讲的身、心、灵是有问题的,问题出在哪里？

学生三:把精神、物质分开讲了。

师(笑):那么"中国禅"讲什么？讲"终日凡夫,终日道法",禅者每天做凡夫事,却不是像凡夫一样地陷入事情,所以吃喝拉撒跟凡夫一样,但不是凡夫心,这时候做的凡夫事都是终日道法,这精神和物质是不脱开的,"极高明"的精神和"道中庸"的生活完全统一。如果身心分离来讨论,结果是什么？就是失衡！

第二十三问

可否用科学的分析检测等方法帮助修禅

师: 能用科学的方法来帮助修禅吗？

众: 不能。

师: 现在全世界人类在科技文明的社会里生存,在全世界受经济、金融影响的环境中活着,希望"一招解决所有问题",希望高效。

现代人类在精神文明建设方面和古人相比失衡,忘记了生存的意义,忘记了生命的价值,忘记了什么叫"灵性"。灵性不是聪明,不是灵魂,而是人的本来面目,这个被人忘记了。灵性修养是无法高效、复制的,一定是传统的、一对一的、个性化的修养方法。古人知道亡国还可以复国,但如果文明亡了,文化亡了,则是万劫不复了。试看古今中外的历史,文明亡了的民族、国家有没有一个能翻身的？可以说史无前例。所以对于中华文明的传承,对于中华传统的应时复兴,我们这一代人的责任太重大了,我们只要活着就绝不能让它在我们手中断送掉。

科学是有效的,但不是万能的！缺少了活泼泼的人文补充,缺乏了对宇宙万物的敬畏,缺乏了对传统精髓的理解,会跌入一个自大狂妄的陷阱里。

那么,科学家们测出来的脑波稳定的这些修行者,是不是代表他们进入禅境了？代表他们入了禅定？

（众无对）

师: 如果说因为脑波稳定就是禅境,就是禅定,说明禅境和禅定也是物质的,是可测量的！禅门的所谓入定,不是枯木死坐,不是看上去像"定"的样子,祖师们行住坐卧、语默动静、举足下足都在"定"中,方是"大定"。"定"有相吗？能说心跳呼吸变慢、脑波稳定就叫"定"吗？"定"本是出世间境界,如何能用世间物理、心理、数学去探究和检测呢？

"禅定"是禅心如花一样合拢来，但又不与外界隔绝，"自我"消融了，万物一体了，就像老母鸡抱蛋一样，如醉如痴于这个融合中，心为空极之态，能容万物，能生万法，这个极点叫"阴极"，这有什么固定的"相"可以检测吗？

（众摇头）

师：以后您们当中有人到西方讲法的时候，谈到这个问题时一定要解释清楚，数据不能代表禅境和禅定，能测的和禅无关。您可以测爱、测情、测智慧、测心吗？《维摩诘经》"弟子品"里维摩大士在树林里遇到了谁？谁在树林里禅坐啊？

众：舍利弗。

师：舍利弗多厉害啊！代表佛陀管理整个僧团，僧团好管吗？这些人个个都神通广大，可舍利弗是大弟子啊！所以什么都得管：有没有人破戒？有没有人不如法修行？管得很烦。

有一天，舍利弗处理完杂事，心潮起伏，就跑到后面的树林里打坐，入禅定了，哎！遇到了维摩大士，大士看到他在打坐，就走过来了，说："喂，您如果每天处理完烦恼事，就需要靠打坐入定调息调心来平静的话，你和凡夫没有区别！"

舍利弗打坐的时候，定力很深，连魔王都见不到他，进入一种空性了，所以魔不见，但是人能见，为什么啊？

学生八：人见的是人相。

师:可是一起身,就没用了。所以维摩大士讲:你这有什么用呢？你根本不明白什么叫"宴坐"！于是教育了他一通:"夫宴坐者,不于三界现身意,是为宴坐。不起灭定而现诸威仪,是为宴坐。不舍道法而现凡夫事,是为宴坐。心不住内亦不在外,是为宴坐。于诸见不动而修行三十七品,是为宴坐。不断烦恼而入涅槃,是为宴坐。若能如是坐者,佛所印可。"舍利弗,你这么有分别心,修行还差得远哪！

《坛经》第七品中,提到一位五祖的弟子禅者智隍,自称已得正受,庵居长坐修行"不倒单"功夫有二十年。一日六祖弟子玄策禅师,闻隍之名,前来造访,问他在此作什么。

隍曰:"入定。"

策云:"你说入定,为有心入？无心入？若无心入,一切无情草木瓦石,应合得定。若有心入者,一切有情含识之流,亦应得定。"

隍答:"我正入定时,不见有有无之心。"

策云:"不见有有无之心,即是常定,何有出入？若有出入,即非大定。"

几句话说得智隍语塞,良久,问玄策:"您师父是谁？"策云:"曹溪六祖。"隍好奇:"六祖以何为禅定？"

策云:"我师所说,妙湛圆寂,体用如如,五阴本空,六尘非有,不出不入,不定不乱。禅性无住,离住禅寂。禅性无生,离生禅想。心如虚空,亦无虚空之量。"

智隍闻是说,于是径来曹溪谒六祖。师问云:"仁者何来？"隍具述前缘。师云:"玄策说得对！汝但心如虚空,不著空见,应用无碍,动静无心,凡圣情忘,能所俱泯,性相如如,无不定时也。"

隍于是大悟,哎呀!白坐了二十年!

曹溪得道后,智隍禅师复归河北,法席大开,四众归服。

您们说无论是舍利弗还是智隍禅师,他们原来的功夫了不起吗?

(众点头)

师:所以修行不在于是否精进,而在于是否得法!如果不得正法,修行越深入越讨厌红尘,讨厌事儿,越偏执,越来越想自己一个人待着,这样的修行对社会有什么利益呢?对人类有什么帮助呢?再修也是自私自利的一个人,自己舒服了,别人都是臭人,越修越二、越极端化!

所以脑波变化和禅无关,心如何境界不是可以用仪器检测出来的,禅心是出世间的,无边、无际、无量的,虚空一样的,怎么可能用脑波来代表?由影子能观人吗?影子是有角度的,可是真正的禅心是没角度的,是一个圆,您能从一个点,看到圆的起、始、前、后吗?所以一个人坐在那里,只表面上看很安静,心里想什么谁能知道?所以不是坐在那时间久就是入禅定了,禅定的境界是"无相"的,是不是在定中,自己知道,悟道的人也能感应得到,凡夫是看不出来的,用仪器测也是测不出来的。

西方人不懂东方的修行,总想以物质来研究精神,以佛法攀附科学,希望成为类似科学的信仰,这种思维方式本身就是本末倒置。科学的终极是数字化,可是现在都到量子力学了,到弦理论了,已经往"空"里走了,唯物主义已经解释不了"物质"是什么了!这世界是物理的吗?是心理的吗?是物理加心理的吗?

近百年来,从新文化运动开始,比附科学已成时尚,科学被建构为信仰,执行为信仰。佛法能够被科学解释吗?佛陀、六祖是科学家、哲学家吗?我们四处能见这种呓语。

信仰、禅法、佛法与物理学、生物学、化学、心理学、意识学等能等同吗?包括现在流行的黑洞理论也只是假说,没有定论,宇宙一定是从大爆炸开始的吗?宇宙的始终用现代科学解释得清楚吗?学人千万不要将信将疑地用现代科学去解释佛法、禅法,这样做源于不自信、心不诚!佛法、禅法是不可思议之法,必须用心体悟,不在数据分析上。所以修者千万不要盲从,也不能过度友善。盲从和过度友善都是心理病。

盲从大家都知道是病,而过度的友善更是,病根在企图取悦别人,害怕被拒绝,因为拒绝别人是件伤面子的事。过度友善的人,就是所谓的好人,把面子看得比天还大,这是源于内心的弱小。害怕让别人失望、瞧不起、误解,根本上也是一种自卑。一个不懂拒绝的人,也不可能赢得真正的尊重。人为什么喜欢面子?因为自卑,自卑的人才需要别人认可,才抱怨。

孟子云:"有不虞之誉,有求全之毁。"世人都在毁誉里起伏打转。为了保全名利,弄得自己形体、精神都疲惫不堪,成天死要面子活受罪。一旦被名利绑住,谁都是可怜人,就不能随心所欲做事了,已经给自己脖子上套了绳子吊起来的人,谈什么自由和独立呢?

禅是超越时空、超越科学的,科学是在时空范围内研究的学问,所以拿时空范围内的东西,来研究出世间,拿科学来证明佛法,这是颠倒了。

禅间 第伍讲

禅者颂

忘机

鸟道路,云中窟。

音观音,互回互。

水中月,普门现。

忘机时,一念悟。

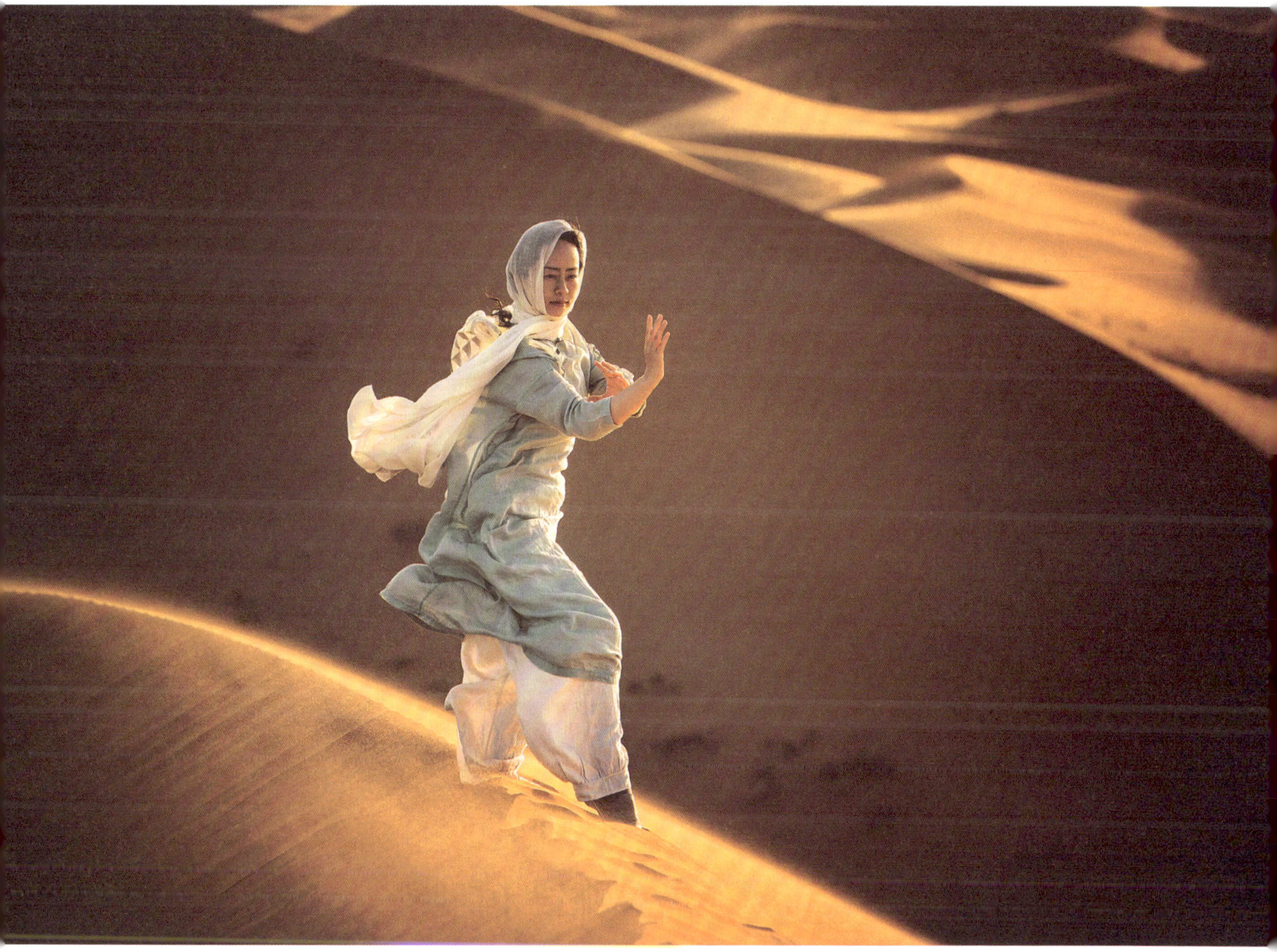

第二十四问
进入修禅和赚钱矛盾吗

师：这个问题，大家说怎么回答？

学生三：不矛盾。

学生四：既矛盾又不矛盾。

师：不是爱说结论，就是玩"文字禅"。"文字禅"，您们玩得过夹山禅师吗？我多次在书里写过船子与夹山师徒两人的经历吧，有没有人可以讲讲？

学生十：好像船子禅师投水了。

师：船子禅师那叫舍身示法！不是投水自杀。船子禅师传法后的无畏气概和洒脱自在，是寻常人能思量得的吗？他那狮子吼的回响千年来声声不绝，什么时候，您们亦能作狮子吼、电闪雷鸣般震醒梦中人？

船子禅师是药山惟俨禅师的法嗣，他跟随师父参禅三十年，得药山禅师真传，药山禅师曾对他说："你以后上无片瓦，下无锥地，大阐吾宗。"

药山禅师圆寂后，船子禅师、道吾禅师和云岩禅师师兄弟三人下山，船子禅师对两位说："将来师兄们应各据一方，弘扬药山宗旨。我率性疏野，唯好山水，今后请师兄们为我寻一人来，我将平生所得，传授给他，以报先师恩德。"

于是他从药山出发，渡洞庭、鄱阳、涉长江、钱塘，一路东行，到了朱泾才停下来。他在此终日驾一叶扁舟，出没在烟波芦苇间，随缘度日。说到这里，我不禁想起我常常唱念的一首禅诗，乃宋朝时杭州灵隐寺慧远禅师所书，极符合船子禅师的状态："来往烟波十年，自号西湖长。秋风五两，吹出芦花港。得意高歌，夜静声初朗。无人赏，自家拍掌，唱彻千山响。"

第伍讲

船子禅师孤身一人,一晃又过了近三十年,一直到七十多岁,拜托两位师兄寻觅的可度化之人还是没来。但船子禅师相信,这个人一定会出现。

果然,答应了为船子找传人的道吾禅师,听说了到京口鹤林寺住持夹山禅师的大名,于是亲来观夹山上堂。

当时的夹山已熟读了三藏十二部的所有经典,文才、口才都属于第一流的禅师了。由于讲经讲得特别好,声名远播。这天,他上堂说法,结束后,坐在最后排的道吾禅师一声冷笑,夹山禅师听到后,立即下了法床走过来说:"请问是您在笑吗?我讲的法有不对之处吗?"

道吾问:"如何是法身?"

夹山答:"法身无相。"

又问:"如何是法眼?"

夹山答:"法眼无瑕。"

道吾禅师更忍不住嗤嗤笑出声来,夹山心想,他笑肯定有他笑的道理,于是夹山顶礼,十分谦逊地问:"我的回答必定有不对的地方,才让法师失笑,望法师不吝慈悲指教。"

道吾见夹山很谦虚,于是说:"你说的,对是对,可惜不是你自己的。"

夹山其实心里也非常清楚,他所讲的经全部是在照本宣科,自己禅路上似乎走得很熟,但是在说"教",不是说"禅"。于是再次诚恳顶礼,请求点拨。

道吾禅师说:"我不是您师父,您师父在前边渡口撑船,自己去找他吧!"

夹山禅师于是就开始寻师,终于找到了在渡口撑船的船子禅师。船子虽等了三十年,但一见夹山到来,便马上知道是师兄们送人来了,开口第一句便问:"大德住什么寺?"

夹山答:"寺即不住。住即不似。"

问:"不似,似个甚么?"

答:"不是目前法。"

问:"甚么学得来?"

答:"非耳目之所到。"

船子禅师于是说:"一句合头语,万劫系驴橛。"看到夹山尚未反应过来,又追问:"垂丝千尺,意在深潭。离钩三寸,子何不道?"

夹山刚准备开口,被船子一桨打落水中。夹山手忙脚乱才从水里探头吸气,船子用撑杆抵着他,云:"道！道！"

夹山吸气完刚准备开口答话,船子又举杆把他按下水,此时的夹山哪里还有心思玩文字禅,大脑一片空白,夹山豁然大悟,乃点头三下。船子接着说:"丝悬渌水,浮定有无之意。"

夹山终于说道:"语带玄而无路,舌头谈而不谈。"

船子叹道:"钓尽江波,金鳞始遇。"

夹山乃掩耳不听,船子道:"如是,如是。"

于是上岸,船子嘱咐他:"汝向去直须藏身处没踪迹,没踪迹处莫藏身。吾三十年在药山,只明断斯事。汝今既得,他后莫住城隍聚落,但向深山里头边,觅一个半个接续,无令断绝。"

夹山于是辞别师父,但一步三回头,频频回顾。船子禅师见状,知道他

第伍讲

还是没有全信"禅"就是如此简单,于是竖起桡子曰:"汝将谓别有?乃覆船入水而逝。"

什么意思?认为我还有秘密不传给你啊?为了绝他的疑虑,自己把船给弄翻了,表示无其他,坚定弟子的信心。

后人评述这一段对偈是:其讯机峻令,电走风飞,破执荡情,一发无贷。末后一句,命若悬丝,踏破虚空,有谁敢拟?为人痛快未有如是之作者!

船子与夹山的佳话为禅者敬仰,自唐至清纷纷前来朱泾寻觅船子遗迹的千年不绝。近年学者们在敦煌石窟中发现的船子禅师的《拨船歌》,如今已成为研究唐代文学、佛学的重要文献。怎么样,故事听完了,"文字禅"会得么?

众:不会!

师:那么,再会!(师起身做离状。)

(众笑)

师:夹山禅师听师父的话,闭关二十年参禅,之后,他再次遇见师叔道吾。

道吾禅师又问:"如何是法身?"

夹山答:"法身无相。"

再问:"如何是法眼?"

答:"法眼无瑕!"

道吾听完哈哈哈哈大笑而去!为什么?

学生一:前一番是"文字禅",这一番是见性所言。悟了道的禅师能善分别出来。

师：同样一句话，背出来的说教和见了性所说的禅话，完全不同！那回到本题，赚钱和修禅有什么"矛盾""不矛盾"呢？如果不脱离禅的根本就不矛盾，如果以赚钱为目的包装"禅文化"，就矛盾。

什么是"矛盾"呢？没有"矛"，"盾"的价值何在？没有"盾"，何以显示"矛"的锋利？"矛盾"的存在与被发现就是让人体会"不二"的。此岸、彼岸中间还有条河，生、死中间还有个过程叫人生，矛和盾之间是修行的过程。表面看来，商业对利润的最大化追求、人际关系的八面玲珑、手腕心机的锱铢必较，与禅修对心灵的磨砺背道而驰，可在禅者心里这二者不仅不矛盾，反而能够相辅相成。

日本"经营之神"松下幸之助、缔造两个世界500强公司的稻盛和夫参禅的经历大家都不陌生。松下认为，企业经营也能通过超越物力追求的价值观来凝聚人心，一样能产生强大的生产力。稻盛和夫说："我之所以皈依禅，因为禅特别重视心性磨炼，心浮气躁的人感觉步履维艰的事情，在心灵宁静的人那里，可以气定神闲，更能看清事物的本质。"他之所以能将KDDI在京瓷之后带入世界500强，因为在创办KDDI之前他连续三个月每天质问自己的动机，直至确信自己没有私心杂念，才看清了被竞争对手的私欲和势力所遮盖的商业真相。禅法不仅在信仰层面增强他们心性的修持，更在企业管理方面起到了不可替代的启发作用。乔布斯当年也想剃头出家，师父说，禅是"不二"之法，商业与修行"不二"。

故此，从政、经商、念经、转山、美容、做饭、种地，和修禅矛盾吗？分出

第伍讲

了"二"见,什么都有矛盾,什么都会冲突,以"不二"心修行,会发现,自己的妄想才是矛盾!

（众笑）

师:其实不是赚钱和修禅矛不矛盾的问题,而是赚钱之后做什么。要记得回向,回向即"圆相"。如果赚了钱,自私自利,只知道为了自己家族利益,那修禅能帮助您幸福吗？人类比蝼蚁更高明吗？蚂蚁不会因为拾到的谷粒丢了,就痛苦,而人类会。

如果人类的聪明没有智慧指引,一切都会带来副作用。智慧,是需要修行证得的,人生最大的危险是无知的好心及固执的愚蠢。如果搞不清楚人和自然、社会、自己内心的关系时,就会愚痴地认为钱是自己赚来的,觉得没有义务一定要回向社会,贪心一起,人就迷了。

宗教的原意是"博爱",但禅门不讲"爱",说的是"有情世界"。菩萨是最"有情"的。什么叫"爱"？"爱"分三个层次:欲、爱、情。

欲,欲是男女之欲。欲望、色欲、食欲等,皆以占有为目的。占有了就感觉快乐,而"欲"净化了叫"爱"。爱可以是亲人之间、友人之间,但爱的特点是有特定对象的,所以是相对的,我喜欢你,你和我有血缘关系,你和我亲密,所以我爱你但我不爱他。

菩萨来到人间并不是因为贪爱,而是为了慈悲众生,为了让众生舍弃贪爱,而菩萨投胎的时候,又必须假借贪欲的作用而入胎。慈悲不是爱,而是"有情"！把小我的贪欲、欢爱扩大到了一切众生时,无分别相对时,就是慈悲,慈悲乃菩萨之累,因为慈悲所以菩萨不成佛。雍正皇帝赞观世音菩萨的偈子曰："三十二应现全身,拯救众生出苦津,砒霜当作醍醐用,翻将觉海作红尘。"

信息量越丰富、知识越多的人,越难修成!为什么呢?主观成见太多!大乘佛法的重点,修禅顿悟的秘密都是在"自他无碍"这里,菩萨的唯一动机是大慈大悲救人救世,大悲心也叫大菩提心,修大乘道的第一动机是发大悲心,没有救人救世的悲愿而来学佛,那是自私自利,修不成的。

大悲心不同于做好事,"菩萨唯以大悲方便,入诸世间"。"大悲方便"是需要智慧的,方便起用,不要以为慈眉善目才是菩萨道,金刚怒目同样也是慈悲。禅者是以"大悲方便"入世,而非厌世、出世、离世。不过菩萨入世是不拘形式、没有一定形象的,所以也不一定非以佛菩萨相来弘法,而是示现种种形、相。

"有情"是禅者修禅成就的大密法,先发愿再起行,为了利他而超越自我,发起无缘之慈、感受同体之悲,此谓清净大愿,大悲大愿,或者大行大愿。菩萨道有"慈、悲、喜、舍"四大行愿,又叫"四摄法",一切修禅的秘诀、方向都在这里。这是菩萨用"情"的方法,对象呢?当然是对一切众生,没有特定对象,无分别。普门示现利益一切众生的时候叫"有情"。

菩萨有情,普爱众生,普门示现,是有方向的、有智慧的,此方向为"向上一路"、拔苦脱坠的过程,而凡夫爱他人,只是为了把人留在自己身边,为了自己的私欲。执著太重者,把自己的整个快乐都依附于他人,对孩子、亲人、事业、名利,莫不如是,故名为"爱"实为"私",表面上为了"爱"可以忽略"自己",看上去"无私"及"忘我",实际上都还是"私欲"在作怪,多少人就被这个不明所以的"爱"所伤。

学生一:"爱"和"情"最关键的区别在哪里呢?

师:"爱"是我爱你的时候,一切都好,不爱的时候,本来好的也不好了,"爱"是一种情绪化的、有特定对象、有条件的情感体现。可"情"不是,"情"是能包容:自己的孩子做了不好的事情,您会不会包容他呢? 会不会因为孩子犯错了,就不爱了呢? 对一切众生都是这样的心,即使他们做了什么不好的事情,当然犯法会有法律制裁,而您却没有抛弃他,这是"有情"。

人在社会里生存,就要跟着规则走,犯了罪的就按照规则处理,法律是公正、公平的,如果万一存在不公正、不公平的现象,我们会为您去争取。但如果是您违反了规则,就要付出相应的代价,尽管付出代价,我们也没有抛弃你。佛法、禅法里不以死、不以判决为终结,一切都是"圆",圆有起落吗? 有终结吗? 有生灭吗?

众:没有!

师:因为认为有终结才会肆无忌惮、得过且过、现实主义、及时行乐,这不是活在当下。之所以有人认为未来是确定的,是有终点的,是因为此人的世界观是固化的。有固化的思维方式和世界观的人,总是沿循同一条线路行进,并坚信世界理当如此。反过来说,人思维固化的程度有多高,就会认为这世界固化程度有多高。但因为这世界是刹那变化的,那些固化的大脑,都会因自以为是付出惨重的代价。这些人,会以为"刻舟"可以"求剑","削足"能够"适履",用自己可笑的、固化的观念理解不断变化的世界,当然念念是妄想。每天忙碌却做着大量的无用功,这种生存现状,就只有一天天走向衰老灭亡。这些人是在侥幸中生活,当困难来临,就会自怨自艾,憎恨逃避,仿佛谁都对不起自己。可是,越固执的人,越喜欢把自己的观念推广。只因为这些人心不安,需要找同类,以证明自己。

(众点头)

师:修行和赚钱矛盾不矛盾? 首先赚钱后要考虑如何回向,如果不知回向,就好比只知道"进",不知道"出",这个"进"就一定是给您带来痛苦。例如钱越多,思虑就越多,投资越多,投资对不对都是杂念,钱怎么分是烦恼;可当您知道怎么回向时,钱再多都不会影响心情。什么叫"普皆回向"? 念念不离自性,理念很清晰,无为而无不为,念念普皆回向,念念跟大道相应。

"普皆回向"也可以说在校正我们的心态,由小心量扩大您的心量至无边无际。普皆回向是智慧,有这样的悲愿,也是您修法的保障,使修法修得更有力量。如果您的人生是"普皆回向"的人生方式,您说您走到哪里没有朋友? 遇到困难时谁都愿意帮助您,不仅是人,灵狗、灵鸟救人的事迹还少吗? 一切众生会用自己的方式帮助您。这种力量哪里来的?

众:修来的。

师:您积功德积来的! 不是修福德能修来的。您积累的功德,时时刻刻都在影响您,可能是一个灵感,可能是一个机会,可能是一个缘分,只是您不知道而已,大家觉得这种功德的能量大不大呢?

众:大。

师:凡是功德就一定无量,反过来说,凡不是功德就一定有量。这就是为什么我天天要跟大家说要广行法布施,法布施是最大的功德。什么是有功德的布施?

慈悲布施功德的基础必建立在"三轮体空"之上,即没有布施的我,没有受布施的对象,中间也没有可布施的财、法、事,一切不留,无可记忆,这是普皆回向。布施时带着傲慢心、显示心或者算计心、求回报心等自私自利心时,这就不是功德了。所以,能念念不离自性,时刻都是正大光明、清净光明,此时方为功德圆满。"法"如流水,"法相"应机无常变化;而"法性"永恒不变。修行佛法的一切善知识,诸佛、菩萨都需常以法财而行布施,注意这个"常"字,是无时无刻,睡醒时、睡梦中都需行法布施。

学生八:我们爱给大家唱颂是不是功德?

师:当然是!清净法音是功德。声音是空气振动,当频率跟人三魂七魄的频率接近时,人就会感动愉悦。人声的频率都很接近,但大修行者能量足,其唱颂频率比普通人更高,就会带动您的振动频率往高处走,在自己平常无法达到的高度,体验一种被动共振,这就是观音法门的神奇。因此,能现场闻听唱颂,是身心灵性的大洗涤,是对心灵的按摩。健康人生会被生机勃勃的音声感召,反之,病人不爱听活力四射的音声,病人爱听靡靡之音。所以您们常为人唱颂,是大功德。

学生九:我们在这里听老师唱颂,和听录音感觉大不同。

师:这是气场的作用。人的观念、信仰、环境、朋友、呼吸、饮食、欲望、静息与睡眠等都会影响气场,反过来,这些气场也会影响人的运气和命运。如果一个气场是活跃的、积极向上的、阳气十足的,那么自然对修者有

禅问
314

大帮助,帮您消除毒气,转化身心。所以为什么同样的事情,在道场做和在自己家里做能量不同?

时刻加强自己的能量场,需要培养和巩固自己的愿力。人体的能量场是一个很敏感的信息场,无时无刻不在与外界的信息、能量进行交换。所以,修行没有成就时,不能乱去气场杂乱的地方。

您需要不断提高自净化能力,人的能量在于"化",自化和化他,"自化"是自利,"他化"是利他。生命中如果"化"的能量不强,就是被动的、消极的、僵固的、衰老的。修养到了,学养深厚时,生命体内自净化能量自强。

人常误以为许多看过的书都忘了,修行过去了就成了过眼烟云,其实仍是在的,熏在种子里,化于无形间。修养显现在人气质、谈吐和生活的智慧里,或在胸襟的无涯,方方面面,都会显露出来。

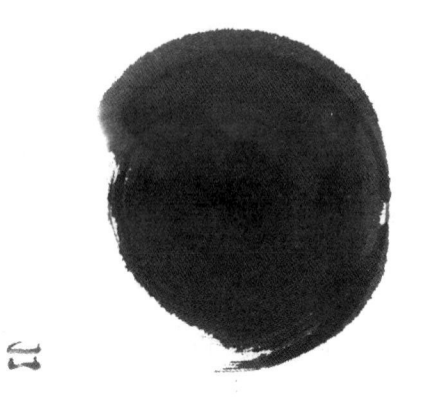

第二十五问
怎么样去除攀比心、嫉妒心、贪心

（师行"莲花导引"三遍。众随。有的学生配合不上呼吸）

师："莲花导引"是"中国禅"修养之"莲花太极"中的辅助运气功夫,可您们只注意姿势,不注意引导动作的发动机在腹部,腹部吸气发动"机",由气带着身体动,不是由手臂、脖子带着动。可以说姿势是最不重要的,不懂运气便是手臂保健操了。

（众笑）

师：今天的问题和大家日常紧密相关,您们说怎样去除这三心?

学生八："平常心是道,本分事接人。"

师：这我也会背。

（众笑）

师：谁能跟我讲讲除了大道理之外的话?

（众无对）

师：攀比心、嫉妒心、贪心能去除吗? 念能去念吗? 欲能去欲吗? 心能静心吗? 火能灭火吗? 水能灭水吗?

众：不能。

师：既然不能,为什么要去除攀比心、嫉妒心、贪心? 菩萨有情度人也是欲啊!

学生三：应该叫"转化"。

师：寒山禅师有一偈云:我见世间人,个个争意气。一朝忽然死,只得一片地。阔三尺,长二丈。你若会出来争意气,我与你立碑记。

（众默）

师：心是无法被人为去除的，唯有"化"！"化"是影响力，不是暴力！

（众笑）

师：怎么"化"？不知道怎么"化"而讲"化"还是大道理啊，大道理对生命一点用没有，知道的越多越是障道因缘。知而不行不如不知！所知成障，就叫"所知障"，障有二：一为所知障，一为烦恼障，烦恼障是妄想、情绪所生，所知障是记忆所生。

为什么知识能障到你呢？就因为知而不行！"坐而论道易，起而行之难"，你懂了怎么双盘的道理，等于会双盘吗？懂了那么多游泳的道理，不跳下水，会游泳吗？所以那些谈佛论禅的人，如果不实修，懂得那么多知识有什么用呢？到饭店，难道看看菜谱，肚子就饱啦？

（众笑）

师：这三个心，也叫"五毒"，如何转化人性中"贪、嗔、痴、慢、疑"这"五毒"呢？注意这个"疑"，是小见狐疑的疑，"疑"什么啊？疑我自己的身体怎么样啊、疑修行会不会影响个人的利益，对名气有什么妨碍之类的，一切和"自我"相关的疑都是"小疑"，一切和生命本源相关的疑才是"大疑"。

什么叫和生命本源相关的？为照见生命实相而发起的疑。我是谁？谁是我？宇宙是什么？人生是什么？为什么来到这个世界等等，与自我得失无关的"疑"，才是禅的大疑大悟！生命相关的疑一出来了，您就开始不关心个人得、失，而亲近"道"的方向了。

一切烦恼，本质是自寻烦恼，皆出于渴爱，心若自在，则烦恼自消。物必先腐而后虫生，人必先疑而后谗入。烦恼不单是痛苦，人做一件事感觉快乐时,这快乐是烦恼,只是凡人不觉,"以为"快乐。同样您觉得舒服时,这"舒服"也是烦恼。为什么?因为快乐、舒服有生灭,生起时曰快乐、舒服,灭时就是烦恼。一切扰乱人心的叫"烦",困惑人心的叫"恼"。烦恼就是不清净,心被感觉迷惑,凡人贪"快乐",迷惑的修人贪"苦修",其实一样!世间的一切事发于"业力",不被自己带动的"业"全部是烦恼……

有些迷人说:一切我都放下了,我只修禅呢?依然是烦恼!为什么?因为贪禅的智慧、神通、能量,这是习气使然。唯有真正能离一切习气,才能得菩提。烦恼是水,禅心是荷叶,它们紧密相连,但仍然能彼此独立。

得菩提者从不逃避,善法来时,它觉知;恶法来时,它也觉知。无论苦乐或好恶,心都清清楚楚地独立觉知,觉知每一个缘起发生、因果法则。但是它只是觉知而已,不会被渗透、被影响,换言之,不会贪求与执著于各种事物及境界。一切烦恼、妄想都是从"五毒"出来的,"五毒"中最核心的"毒",您们知道是哪一个啊?

学生九:"痴"!

师:"痴",就是"无明"。人为什么会贪?因为痴!不痴不会贪,"痴"是因为根本搞不清楚本末,搞不清楚生命是什么,人究竟为什么活,生命为什么存在,社会是什么,意义是什么,幸福是什么。好,我来考考,谁回答一下,"幸福"是什么?

学生八:幸福就是心理的满足。

学生九:有一份称心的工作,有一个爱的人,有一个健康的身体。

学生一:心无挂碍。

师：哈哈！平时少看一些"鸡汤"就不"痴"了！

幸福是一种合成物！不是虚无缥缈的，它有它的成分结构，通常情况下：第一，人能有所作为，并能利益他人；第二，人能常怀感恩，敬畏天地众生，彼此尊重不妨碍；第三，人能不被自我及他人束缚，心自在逍遥，身无痛无患。这三个基本点是构成幸福的要素，三者缺一不可，并且此三者互为关联。人有所作为是指"行为"利他；人常怀感恩，尊重一切众生是指"心情"利他；最后是自己身心自在逍遥，无痛无患，此三者彼此相因，彼此为果。

学生九：啊？我真是"痴"啊！以后再不读鸡汤、格言了。

师：人的幸福，和什么相关？和生命本质相关，和灵性相关，和利他相关，就像妈妈养育孩子，孩子的出生已经为妈妈带来了为人母的幸福，带来被人需要的满足，带来抚育生命的责任等等，这些幸福是生命延续的动力，而不是"养儿防老"，这种心态是交换。

母性之所以伟大，是因为这种德性叫"玄德"。《老子》云："生而不有，为而不恃，长而不宰，是谓玄德。"王弼注："凡言玄德，皆有德而不知其主，出乎幽冥。"孔子云："玄谓幽潜，潜行道德。"

母亲本从养育孩子中得到了为人母的幸福感，但如果贪心一起，想要索取时，便是失德。动物不贪，所以孩子一大，便让孩子独立，不会索取任何回报，养育生命本是生命传承的自然过程，不是谁赐予谁的恩典，如果带着恩典的心，就是贪。您抚养了一个生命，另一个生命回报您了幸福感，彼此感恩，带着这种心，双方都没有约束，都在幸福中彼此感恩。

不明真相，痴心不改，才会想：孩子是自己的私有物，要越来越多地占有孩子的私生活，要孩子继承自己的想法、事业、抱负，要孩子延续自己的血脉，赶紧也生孩子……把自己没有能力做到的，全部强加于孩子，最后搞得大家痛苦。"孝"是自然的果，是发自孩子内心的反哺心，不是可以用物质衡量的，也不是强求来的！

作为父母，您们养育了一个生命，最幸福的是什么？是看到这个生命自主、自觉、自力、智慧地生活，还是希望这个生命变成您的司机、保姆、秘书，或者永远长不大，能让您永远像老母鸡一样护着？

凡是阻碍生命独立的行为就是伤害，就是杀生！而大多数父母为了自己的所谓"幸福"，自私地阻碍生命的独立成长，这是为什么呢？因为搞不懂什么是养育的实相，搞不懂生命如何延续，搞不懂什么是幸福，搞不懂应该如何幸福。

学生三：啊？老师这不是在说我吗？愚痴是大患啊！我还抱怨孩子怎么这么懒，其实都是我溺爱所致啊！

师：贪爱之心，使得人希望自己被需要和依赖，希望孩子不要那么快长大，这就是杀生！贪心产生于自私，表面上爱，实际上害！并且打着爱的名义实害是最防不可防、防无可防的！这即是杀人不见血的刀！每一位父母都要自我反思，您真的爱孩子吗？真的懂尊重生命吗？尊重，就要帮助孩子独立！堂堂正正立于天地间！不要再当老母鸡了！留钱留房子，做什么？孩子有能力，要您的钱干嘛？孩子没能力，您的钱能干嘛？

（众笑）

师：嗔心怎么来的？贪不到便生嗔！误以为本是"我"的，没有得到预期的"回报"所以才会生出嗔恨,嗔心出来重则发怒,轻则抱怨,这种心带着,人能清净吗?仿佛全世界都欠了自己的!

那么,"慢"又是怎么生出来的呢? 表面上贪到了,误以为就是"我"的,心理产生错位,自以为聪明、了不起、高人一等,自以为有财、有才、有地位,因"有"引起"慢心",不知是"假"故生"慢"。大家看到没? 贪、嗔、慢、疑都是从痴心出来的,为什么呢? 因为无智故,认假作真,认贼作父!

所以"五毒"怎么转化?

众:增长智慧!

师:如何增长智慧?

学生四:远离损友,多亲近善知识,亲近善友,亲近善法。

学生五:不偷懒,勤修炼!

学生十一:念念都不忘禅的根本。

师:哈哈,这些可是您们自己说的! 做没做到自己知道!

学生二:有名师在! 常来听法,一定能增长智慧!

师:祖师们从没讲过自己是"名师"!"名"是"慢"啊! 执著在"名"里必生"慢心"! 哎呀,我那么有名,学生们为什么不尊敬我? 为什么一场演讲费才给我XX万? 比某某少? 那不行! 嗔心就引发出来了!"名"是最难去除的障道因缘。因为有"名"了,就难去"名",就想着保持自己的"名",故,禅门称"明师"。

"明"和"暗"是相对的,"暗"是"日"加"音","日"指的是"时时刻刻",时时刻刻用"心音"提醒自己要自戒、自律、自重、自尊,这叫"暗"。"暗"是潜心,是慎独,是抱朴,是守拙,是知心,是时时刻刻反求诸己。反求什么?孔子曰:视思明,听思聪,色思温,貌思恭,言思忠,事思敬,疑思问,忿思难,见得思义!这些都是自己对自己的要求,不是说给别人的,故曰"暗",由此"暗"而对应"明"!这和那些风光无限、看上去如日中天的"名师"一样吗?"名"未必"明","名"则妨"明",您说,您想找"名师"还是"明师"?

学生二:当然是"明师"啦!

师:修行能帮助人转化"五毒",一切的修法都是对治法。例如修者给佛像磕头,本意是为什么呀?

学生一:去除慢心。

师:每次俯身下去的时候在去除慢心,可是不是去除慢心只有一个方法呢?

学生一:方法多得是。

师:一切的修法是方便法,用来对治"五毒"的。所以没有什么定法!法是不断变化的,因学人状态、境界不同而变化,一定下来,就是死法,禅门的修行本是学人执著什么,便破什么!所以,如果图省事,什么固定了好学,带着这种心的人,是禅的门外汉!

学生三:有人说,嫉妒心用好了,可以让自己进步呢。

师:人之所以嫉妒别人,就是因为自己还没有真的追求上进,又眼红别人超过自己,希望最好大家都成矮子。嫉妒心啊,是平庸的人对于卓越才能的反感,是把双刃剑。

(众点头)

第伍讲

师：凡您执著的，都是您的障！智慧的人，发现自己执著什么时，就会放下。当内心不执著时可以再拿起来，因为没有执著，所以什么都不会是自己的束缚，拿起和放下对您来说并无分别时，才能无为而无不为。

"拿起"和"放下"本质有什么不同呢？"生"和"死"有什么不同呢？"来"和"去"有什么不同呢？执著在现象上，才觉得有不同。大音希声，宇宙中真的无声吗？您听不见而已嘛！和自性契合的人，当下那一刻无数声、无数光、无数量、无数智慧，哪一样不同时俱在呢？因为您感受不到，才有分别。其实用感受，感受能感受到全部吗？佛法里说，"受"是"惑"，为什么？因为有局限，一切有局限的都是惑，无惑是没有局限。

"惑"怎么写的？"或"加"心"，也就是心理忽上忽下的，比来比去，患得患失，怀疑来怀疑去，一会儿信一会儿不信，一会儿好一会儿不好，这都是"或""心"哪！都是"惑"啊！

见了性的人会感觉今天这个师父好，明天那个师父也不错，会感觉今天这个说得对，明天那个也有理吗？其实师、法本无高低，对机便好。因为不自信，才会货比三家、见异思迁。关键是不相信自己的眼光和选择，才会忽上忽下，忽信忽不信。您在用脑子里的妄想为标准要求，所以，凡您听的皆为自己想听的，您要找的也是另一个自己，这不就是活在梦中吗？天天在和自己的妄想游戏还不知道，所以叫"惑"。

《涅槃经》中曾说："有信无解，增长无明；有解无信，增长邪见。"一个人光有信心，却无智慧，这种信心就是迷信，只能徒增自己的无明愚痴；光有智慧，却无信心，这种智慧会成为自己傲慢的资本，最终只能增长无边的邪见。所以,信心与智慧犹如人的双足,缺少一个的话,在证道路上都走不了多远。

"五毒"怎么转化?第一步要知错,知道这是贪心,知道这是习气,从知道开始产生惭愧心,惭愧心起了您才开始坚定修行的决心。知道错了才能回头,所以叫"回头是岸",为什么要"回头"是岸?"回"是返,是圆,"不生不灭"的是佛性、本性、自性。世人在无明中,对于自我的妄想与执著都不知、不见、不觉、不悟,借着禅之光明才能体会一时、一点。但这光明是用来点亮内心的,不是让我们把别人的问题看得更清楚以后起分别心的,欲改变别人之前,先照照自己的问题。

"五毒"能否自净化?当我们的智慧与慈悲具足了,看到他人的烦恼只会更生悲心。如蜂采蜜,只取其蜜。如果把自己的成长放在首位,那么听到别人能指出自己的问题就会如获至宝,闻过则喜,因为非我者师,及时发现自己问题才是关键,而在意别人说话的态度,不过在意自己的面子,保护自己的执著罢了。

无明,所以愚痴,活在"我觉得""我以为"里,自以为是,分别、评判,颠倒妄想。一切的悟性从哪里出啊?从不想沉迷开始!

(众鼓掌)

师:发愤图强,知道没有觉悟的生命活得太窝囊了,我怎么能活得这么不明不白呢?怎么可以哪里错了也不知道呢?怎么可能究竟什么是幸福也不知道呢?为什么?为什么……总之我不想再沉迷了!要觉醒!要觉悟!从这个时候您开始发愿!

第伍讲

祖师们怎么样觉悟的？都是从不想沉迷开始啊！觉悟不从时间中来，觉悟从悟性苏醒中来，是人本有的，否则就如煮沙，煮上一万年，沙还是沙，煮不成饭，因为沙非饭本。

当您发愿不想沉迷时，便开始了反思，"心念一闪，震动十方"，灵性开始复苏，开始回光返照，看自己问题了。菩萨和凡夫什么区别？凡夫一出问题都是想：我该怎么办？菩萨一碰到事情总想着：我该怎么去帮他？这是菩萨心。

所以，怎么样转化"贪、嗔、痴、慢、疑"？关键是您先了解我错在哪里。知道自己错了，才有办法去改。连自己错都不承认，还怎么转化？第一步先忏悔自己的过失，"苟日新，日日新，又日新"，也就是颜回的"不二过"。而对治计较、怨恨、习惯挑人过失的办法就是"观功念恩，生惭愧想"。

六祖在《坛经》上讲"忏悔"，"忏"是知过去之罪，"悔"是未来永不再犯。如果有人屡犯不改，却口口声声讲忏悔，那是自欺欺人。禅门真正的大丈夫，连"忏悔"两个字都不用讲，立地痛改便是。

学生九：老师，我成天爱幻想，什么药能治幻想病？

师：幻药治幻病。生命是由业报决定的，业力是生命的主动力，修行便是转业的能力，所以不要迷信，命是由自己造的……没什么宿命不能转变，没有什么固定不变的前因后果、因果报应不能转！一切唯心造！才是佛法的核心，任何人，只要能放下屠刀，便有机会通过修行见性成佛，才是禅的宗旨。不过，我们的烦恼、习气、毛病千千万万，不可能一个一个对治，也对治不了。许多人修禅急于对治自己的某个或某些习气，实际都是在枝末上转,如果不抓住根本,还是原地踏步。

水中月,镜中花,可见否?

学生四:可见。

师:可得否?

学生四:不可得。

(师默)

学生七:如可见不可得,成佛岂非是空?

师:月、花原有否?

学生七:有啊!

(师笑而不言)

学生十三:可以用这个比喻证明佛性吗?

师:比喻只能说明,不能证明。

(众无对)

师:修行的根本是培养愿心、信心、菩提心、菩萨心,这些心真正生起来了,烦恼自然就减少了。对法的信心不动摇,就是修行之根。植物只要有根就能生长,善法也是如此。

(众点头)

师:知道错了是第一步,那么第二步是什么呢?是善行。善行带来的善报不是得到了多少好处,而是自己成为一个善良、幸福、安心自在的人,这就是生命的价值!

一个人的生命本来就该善良,不是为了得到别人认可,得到什么好处而善良！反过来，若因为他人的自私而放弃自己的坚持，把热情换成冰冷，把诚实换成虚伪，把友善变成伤害，这才是真的不值。不是别人是否值得我们善良，而是自己值得拥有一个有意义的生命，这个意义是从利他功德力上体现出来的。

善行不仅仅是对待别人，对自己来说善护念也是善行！不要受别人语言、态度的影响，善护念是"定"，时刻不离正法，正法在哪里呢？在您的心里，心善才有善念，老师教化您的法音一直都在影响您，存在您的心中。那么糊涂时怎么办呢？书要常在旁边，觉得自己有点迷糊时，拿出来读。还有呢？例如禅画，常观！禅画是什么？另一种书，图画比文字更入心，总之，用各种各样的方法让您可以善护其念，不离善法，自净化您的体内环境，长此以往，"五毒"自然转化。

第二十六问

慈善和慈悲的关系?
如何真正帮助他人,怎么做才是真正的慈善

（师唱颂《灵台曲》）

师：这个问题，您（师用手指向学生八）等了很久了吧？做了这么多年慈善，却不知慈善究竟为何，不知怎么做才是真正的慈善，也不知如何真正帮助他人，慈善和慈悲有什么不同？

慈善，东西方有不同理解，例如，怎么样可以真正帮助别人呢？西方人常说"授人以鱼，不如授人以渔"，给您一条鱼只能保证一顿饭，然而教会您如何钓鱼，以后就可以自己吃饱了，这是西方认为的帮助别人的方法。您们现在是不是也这么教孩子，这么教公司员工啊？

（众点头）

师：这个观念是告诉您，帮助人就是教会这个人生存的技巧和方法，似乎吃饱就没问题了。是吗？人活着只为了吃饱吗？

众：不是。

师：所以东方传统帮助人的角度不放在食物上，这个的含义不是排斥食物，而是更关注帮助人性如何与万物和谐，如何契合大道。《管子·心术》云："心之在体，君之位也；九窍之有职，官之分也。心处其道，九窍循理；嗜欲充盈，目不见色，耳不闻声。故曰：心术者，无为而制窍者也。上离其道，下失其事。毋代马走，使尽其力；毋代鸟飞，使弊其羽翼；毋先物动，以观其则；动则失位，静乃自得。"

老子、孔子、释迦牟尼佛、惠能祖师全都没有讲过怎么教人钓鱼之术，也从来没有讲过侵略是正义的，美洲早期的殖民者怎么屠杀印第安人的？就是当他们是猎物一样、要杀的鱼一样的心态，怎么对待黑奴的？也是一样心态,一切都是为我所用啊!但是黑人不是印第安人,所以才终有南北战争爆发。

我们再看欧洲,同样,为什么当初引入那么多来自非洲的穆斯林?因为人工便宜,好用、听话,结果现在怎么样?未来美国的黑人问题、欧洲的穆斯林问题都可能是社会动荡不安的因素,这是"渔"的思维方式引起的后果。认为众生有高低之别,低等要服从和服务于高等阶级,不仅对待黑人、穆斯林,对待环境、动物等也是这种思维方式。

中华文明不是这样思考的,怎么帮助别人?是先培养人如何和天地和谐、共存,如何生出敬畏心。天地会自然给您食物,吃了别的生命是为了延续另一个生命,生命没有高低贵贱,而是不断延续的过程,人活着便要活出生命的价值,对得起食物,对得起天地。中华文明从来都不是我自己吃饱了就行了,而是要考虑:众生之间和谐吗?天地万物和谐吗?国家和国家之间和谐吗?不是说我的武器特别强,就去侵略弱国,老子说:鸡犬相闻,老死不相往来。邻国之间,都能听到对方鸡叫,却互不侵扰,不发生战争,我不因为兵强马壮而去夺你的地,不去侵害你的利益。这不是小国寡民,而是无论大小,皆能和谐共存。

中华文明从来都不是弱肉强食的文明,而是关心弱者,帮助人认识自己的本位,不侵略,不妨碍,这是属于人的文明,如果是弱肉强食、丛林法则,就是兽的野心,兽的野心再加上人性的贪婪,会变成什么呢?

为什么我们宁可同情乞丐没饭吃,但对多数人精神上早已变成乞丐的事实无动于衷?为什么我们知道调侃、逃避空气中的雾霾,但对人心中的雾霾熟视无睹？为什么明明知道食物不安全，但在面对美味时却还是流连忘返、津津乐道？现代人的心态、思维方式究竟什么出了问题？

东西方文化的立足点如此突出，在西方引领世界文明的几百年中，在二元论主导的思维模式指导下，世界贯彻了西方人定胜天、征服自然的方针，结果有目共睹，世界已满目疮痍。人类的贪心永不餍足，大自然能忍耐多久？未来会以什么方式对人类加以惩罚？

现代世界，生态平衡遭到破坏，酸雨到处横行，淡水资源匮乏，大气层层受到污染，臭氧层遭到破坏，海、洋、湖、河、江水质堪忧，一些生物灭种，新的疾病频出……人类还能生存多久？这些是危言耸听吗？

"风物长宜放眼量"，人类作为万物之一，绝不应妄自尊大，也不应妄自菲薄，是时候回归中华文明，以"止"为宗要了，东方人不应再囿于积习，鼠目寸光，认为西方的丛林法则好，弱肉强食好，适者生存好，自己的传统是愚蠢、落后、保守，反正什么都不行，东西方文明，本如手之两面，各有所长，不可偏废。

天地是有情的，只要人们不额外起贪心，不违背天地自然的规律，天地自然就会提供人们需要的一切。

世人用浮浅的二元法，人为分出了光明和黑暗。浮躁不安的现代人妄图用人工照明驱赶黑暗，于是，黑夜中清月的圆满幽徽就被杀死了，取而代之的是高大刺眼的人工照明。光被人误解为"光明"，用以对抗心灵的"黑暗"。

现代城市，彻夜不息的照明使树木花草不能清净，使飞鸟鱼虫不能入眠,"黑暗"似乎不见了,生命的活力也随之不见了。

人类,用照明不仅灭了如水的月光,灭了绚丽灿烂的黎明,灭了顽皮可爱的星光,还灭了我们童年的各种记忆……童年,躺在竹床上,可以看见萤火虫忽悠忽悠地飞来飞去,点点闪烁,朦朦胧胧,现在,全不见了。

萤火虫靠的是尾部萤光交配繁殖,人类,却用照明使生命灭绝。

什么人会怕"黑"呢？一定是内心弱小的、黑暗的、不安的人,才害怕本来安详和宁静的夜。

人类应该懂得感恩,有茂盛的松树和清澈的泉水,有清净的空气、温暖的阳光才有人类的幸福生存环境。有这种和谐心灵的人本身也是清净的,其实生活本身就是郁郁葱葱的松树和清澈的泉水,天地日月本无主,只要抛却贪欲,做个明净慈悲的人,您就能够成为天地日月的主人,无论在哪里,都可以发挥出天地日月的能量。

怎样去帮助别人呢？能帮助别人什么？是帮助众生自知,帮助众生和谐,帮助人打开自己的心门,而不是教这个人怎么在社会上谋生、赚钱。当人能有这种和谐共存之心的时候,怎么会吃不饱？只有贪心是喂不饱。正常人,和天地自然和谐,就有作用力和反作用力,您关心一切众生的时候,一切众生都愿意来供养您。您们说动物是有心还是没心呢？

众：有心。

师：故,禅门的慈悲便在于启发众生心中善的种子,打开智慧之心门,帮助他们契合自己的初心,和天地自然和谐共处。但这种慈悲不是以实物为体现的,禅的慈悲,若以求其实,无异刻舟以求剑。祖师云："意不在言,来机亦赴。但著文字,即属染污。"

禅门有独特的帮助他人、接引学人之方便,称为"机",不知"机"者为死句、死法、死人、死禅,乱讲禅者乃瞎人之慧眼,夺人之慧命。能"啐啄同时"者,方称禅师。

禅师慈悲全在一行一相上表现,禅之"机"也有内、外,有我、他。禅师慈悲而绝不滞于机,机来则应,可顺可逆,可纵可夺,可杀可活,随方就圆,随地就形,随病施药,变化无穷而莫不应机。如此,则慈悲之心乃活泼泼的,行、相乃明亮亮的,一切必为学人能生心,不能生心则其意死,非禅。如学人在师言下生心,自然生生不息,周遍十方,无不照明。

为什么独有禅门的慈悲叫"机"? 其实乃莫测意,禅法是活法,因人而异,变化无穷,唯不守、不著者能使这把"杀人刀",能用这把"活人剑"。马祖云:"我这里一物也无",是以布无形之阵,出无相之势,破学人执著。

后人愚笨,以为一"机"之权变,能应万境,此即死禅。为什么? 乃因此机一发,则成窠臼。所以马祖先云"即心即佛",后又云"非心非佛",再云"不是心,不是佛,不是物",或"扬眉瞬目是,或扬眉瞬目不是",皆对机而发也。当知机机相异,万殊而别,各有来路,各住本位,互不相涉。若不达变通,偏枯窒塞,则陷其中不能自拔,枉自望洋而兴叹。

祖师变化无常,皆发自慈悲心,言者,意之动,无意则无须言;文者,言之车,无文则言不远。意者言之体,言者意之动,文者意之用。修禅贵在得意忘言。言有所指,闻言乃可明指。然此意凡夫何以明? 曰:必绝意而后明,意绝是"言语道断,龙象生矣"。此禅门家法,也就是一把亮晃晃的

"杀人刀"。"杀人刀"一出,如良医施药,病万变,方药亦万变。若不识医道,死背药方,徒对种种方、种种药而不知其由来,亦不知其用处,名为"医"生,实为"杀"生,此绝非禅门之"杀人刀"!禅门之"杀人刀",为的是后续有把"活人剑"。

《金刚经》云:"如来所说法,皆不可取,不可说,非法非非法。"故有诵经万遍也不能见道,为什么? 皆离心外求,著于经言、方便、神通、仪式而不知返照,当知佛语祖语和您有何交涉? 不过是行路的地图,拿到地图而不起行,要地图何用?

学生九:老师,我心里确实也想帮助别人,但发现老是被误解,送书吧,他认为我要推销什么,带人来听课吧,又会琢磨我有没有回扣。

(众笑)

师:一禅师见蝎子掉到水里,决心救它。谁知一碰,蝎子蜇了他手指。禅师无惧,再次出手,岂知又被蝎子狠狠蜇了。旁边有人问:"它老蜇人,何必救它?"禅师答:"蜇人是蝎子的天性,而慈悲是我的天性,我岂能因为它的天性,而放弃了我的天性?"

学生九:我明白了! 以后我会走自己的路,让别人说去吧!

(众鼓掌)

师:现代社会,人活得为什么难受呢? 因为互相不信任,不仅外面,连家庭内部都变成对立状态,人和万物是对立的,老板和员工是对立的,顾客和销售是对立的,就连银行和储户也变得越来越对立!……为什么会这样? 就是和谐心大大缺乏了! 思维方式建立在二元对立上,以利益区分阵营,这种紧张的生存状态是古人从来没有想到过的!

人忘了自己也是万物的一员,忘了自己的位置,忘了人和社会的关系,人自私地和万物对立的时候,就是人类要开始倒计时的时候了!人类的出路只有一条,就是重启人性之光。人性之光怎么启呢?光和慧相关。人性之光是慧光,是从有情的、慈悲的心里发出的,人性之光可以"止"住人类各种疯狂的行为,这"止"的力量就是文明。

很不幸我们近代走了另两条路,一部分人在用商业不断刺激人性的欲望,另一部分人在用宗教、传统抑制人性,儒家在理学家的曲解下,曾经也有过一个压抑人性的时期,而现代社会,有些宗教、有些区域、有些民族是如何压抑人性的?您对世界越了解时就越会发现,这两条路,一个刺激人性的欲望,无限膨胀,一个压抑人性正常的本能。这两条路都非人道!

无论是刺激人欲还是压制人性,其实都是一样的残忍。有的人不理解,商业怎么会残忍?我们先不说,因为过度消费,我们怎么对待动物,为了取象牙砍了大象半边脸,为了取鱼翅杀死多少鲨鱼……这些先不说,光是那些不用象牙、不吃鱼翅的孩子,"死"在商业游戏里而不知,就可知现代的网络游戏、电子游戏有多少网络暴力,这就是作恶!什么是恶?就是有意伤害他人,以此为快乐。这些游戏是不是以"杀人"为乐呢?不要以为只是游戏!杀人游戏中被唤起的是一种残忍,是对现实的冷漠,是以伤害他人为乐的作恶!什么是人的慈悲?不仅对众生,即使对敌人也慈悲,这是人类最高贵的情感!柏林墙的守卫选择抬高一寸枪口,就是慈悲心,是人类得以延续的人性!如果以游戏方式肆意践踏这一情感,将使得未来人变得禽兽不如！就像我们为何不能虐杀动物,因残酷化的心灵,在条件成熟下,必会以相同的方式对待同类！您们希不希望看到孩子们长大了残忍地恢复酷刑,自相残杀,以折磨人为乐？

众：不想！

师：那还会不会让孩子们玩杀人游戏了？

众：坚决抵制！

师：不要抵制,要疏导！先用其他爱好替代,引导孩子理解人生、尊重生命！

西方哲学没有完成的命题有不少,当叔本华终于理解世界是意志的表象时,他明白了意志的创造性；当黑格尔终于理解绝对精神是战胜意志的最终理性时,他终于看出精神是演化而来的。不可否认,理性虽是人类所特有,是对客观事物的理性理解,动物因缺乏理性所以无法大规模合作,西方社会由于理性发展而发展出了科学；然而,影响生命的信仰不是理性的,情感不是理性的,觉悟不是理性的……生命究竟归于何处？肉体的沉沦究竟如何解脱？这答案在哪里？不在理性里,而将在中华文明里！"中国禅"是中华文明在唐宋经济、文化最强盛时的智慧凝结。

（众鼓掌）

师："中国禅"的慈悲不以压抑人性为基础,修禅是最自在的修门,人性得到了最大释放,但这种释放不是无条件的,而是在自控范围内,禅者时刻自觉觉他、自利利他,一个个地将身边有缘人从思想观念、身体沉沦中救拔出来！"中国禅"的慈悲更不以刺激欲望为基础,修禅是最自律、自戒、自定

第伍讲

的修门,在自我大定、当下宁静的条件下,随缘自在,出入不二。

修禅不是为了人活得像佛,而是为了人活得像个人！人活得像个人不容易的,不被条条框框压锁,不受欲望刺激,如果人根本意识不到自己被什么控制,能活得像人吗？所以什么叫真正地帮助别人？

众:让他成为真正的人！

师:慈善和慈悲的区别呢？ 慈善是针对世间来说的。慈善分三种:第一是这个人已经具备了做人的独立意识,精神自由,此时所做的善事,十件事里面,有大部分能做对,但可能还有少数不完美。为什么？ 智慧不够。

第二种慈善是什么呢？ 不具备独立意识,人云亦云,人家讲放生好,就去放生;人家讲某位法师有本事,就请来开光;人家讲这个村庄需要教育,就去捐个小学……这样子做好事,造的几乎都是"业",多数时候用钱养成了被捐助之地、之人你该给我钱的心理,不给钱时就抱怨。其实哪有谁应该给谁钱？ 所以在不具备智慧的时候,去做善事绝大部分是造业！

至于有些人行善是为了自己满足,自己出名,上个慈善榜什么的,这些就谈不上了。

学生二:是不是总比干坏事强？

师:我说不谈,非逼着人说！ 就是作恶！

（众笑）

师:您不用担心,喜欢名气的人不行善还会找到其他方式出名,他们是不会去干坏事的,因为干坏事名气不好！ 那么爱惜名气的人,怎么舍得自己名气不好？

（众笑）

师：众生本就在无明大梦之中，"自""他"都是分别心分别出来的，从这个角度来说，善与恶也都是分别，都是梦。但当我们还没有觉悟，还在这个大梦中时，能知善恶就非常重要，行善能让我们渐渐趋向觉悟，造恶却让我们陷入越来越深的蒙昧。但是，对行善也不能执著，否则行善会是更深的障道因缘。

达摩祖师怎么说梁武帝造寺设斋呢？说他：实无功德。为什么彻底否定？不是总比不做好吗？因为做得越多越妨碍正法的弘扬，什么是佛法的慈悲？就是真正的功德不是福报，不是福气，一切导学人能打开心门的事情，才是功德！唯有功德可以无量，也唯有无量的才是功德！

世间的福报，落在肉身上，肉身是有生灭的、有起落的、有来往的、不究竟的，福报能无生灭吗？而功德是和法身相应的，能有生灭吗？功德不见得是做好事，您糊涂时老师一顿拳脚是不是功德？

众（笑）：是。

师：一切功德，未必是以您喜闻乐见的形式出现，菩萨推您下水是功德，祖师棒喝机锋是功德，所以叫"顺逆皆佛法"。"功德"是一种精神力，是在稳定维持某种修行时可积累的一种能量，它能保护我们，且带来喜悦与洞见。

修行帮助我们清楚地看见、听闻并理解天地万物，而能以极为智慧、逍遥的方式自在地生活，能时刻不离又能随缘不变、不变随缘，这就能触及究竟的生命，凡能触及究竟，这个生命便已处于涅槃中了，这就是"功德力"。

普贤菩萨曾发愿："我于一切诸有中，所修福智恒无尽，定慧方便及解脱，获诸无尽功德藏。"菩萨求功德无有疲厌，我们也应当效学。

但关键是，如何去"求"？"求何功德"？"如何对待功德"？搞错了就会走到误区。求功德，不是向外去求，而是向自己内心去开发；不是求有形、有相的成就及人天的福乐，而是求成佛的福智资粮；不能执著于自己有功而沾沾自喜或生起我慢。应当如法了解"功德"的本意。功德，是打开自己心门，心门洞开后，能观一切实相，不再执著于有限的现实。

我们说"三心"不可得，然而历史、过去、未来会不会挤压在某个空间里，层层叠叠？环环紧扣？人和人的缘分究竟是怎么回事？为什么祖师们能一念万年？一切人、事、物、声音、境界，是不是全息影像，刻录在某处？等慧光照起时，就灵光独耀，一念不生全体现了？您去过一个似乎以前在梦里见过的地方，某个人即便初见您却感觉到熟悉，都是偶然吗？梦是假的还是真的？如果是假，人生如梦，人生也假吗？菩萨们为什么还来假梦中度有情？如果是真，什么是真？情是真？还是境界是真？

时、空是客观存在吗？时、空是独立事件吗？时、空是人类为了生存和沟通而设定的先验性假设吗？脱离了时、空，您的感知系统还能感知外界、感知自己吗？能脱开者，便是觉醒。

慈悲就是一个生命以修力用尽一切方法，不厌其烦、不知疲倦、不畏艰难、不离不弃地去唤醒另一个生命沉睡的心灵！

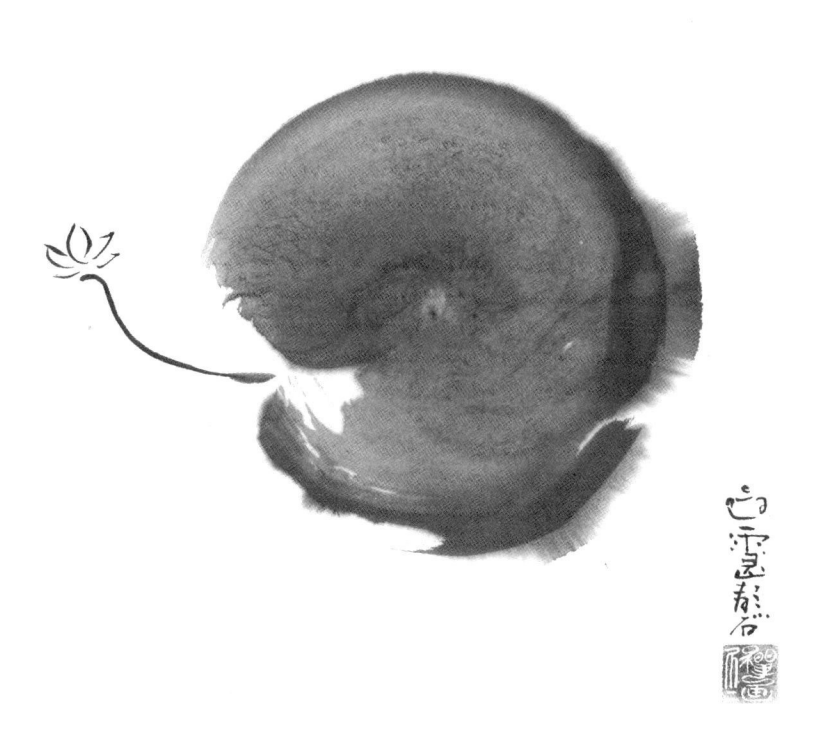

第二十七问
修禅能够帮助养生吗

（众诵读《至宝坛经悟道诀》《中庸诀》《圆相诀》）

师：这个问题是：修禅能帮助养生吗？您们说呢？

众：能。

师：为什么能帮助养生呢？

学生六：身心转化。

师：哦，因为我修禅了，所以就必然身、心转化？"心"都不知道在哪里您往哪里转？"身"都搞不清楚规律，怎么养啊？养身和养生什么区别？

学生六：养身是养形，养生是养神。

师：这是庄子说的，不是您的。

（众笑）

师：晋代郭象整理庄子三十三篇，定名为《庄子》，其中有不少关于生命怎么养的话题，庄子的养生之道是任运无为，不为物累，虚己游世，远离灾祸。因为人生有限，生命宝贵，所以要尊重和保养生命，他的《养生主》说："缘督以为经，可以保身，可以全生，可以养亲，可以尽年。""督"不是中医的"督脉"，而是指保持中道，儒家叫"中庸"，人生时常保持"中"的状态，不极端，不消极，不刻意做好事以求名声，不为利做恶事逃避刑罚，奉中道为生命之常，这就是善养生命，就可以奉养父母，以终天年了。怎么样？说得清楚吗？是不是让大家吃保健品或锻炼身体啊？

（众笑）

师：儒、道的养生之道都是提倡善养精神，养浩然正气，其中以庄子为代表，他的《养生主》《达生》《外物》《让王》《山木》《刻意》《天道》《至乐》等著作中，批评"养形"派，驳斥他们妄图只通过摄取外在的物质来调理身体的想法。庄子认为保养身体确实必须要有足够的物质保证，然而物质充裕却不代表能很好地保养身体，养生虽然离不开身体，但身体存在、生命却已丧失的情况却屡见不鲜。什么意思？

学生六：人活着，但已没有精神了。

师：故此"养形"虽然在一定程度上能够保持身体健康，但不能避免无常变化的环境给人带来的危险，也不能帮助精神的清净、智慧的提高。庄子说，养生是在"养志"（或称为"养神"），即通过内在的修养来培养人坚定的志向，禅门叫"发心"或"发愿"，"志"便是孟子说的"浩然之气"，唯有培养、保持不慕荣利、不趋利避害的志向才能保养精神。庄子在《让王》里反复说，有志的人能忘却自己的形骸，忘却功名利禄，忘却工于心计。在《刻意》里说，"养神"就是要做到心灵纯粹、清静而不被外界变化而改变，这就是禅门说的"定"。恬淡而无为，这才是养神的基本法则。所以，只有兼顾"养其外"（养形）与"养其内"（养志、养神），才能够做到神形兼备，而其中人内在的修养，即"养志""养神"大大重于"养形"。

《养生主》讲到公文轩见右师只有一只脚，大惊失色，问右师，是先天残疾还是后天所致？右师答道："是先天的，我生下来就只有一只脚。"沼泽中的野鸡走十步才能吃到一口食物，走百步才能喝到一口饮水，但它并不希望被人蓄养在笼子里，被饲养虽然有吃有喝，精力旺盛，但失去了自由，还不如顺其天性在野外自由自在地生活，虽然求生艰苦，但不失精神，人生不必去刻意追求长寿，如果失去了生命的精神，还不如早点死去。

庄子还专门说过导引术，《刻意》里说，有人"吹呴呼吸，吐故纳新，熊经鸟申"，无非是为了长寿而已，其实不如刻意砥砺意志而自身高洁，不如倡导仁义而自然就修身了，还能不避居江湖而保持清净，当然不用施导引之术就能延年益寿，圣人的美德可以使得一切美好的东西随之而来。

人们面对千变万化的外界环境喜忧交织，越陷越深，无法逃避，不能忘情，瞻前顾后，患得患失，所以劳形怵惕，最终胜败都是空。您的形体再保养，心中不灭的利害得失也会让您心烦意乱、焦躁万分，这内心的焦虑能使生命的生机熄灭，这叫为物所累。有钱的人辛勤劳作，积攒大量财富而没命享用是对自己生命最大的轻视；权贵们夜以继日，想方设法保全自己的权位和厚禄，是对自己生命最大的疏忽。所以庄子以为喜怒哀乐、好恶取舍是养生的大忌！清静无为、不为物累的圣人，本来就生如浮云、死如休息，不思前想后，不事先谋划，因此没有忧愁，精神纯粹无瑕，永不疲惫！这才是真正的养生之道！

《庄子》中常借孔子之名讲故事，他怎么描述孔子被围困在陈国与蔡国之间绝粮七日的事呢？他说太公任曾在此时去看望孔子，并给他讲述什么是"不死"，太公任说：质地坚韧而笔直的大树总是先遭砍伐，甘甜的井水总是容易枯竭，你平时以智者的面目去嘲弄愚人，自以为有修养而去印证别人的污浊，流光溢彩地好像举着太阳月亮到处张扬，所以做人不能引人嫉恨，灾祸是对你的提醒！以前我曾听老子说：自我夸耀的人不能成就功业，成功的人容易毁败，成名的人容易损伤，所以只有摒弃功名而还原于普通的人，才能令学说普遍流传而自己韬光养晦。道德盛行而不求自己的名声,纯朴而又平常,可比纵情任性的狂人。削除形迹,捐弃权势,不求功名利禄,自己不谴责别人,别人也不会责备自己,才能真正免于灾祸。说完这故事,庄子说养生好像放牧羊群,只有时时鞭策自己,才能享受永年。

学生三:啊!明白了!和养身一点儿关系没有。

师:"养"字怎么写?上面是"羊","羊"代表温和柔顺,中间是人,人的特质是会自我反思,时刻自律,不要盛气凌人,不要无所忌惮,要像羊一样的温和,而最下面两笔是什么意思?是相生相克,生和克叫"相对",说明要想"养",必须是相生相克才能有活力,活力从何而来?"反者道之动,弱者道之用",弱是羊,就是"上善若水","若水"方为"养"。"刚"易折,弱者为道之用。您必须柔得像水一样,抽刀断水水更流,刀砍不断、火烧不死这叫"柔",这叫"顺"。不是盲从,而是顺应变化而万行。

那为什么一定要相生相克呢?生命想要成长一定不是全顺,"生"必须有"克",从"克"里才有新生的活力,修行讲要向死求生,就是自克之法。从身体上来说,旧的、老化的细胞不被代谢掉,新细胞从何发生?从思想上来说,旧观念、保守的思想不去除,新的智慧从何生起?所以智慧的人不是等着这些自然代谢和消亡,而是能自主去克它。那么说到这里,就牵出"养"的特性了,是什么?

学生六:养不是自然的,人为的才叫"养"!

师:很好!自然发生不叫"养","养"是用人的智慧去做加法,注意,这个"加"不一定是增加,人为地相生相克,克也是加!那什么是"修"?为什么我们说"中国禅修养"呢?"修养"是修什么呢?

学生四:修是修减。

师:哈哈,看来不用我继续说了!您们已经快开窍了。

什么叫"中国禅修养"呢?就是以"中国禅"的禅法,帮助您善用相生相克之道,以"修正""纠偏"来做减法,以"任运无为"来增加精神能量,最终获得刚柔并济、无为而无不为的生命大自在。

为什么光"养"不行?还需要"修"?"痛快""痛快","快"从"痛"来。"养"是怡、是乐、是宽、是生;"修"便是"痛",是"纠",是紧、是克……人一出生就开始偏,每一念都是在"二"中,不在"二"中就成佛了。可是自己不知道偏在哪里,所以才需要有人能"非我",给我指出问题所在,指明方向。"师"就是克您的人,克是为了您的新生。如果"师"成天哄着您说话,那有没有起到"师"的作用啊?

(众笑)

师:修正就是把偏离的行为、意识回归正途,人活着会不断地偏离,不断偏离就要不断回归,这个过程叫"修"。所以养的"生"是什么含义呢?就是"生生不息",不是说"长生不死",而是人为地帮助他加快生灭,使之主动代谢循环,在这个循环的圆相里不息,可以说人的代谢循环能量越高,"化"的能量就越高,生命就越自在,精神就越清晰,而越迟钝、僵化的人,越不愿意人为去克,总幻想待在春天不要出来,结果怎么样?

众:摔得更惨。

师:所以您们可以看到老到师父身边来挨骂的,变化快不快啊?精气神都不一样了。

（众笑）

师：能人为地帮助您提高生生不息能量的才叫"养"，不是喂您吃饱叫"养"，那叫什么？

众：喂。

师：哈哈！您们已经全部成禅师了！修养的结果就是达到婴儿样的柔软，《道德经》怎么说？"人之生也柔弱，其死也坚强。万物草木之生也柔脆，其死也枯槁。故坚强者死之徒，柔弱者生之徒。是以兵强则不胜，木强则兵。强大处下，柔弱处上。"也就是：活着的生命都应该是柔软的，死了的人才是僵硬顽固的！您的生命力和柔软度直接相关联，就像草木生长时是柔软的，死了以后就变得干硬枯槁了。所以"坚强"是属于找死的一类！

（众笑）

师：柔弱是保持生长的秘诀，因此，用兵逞强会遭到灭亡，树木强大了就会遭到砍伐摧折。故强大是处于下位，柔弱反而居于上位。这就是：柔弱胜刚强！善用柔弱便是"养"。如何"养"？靠"修"的方法！！这是"修养"的密码，那么"修"的方法是什么呢？有两种：一种叫顺，一种叫逆。什么是顺？什么是逆？和四时、顺天命、起居有常叫"顺"。

我们常见一些老者，起居有节，饮食有常，所以八十几岁，身体、精神都也不错，这是平常意义当中的养身了。可是他们有功夫吗？有定力吗？能自主生死吗？世间通常意义养身的概念，就是该老还是老的，只是比同龄人稍微健康一点，不会那么病歪歪的难受，所以这些老人家，打太极、弹古琴、唱昆曲、练书法，也会得到一定的健康，但这不是禅门的养生。

第伍讲

禅门养生是"逆法"。"顺则成人逆成仙",什么是禅师?您看赵州禅师一百二十岁时,老不老?虚云老和尚一百二十岁时,老不老?

众:不老。

师:禅师是"不老"的,什么意思?不是指外形,而是指内心,包括功夫和智慧。"老"是世间的概念,为什么"老"?因为记忆力下降了,身体代谢缓慢了,运动机能衰退了等等,而禅师们呢?不存在这个问题,虚老一百多岁,一样一入定几天几夜,一样身轻如燕,一样说法如雨,滔滔不绝!所以,修禅首先要明白一点,不要局限在世间相里,什么是世间相?年龄、性别、学历、背景等,出世间法是不可思议的!不存在"老"的问题。

"逆"怎么可思议呢?顺法有个时间流,到了这个年龄段就是老人,逆法是不存在时间流,时间、空间是数学等分法,出世间法怎么可能被世间的数学局限?所以世间所谓健康的老人家是可思议的,修心养性,吃什么营养粥,有什么锻炼术,禅者不是,禅的养生全在一心!我告诉您们要吃什么粥、喝什么茶了吗?我教过您们茶道、花道吗?中医说子时肝脏排毒,所以要睡觉,您们来了这里不是每天子时打坐、炼功吗?哪有什么东西不能吃?天地之气可以吃,树皮草根也可以吃,您看看达摩祖师,别人给他下毒,他一样吃,虚云老和尚在鸡足山为了弘法一样吃了毒药,毒药为什么能吃?这就是不可思议。

养的方法是顺逆交替,儒家说:气之温和者、质之慈良者、量之宽宏者、言之缄默者为仁者,故仁者寿。这话是极有道理的!为什么言之缄默?因为少耗气!世间人爱不爱说话?

众:爱!

师:所以提高"修养"是从少说话开始的!不过要记住,一切消耗都是开心的,花钱比赚钱开心,而"修"其实都是不舒服!"养"呢?包含了"乐"的内涵,但这种"乐"不是世俗的享乐,而是"学而时习之","有朋自远方来","人不知而不愠","人不堪其忧,回也不改其乐"之心乐。"养"在于读书、知音、理解别人及安贫乐道的从容。先痛而后快者为"养",不要误解"养"之乐是舒服,坐在那里喝一杯很舒服的茶,再找个人按摩按摩,就"养"了,习惯了这种思维法,叫"死于安乐"。

同理,善护念也就是"养法"。法怎么养?也是先痛后快,宋朝的时候有一位大禅师叫五祖法演,法演禅师有三位大弟子:佛果、佛鉴、佛眼。佛果是圆悟克勤,我在《茶密禅心》一书中写过他是由艳诗悟道的。佛眼清远禅师,以后我们再说他的事迹。佛鉴禅师曾有个弟子是日本人,叫圣一,圣一回日本后被尊为国师,可他跟着佛鉴禅师修行的时候受尽了苦。佛鉴禅师有个著名的"五尺板",是一根实木的大板子,圣一禅师曾被佛鉴禅师当场打瞎一只眼,不过打瞎了一只俗眼,却得了正法眼!回了日本当了国师,现在京都的东佛寺就是他的道场,东佛寺的法堂叫"选佛场"。

修禅是大丈夫所为,不是养身法,不是神通法,古人的求法之心何其坚定!不过不用害怕,当然不是每个人都打瞎一只眼才能修禅,我的眼睛不是好好的吗?否则禅门叫独眼门了。

(众笑)

师:三祖《信心铭》开篇即讲:"至道无难,唯嫌拣择",什么叫"至道无难,唯嫌拣择"?"至道无难"就是难者不会,会者不难,真正的道一定是简易的,一定是不变的。那为什么"唯嫌拣择"呢？因为人心易惑,东找一法,西找一术,天天四处去求法,根本不知法就在自己的心里。"至道无难,唯嫌拣择"是顺法,顺着讲的,下一句是什么?

众:"但莫憎爱,洞然明白。"

师:这句话什么意思?

学生八:不用管喜好,没有爱和恨,就明白啦!

师:又开始讲大道理了！念头里没有"憎"和"爱",这可能吗？当然不可能！那岂不是白说吗？所以就洞然明"白"啦！这就是逆行说法,您们听明白了?

（众无对）

学生六:明白了！就是"白"说了！枉费心机!

（众笑）

师:看来您们习惯了听顺法,逆说就糊涂,可是,禅门的法,大部分是逆说的,顺着说,就是习惯性思维,再例如三祖说"违顺相争,是为心病",什么意思?

学生二:不要争对错,争对错就是心病。

学生三:"逆"来"顺"受。

师:不懂"心病是什么"是心病,懂了"心病是什么"也是心病。

学生二:什么意思?

师:不识？请参究啦！

禅问

（众默）

师：不摆脱习惯性思维，永远进不了禅门！有的人从小到大都是高材生，很有知识，但知识不管用，您学的知识不过是某一方面的学问，是对变相世界的描述，把所有动态的事物和规律固化出来后就变成了静态的知识。可是静态的知识没有生命力，如果您不懂应用就无法驾驭，就必然钻牛角尖，这样的知识对生命毫无用处。

知识是死的，智慧是活的，智慧是驾驭知识的能力，所以智慧才是力量。最基本的智慧里包含了做人的道理，包含了取舍之道，只有懂得了做人和知止，才能够起码懂得应用知识。教育是点亮学人心灯，不是为了装满学人之脑，点灯靠的是触及心灵的能量，是启蒙脱愚，薪火相传。

教育的"教"，大多数人认为是教授知识，是老师教学生怎么做，但是中华文明的"教"是感召和感化。"教"为的是什么呢？是师者身上的一种感召力、影响力，从而直接变成一种"化"学生的力量，这其实和知识无关。

"中国禅"的祖师们是不断地提出问题，又不给学生答案的，学生们在不断寻找答案的过程中，会引发更多的思考，祖师们不断地提问并不是让您去找到答案，而是让您找到思考的方法，所以提出的这些问题，都不会是狭隘地局限于个体的小我、小家，而是关于生命、社会、人与天地万物的终极关系，问题越来越多的时候，学生由"大疑"进而"大悟"，答案是自然出来的。

"中国禅"以这种教化方式，让人摆脱被欲望奴役的状态，不被时空局限着身心，这本身是一股无边无量的超越时空的精神能量，西方的教育是叫人适应环境以及在这个环境里怎么生存。而"中国禅"是通过"修养"法，令学生超越现实，不被现实奴役，所以，同样是"教"，目的完全不同。

人如果无法驾驭知识，就必被知识所障碍，看看那么多发明家、科学家，他们发明的东西他们驾驭得了吗？例如发明了人工智能，发明者未来能驾驭得了人工智能吗？驾驭不了的时候，就会成为奴隶。

修什么？修驾驭能力、自控能力，这些能力是无法复制的，无法落在文字里的。说到文字，什么是"语言文字"？古人心目中语言是三十年一变的，现在是三年或者三个月就一变的，网络语言变化多快啊！三个月不上网，见到个词就不知道什么意思，所以语言是不可靠的，古代人为了防止语言的变化故此善用文字，古文三千年几乎不变，以文来固定人的理解力，一个变，一个不变，所以大家要知道，"语言"是最不可执著的东西。可是现代人呢？喜欢执著别人说的话，不理解语言就是一阵风一样的，流行、时尚亦是。

"文字"是相对静态的智慧，静态也是沉睡的，所以读文字要把它唤醒，不唤醒属于知识，唤醒了是生命智慧。怎么叫唤醒呢？就是契合"文"意，能得意忘言，不契合"文"意的时候，出来的叫"死句"，叫"戏论"。

那么如何提高驾驭能力呢？关键在智慧，智慧从哪里来？从定力里来！身体不好能有定力吗？所以进入禅门首先修色身转化，什么叫"色身"？色身是"五蕴"：色、受、想、行、识。"行"不是行为啊，是起心动念。受、想、行、识属于什么范围？

众：精神范围。

师：《心经》里，观自在菩萨如何自在？

众："照见五蕴皆空。"

师："照见"是修持功夫，"皆空"是修持结果，"五蕴"是我们要破除的、转化的对象，执著"五蕴"时，色身就转化不了，能在"五蕴"中不被"五蕴"扰时，才是"空"。不是没了，而是不受其扰了。我们为什么被情绪扰呢？因为"五蕴"在啊！受啊！想啊！行啊！识啊！完全是扰得死去活来啊！菩萨看破了"五蕴"本空后，色身即化，和色身相对的是法身，法身以法性为主。色身是以"五蕴"为主，"五蕴"是色身的主体，色身和法身相对，所以色身转化是第一步。那么"色身"和"化身"是不是一码事？

学生八：是。

学生三：不是。

师：化身、报身、法身三身，我为什么说色身和法身相对，而没说报身、化身和法身相对呢？因为化、报、法三身是一身，都是和菩萨利他功德相关的。这些概念今天不展开，您们回家再参究《至宝坛经》里的内容，读书不能大大咧咧，不明所以，不知所以，这就是"无明"。宗教、哲学，一般到了"无明"就不说了，"无明"之前是什么？西方人叫"阿基米德点"，大爆炸前那个东西。可是佛在《楞严经》里，富楼那尊者问佛：什么是"无明"？佛告诉他四个字叫"觉明为咎"。

什么是"觉明为咎"呢？我刚才跟你们说"是为心病"：您觉得自己没心病是心病；觉得有心病也是心病，"觉明为咎"便是"以为"自己明白了，这就是"无明"，自以为是，不知道身心已经处在一片黑暗中。

第伍讲

学生一:天黑之后就能见光明了。

师:那是妄想,天黑之后是天更黑了。每一念起都是"无明"。为什么不知道呢?因为被知识障了,所以知识就像双刃剑一样,悟道的时候原来的知识会是助力,没有悟道时,就是障碍。

学生七:老师,什么心病最难医?

师:无聊!这是从内心发生的,没有梦想,没有激情,没有苦痛,没有追求,没有爱恨,百无聊赖,不死不活,此病少有药可救。

什么叫"禅"?"衣"加"单",首先您得变成一个孤独的思想者,常独行,常独步,有独立思考、独立见解。哲学人说禅不是哲学是宗教,宗教人说禅不是宗教是哲学。两边都不是,正好!真正的"禅"不落边见,无在不在,正因为谁都不能把它收入囊中,它才有生命力。围棋十万个一段能下过一个九段吗?禅不是比体力、比数量、比人数,人类社会是那么有限的几位智者带动的,不是靠人数发展的。智慧本身就是一把双刃剑,一定要补齐双足,智慧和慈悲同时具足才是"双足尊"。

禅师们的法,对有智慧的大根器人,讲法无自性,讲缘起性空,讲明心见性,从来不拜佛像,上上根器的人在禅门听师父讲法,在禅堂自修。那对待小根器人怎么办呢?讲法听不懂,所以用方便法,烧香吧,拜佛吧,诸恶莫作,众善奉行,就可以了,所以一定要搞清楚,法无高下,人有利钝。"寺"在古代一直是研究学问、弘扬佛法的地方,不是烧香拜佛的。

为什么释迦牟尼佛是化身,而不说是色身呢?色身是以"五蕴"为主的,化身是表功德的,一个人弘法力量有限,所以需要百千万亿个化身来帮忙一起弘法,所以化身未必是人形,书也可能是化身,一切表法都是化身,凡是帮您悟道的,都可能是菩萨化身。

我们回到本题,禅修能帮忙养生吗? 如果您契合禅法修行,一定会很快发现色身有大变化,如果这种变化还没有开始,那是自己心的问题,不是法的问题。例如什么时候,上课前听到法音,身体震动,想流泪,这个就是色身开始转化了,流泪是因为痛苦吗?

众:不是。

师:色身转化是不苦不乐,是慈悲有情,这是大养生。不苦不乐是喜悦,人世间的烦恼对您不是烦恼了,色身转化的第一步,您的心被触及了,被打动了,开始有眼泪是其中一种现象。这眼泪是什么呢? 也不是痛苦,也不是欢喜,就是一种喜悦,妙不可言。

眼泪有什么好处呢?"生"和水有密切关系,生命中体液占了身体百分之七十以上,水不动身体能转化吗? 如果身体是一潭死水,那就是臭水沟,水怎么动呢? 要流啊! 内分泌是流动,循环代谢是流动,女人为什么老? 大多数是内分泌失调! 为什么失调? 情绪不稳啊,所以修行时会体会到心情稳定下来那个"空","空"时有没有人感觉到自己口水很多?

(众点头)

师:口水是什么? 神仙水,甘露水,直接养脾胃,养内分泌,降火气。火气不降,水火如何相济? 身体如何平衡? 修行时除了眼泪还有鼻涕,许多人打坐打得鼻涕出来,看禅画鼻涕出来,那是"玉筋","津"是指内,外"筋"是流出来的,但是它和感冒的鼻涕不一样,是青色的,看禅画就能看出这个效果来！从身体上说，这都是色身转化的表现，水的变化是由心带动的，心慈悲了，就是"大悲水"。

眼泪出来了以后哪里净化了呢？您从物理的角度来讲，肝脏排毒功能加强了，从精神上讲，眼为心门，眼光叫"神光"，普通人眼为什么浊呢？因为心眼被堵塞住了，所以叫"人老珠黄"，修行人为什么眼睛贼亮贼亮的呢？有些动物主要是皮有价值，譬如狐狸；有些动物主要是肉有价值，譬如猪；有些动物主要是灵性有价值，譬如人。所以反过来说，没有思想、精气、灵性，人就没价值。

为什么色身能转化？因为"感而通之，千江有水千江月"，为什么色身能照空？因为"无机不破，万里无云万里天"，"感而通之"即"有"啊，妙不可言也是"有"。"无机不破"呢？"无机不破"是禅，不破不立，不立不破，破而不立，立而不破，所以是"空"，禅心是虚空一样的。

学生四：什么是禅心？

师：空中一朵花，谁替我取来？

（众默）

师：禅门的特点是，"机"不是去抓的，而是去破的，抓机是执著，是世间人的想法啊！禅的"机"，是当机立断。执著什么就破什么，养生养的是活生生的智慧，不是养尸体。精神回归到正常状态，所有的焦虑、不安、紧张、消沉、亢奋状态都不是正常状态，正常状态是稳定的，所以说随缘不变；正常状态是灵活的，所以不变随缘。随缘不变是"定"，不变随缘是"慧"。

第二十八问
到哪里可以结识志同道合的同修呢

（师唱颂《摩诃般若波罗蜜多》）

师：怎么找同修？一切有正法的地方，都能找到志同道合的同修。为什么这么说呢？现在有不少打着"禅"的名义，把自己包装成"禅"的商业禅修，今天教您念某某咒，明天教您修什么古怪法门，越搞越玄妙，学人时间没少花，钱也没少花，却学得迷迷糊糊，这就是地方没找对，法没找对！这么结识的同修，往往不能帮助您真正契入禅门。物以类聚，人以群分，正法是不容易找的，正法自己也不做广告，佛陀说"人身难得，中土难生，明师难遇，佛法难闻"，如果花几千块，满大街都是"佛法"，佛陀还说什么难遇、难闻？武则天的开经偈怎么写的？"无量甚深微妙法，百千万劫难遭遇"，如果不是正法难闻，怎么会这么说？

真正的同修是在正法团队里遇到的，这是特别难得的缘分。同修之间亲如手足、彼此知心，大家有缘在一起修行，是多大的福报和机缘！所以一定要彼此鼓励，否则就叫"损友"。什么叫损友？举个例子：您在认真修炼，可他嘲笑您，拉您去乱吃，没事给您发一堆"鸡汤"，扰乱您的思路，这就是损友，是要智慧远离的对象。您读书读不懂，损友立即说：没用！读不懂读它干嘛？有时间跟我去逛街吧！您修行遇到困难，要破关时，损友就说：坏了！我看您气色不好，肯定有病啊，千万别乱修了！吓得您心里扑扑乱跳。您们身边有没有这种人？

众（笑）：有的是。

学生八：我刚瘦点，那边就说我面黄肌瘦要生大病。

学生四：我怕空调吹，就有说我伤了阳气，是肾虚。

学生七：我也是！吃得少，父母天天生我的气，逼我多吃。

学生一：我太太天天发各种中医"鸡汤"给我，说我早上空腹喝茶要得胃病，反正成天说我有问题。

师：哈哈哈，看来都在受苦！"损友"由于无智，所以表面上是关心你，实际上却在害你，他们说起来都是似乎很懂，其实说话不用负责任，乱说一气，但被他们影响，问题却不出在损友身上，而出在自己身上。别人乱说的话，您为什么会在意？是自己的定力不够，才会受到外界的影响，因此要修正的是自己的定力，而非叫别人闭嘴。

在自己没有修成时，先要智慧地远离损友，多结识真正的如法修行的同修，亲近善知识，否则今天一群人要到西藏去转山，明天一群人到印度去菩提树下打坐，那么多人去了菩提伽耶，有没有人在菩提树下悟道啊？

（众笑）

师："昔人已乘黄鹤去，此地空余黄鹤楼"。所谓"道场"，"道"是核心，"道"在哪儿，法在哪儿，"场"随"道"行，不要执著过去哪位大师曾住过，"道"是通流的，"法"是无住的，大师不在了，道场就是旅游景点啦！无智者，总是带着幻想自己骗自己。所以什么是真正的同修呢？就是出发点、初心一样！都为不再沉迷、为修正法而来，如果这个团队里的人都有同样的出发点，一人落入迷信时，其他人会及时提醒。如果不是志同道合的同修，一人迷信时，可能另一些人以为有理。同修是在一起彼此促进的，不是彼此拖后腿的，所以重不重要？

（众点头）

师：我们前面讲了"名师"和"明师"的区别，但注意并非"明"师就不能出"名"了，不过和过分包装、注重"名"气的"名师"区别在哪里呢？是"明师"虽有可能出名，但出不出名不是炒作和包装，不是有意识地把名气提高。就像释迦牟尼佛、惠能祖师那样，他们有没有名气啊？

"名"是怎么来的呢？是自然而然口碑称颂出来的。"明师"不会在意自己是多正宗、是多少代传人等，也不在意什么身份、地位，他有没有真本事，可以从弟子们、学生们的境界，以及文字论述等方面自然而然显现出来的，所以"明"师即便成为"名"师，也不会因为名气的大小而改变自身的节奏，还是按照自己的愿心一路走下去。

找到适合自己的师法团队，就一门深熏、锲而不舍地熏习。祖师云：不识本心，学法无益。修禅并不是让我们变得更玄妙和深奥，而恰恰是恢复生命本有的天真。事物由于都不完美，所以总有缺陷，这些缺陷可能会遭遇到正、反对立观点的挑战，然后包含在正、反两方中的部分真理，就会因对抗的激烈而逐渐被发掘出来。

学生一：什么人才能称"法师""禅师"？

师：《杂阿含经》中，佛言："佛告比丘！善哉！善哉！汝今欲知如来所说'法师'义耶？若于色，说是生厌、离欲、灭尽、寂静法者，是名'法师'。若于受、想、行、识，说是生厌、离欲、灭尽、寂静法者，是名'法师'。是名如来所说'法师'。"

学生一：就是对于众生能解释"五蕴"的生灭变异，说诸行无我、诸法无常，说生灭是苦的人，佛言就是"法师"，对吗？

师：光会说法还不够，必须深契法义内涵，并自证自修自悟，说法符合佛法真实义的人。"禅师"亦是，能在关键时作狮子吼，不畏邪法、邪道，能慈悲方便，以直指人之法教化学人，不畏困难，不贪名利而行禅法，时刻以禅之法利乐有情之人，便是"禅师"。

学生一：终于明白了！原来"出家""法师""禅师"皆与宗教无直接关系。

学生三：什么是"出家"？

师：《大宝积经》中，弥勒菩萨云："此出家者唯形相耳，非真出家。若诸菩萨真出家者，谓离诸相，处于三界成熟众生，名为真出家也。"同样的话，傅大士称之为"形出家"与"心出家"之别。可见，是不是出家人，不是剃度著染衣为分别，光剃头著僧衣属于"形出家"相。

而心中具足一切法，以正知见成熟一切有情的人，无论以什么身份弘法都是真正的出家人。达摩祖师云："若见自心是佛，不在剔除鬓发，白衣亦是佛。若不见性，剔除须发亦是外道。"

第二十九问

禅修需要戒酒、戒肉、戒色吗

（众诵读《至宝坛经悟道诀》《中庸诀》《圆相诀》）

师：哈哈，今天这个问题更多人都想了解吧！您们出去和朋友聚会，是不是经常被人问到这些啊？

学生四：别提了！我一说修禅我太太就紧张，极力反对，开始我以为她怕我剃头出家，就安慰说别担心，我老师还没剃头呢！

（众笑）

学生四：结果后来发现不是！原来她早知道我们不用剃头出家，她是怕我戒了色不和她一起睡了。

（众大笑）

学生三（笑）：我也一样头痛，聚会时说不喝酒，朋友们就说："酒肉穿肠过，佛祖心中留"，你修的境界不够！来来来，先喝了这杯再说。

（众笑）

学生四：这话还有后两句，叫："世人若学我，如同进魔道"。

师：这四句话有一段典故，明末张献忠攻打重庆时，在城外的庙里驻扎，强迫和尚吃肉，当时有位破山和尚说："只要你攻城后不屠城，我就吃肉。"张献忠答应了。于是破山和尚一边吃，一边说出了这四句话。这位和尚是具足了卅遮智慧的大善知识，他根本没有破戒。禅门祖师为了度化迷人，不仅会喝酒吃肉，南泉禅师还斩了猫头呢！

今天我们讲讲北宋汾阳善昭禅师的事迹。汾阳禅师是临济宗在北宋的关键人物，他十四岁起即游方参学，参七十位善知识，尽管禅路颇熟，但自己知道仍未见性。听说汝州首山省念禅师在弘扬临济禅法，便前往请教。

第伍讲

到首山处,即问:"百丈卷席,意旨如何?"

何为"百丈卷席"?此是百丈禅师和师父马祖一起见到一群野鸭子后,师父问他"是什么",他说"鸭子",再问去哪了,他说"飞去也",根本不解师意,所以马祖一气之下,把他的鼻子扭了。没想到次日,马祖升堂,众弟子集,百丈禅师却出卷却席,退场了,马祖也一言不发,下座回方丈室。

这是禅门的一段公案,许多人没有参究清楚,汾阳禅师拿来寻问首山禅师,首山禅师答:"龙袖拂开全体现。"

一语之下,汾阳禅师脑中一阵麻、痒,这种感觉从未有过,于是忙急切追问:"师意如何?"

首山答:"象王行处绝狐踪。"

汾阳禅师于此言下大悟。什么是"象王"?概指禅门师者为龙象,什么是"绝狐踪"?就是大象不走兔子路,禅门大丈夫有担当、有胸怀、有功夫、有智慧,心中不会小见狐疑、斤斤计较、患得患失、起起伏伏。

汾阳禅师于是跟着首山禅师参禅,首山禅师圆寂后,他住持汾州太子禅院,足不出山三十年,被尊为"汾阳"。

一天,汾阳禅师对大众说:"昨夜,我梦见亡故的父母向我要酒肉纸钱。"徒众不明就里,面面相觑。说到做到,第二天,他把祭祀场所就安排在了寺院的库堂,设牌位、上酒、供肉、烧纸钱,一如世间俗礼,弟子们莫名其妙。祭礼完,善昭将祭祀用过的酒肉发给所有僧人并让他们吃掉。弟子们狐疑,师父这是做什么,祭祀、吃肉、喝酒?所以,纷纷推却。汾阳禅师呢,独自坐在供桌旁众目睽睽下,喝酒吃肉,饮啖自若。

许多弟子一脸痛苦,垂目掩面。突然,有人道:"这个酒肉和尚,岂能拜他为师!"很多人纷纷附和并收拾行囊一哄下山,整个寺院,唯有石霜楚圆(慈明)、大愚守芝、琅琊慧觉、泉大道(芭蕉谷泉)等六位弟子留了下来。

第二天,汾阳禅师上堂,对着留下的六位弟子笑说:"许多闲神野鬼,只不过一盘酒肉、两沓纸钱,就都打发走了。《法华经》云:'此众无枝叶,惟有诸真实。'学佛之人吃素,宗旨是在戒杀,唤醒慈悲之心。若口中茹素,心里残忍,堕地狱如箭!"

汾阳禅师布下龙门阵,用非常手段淘汰了愚痴的弟子,寻到了法子。其中,石霜楚圆门下出了黄龙慧南、杨岐方会两位,后分别开创了黄龙、杨岐两派,临济禅自此如日中天。

汾阳善昭禅师七十八岁时,太守李侯欲请他出山。使者一连三次恭请,禅师皆婉拒不赴。李侯责使者五十大板且下绝令:"如再请不来,别活着见我。"

使者战战兢兢第四次来见禅师时,磕头如捣蒜,哀求禅师:"大师如若不和我一道回,小人只有死路一条了。"

师笑道:"贫僧已三十年不出山了。你定要我往,可以分先后而行,何必非要一起走呢?"

使者说:"只要大师答应,先行后走,由您选择。"

于是,汾阳禅师令主事僧设斋,吃饭过程中,对众弟子说:"老僧要去,谁愿相随?"

一弟子说:"我愿追随。"

第伍讲

禅师问:"你日行几里路程?"

答:"五十里吧。"

禅师摇摇头:"追不上我。"

又一弟子:"我能日行七十里。"

禅师又摇头:"亦随我不得。"

这时,随师父多年的侍者挺身而出,说:"我能随得。和尚到得,我即到得。"

"你真能随得。"这次,善昭点了头。说:"我先走了。"

说完,汾阳禅师安然而化。而侍者随即站立着,圆寂于师父身侧!

悟了道的觉者示现出来各种相,其中密意普通人不明白。

根据《济颠大师醉菩提全传》记载,曾有个沈员外派家仆给济公和尚送两只熟鸽子和一壶酒,仆人路上偷吃一只翅膀,偷喝了几口酒,以为神仙不知道。见了济公后,济公指出他的行为,他不承认,济公于是吃完鸽子,到阶前吐出两只活鸽子,其中一只少一个翅膀。

许多人看禅门公案以为是神话传说,或者是《西游记》一样的神话故事,其实不然,不要说六祖等祖师留下千年肉身,近代虚云老和尚和他的弟子们的事迹是神话传说吗?具足了开遮智慧的大善知识守的是六祖所传的"菩萨戒",又名"心戒",他们的起心动念、举足下足都是不离自性的,所以一切行为都是根据当代、当机、当下的情况而决定表法的形式,无论显示出这些大德怎样的疯癫、狂乱、暴怒、机变、愚笨、呆痴、木讷、智慧等相,或者像神话一样神奇,都是为了众生得度,他们的行为举止是"不共"的,您没有见性、没有觉醒时切勿模仿,否则自担业报。

大善知识们为了教化众生,而应化在六道里,在各种特殊状况之下用各种方法教化世人。对于那些死持斋、执著、分别心很重的修者,祖师们就会用喝酒、吃肉等狂态示现,您天天持斋、持戒、念佛、打坐,却不解佛意,执著这些个都没有用。故此祖师们弘法什么忌讳都没有,佛就在心中,心里契合了佛性的人,对人、对事、对物、对境完全没有对立,没有执著。佛法中提到,没有执著是阿罗汉,没有分别是菩萨,但"中国禅"的祖师们明心见性是"毕竟空"的,无我、无念、无住、无相,最后连"空"也"空"了,所以和戒持得再好、斋持得再好的"修行人"比,您说谁更契合佛意?

许多人嘴巴上不吃荤腥,心里却馋得很,行为上不碰女色,心里却想得很,夜夜春梦了无痕,您说这些人戒了什么?

(众笑)

师:祖师们是帮迷人开窍的,提醒迷人修行更需要重视实质,不要守在形式里。形式是教初入门的人,要给初学者做个样子;而真正的修行得力,不在于形式,初学者为什么要先持戒、持斋?是先学会放下,"放下"还是世间法,放下后念念不离自性,心能转境才算是入了出世间的禅门。

好!我们今天再来参究一下,禅门里如何看待戒律。说到戒酒,首先"酒"怎么定义,是用"酒"之体来定义,还是用酒的"用"来定义?

(众无对)

师:"酒"之体是什么?是令人乱性。也就是说凡能使人乱性的是不是都是"酒"呢?麻醉剂也是"酒",鸦片也是"酒",佛制戒时还没有吗啡、白粉、鸦片呢,不能说佛戒里没写出来的,就可以用。如果认为一切乱人性者假名为"酒",那么"酒之性"就是乱性。

什么是"酒之用"呢？没有酒精的不明毒性的难道就不能乱性吗？就像鸡尾酒一样,几样东西加一起就变成一种新东西了,如果仅仅以能知之物来定义,那是不是喝下去一样乱性的就不叫"酒"了呢？我们制定戒律,是为了什么？是为了杜绝一些叫"酒"的酒精液体？还是为了远离一切令人乱性之物？

如果是前者,那表面上是戒"酒",实际上呢？"酒之用"戒不掉,并且还给人受戒的假象！"酒之用"就在于,各种貌似有关、无关的东西下到肚子里后,各种催情的视觉、嗅觉、声闻之物受持后不知不觉使人乱性,看似不相关,却达到了"喝酒"的后果,这些是不是酒呢？所以,禅门从来都不会狭义地定义一类事物,看问题要看根本,不一定酿造出来的才叫"酒"！酒是米、葡萄等材料加粬发酵而成的,那么粬也不一定指酒粬啊,杂念妄想是不是粬？欲望诱惑是不是粬？一加以后发酵令人能乱性的,就是"粬"。

禅门怎么戒"酒"？

学生四:远离一切令人乱性的东西。

师:讲得具体些。

学生九:玩游戏、炒股票、看情色电影等,都会让我心神不宁。

师:禅者从来不拿死的条文来约束自己,条文戒律是有很多漏洞的,真想戒,是"心"戒。

什么叫戒"肉"呢？释迦牟尼佛原始佛教时期没有戒肉,古代的僧人乞食为生,乞食的时候给什么吃什么的,难道是他们不慈悲吗？现在佛教的

禅问

僧人里,除了中国汉地和尚不吃肉之外,藏传、南传都没有忌肉,日本、韩国的僧人大部分也吃肉,难道他们都不慈悲?

我们再看看某些吃素的人,他们吃豆腐做的红烧肉、素鹅、素鸡。都叫了这个名了,难道吃下去不是肉吗?佛法是心法,心里想吃才会叫这个名,您以为把豆腐做成那个味道,就符合戒律了吗?您以为那些人工合成的东西对身体好吗?所以禅门是不以这些外相和形式来区别是否守戒的。和什么叫"酒"一样,什么叫"肉"?

佛法认为人要进食,不是为了好吃,是延续生命的必要行为,不仅肉食是生命,素食也是生命,动物、植物都是在拿生命供养您,您吃下去便要回向给天地众生,您的肉体不再延续时,这些肉也是回向天地众生的,这就是循环,谁吃谁不是谁欠谁,谁比谁低级,而是大家都属于循环链里的一环,这是"圆相",宇宙天地是圆的,无所谓高低、上下、前后顺序。例如,亲人去世了,他们的肉体烧成灰飘到天空变成了雨水,落在地面,滋养了植物,植物又被动物吃,植物也能吃动物,那么您吃下去的动植物里,有没有包含亲人的成分?我们都是天地循环的一环,环哪有什么先、后呢?

我们所能感觉的事物、秩序不过是在我们自己心里引发的因果关系联想,这些人为的联想,导致了我们心里自分别事物、人物、环境是属于客观存在还是主观意识判断,其实,客观存在和主观意识都属于幻觉,人类自制定了一个"序",秩序、程序都是人为的。一切人、事、物、境的"序"是一个生命(非特指人类)的开始,有了"序"才能人为分别有生老病死、成住坏空的过程,其实,这不过是因为认识主体"意识"到了或者所谓"理解""觉知"了

第伍讲

一种假名为"序"的暂时稳定关系。

宇宙万物是流变的过程,世界是流变网络中的一环,一切都在流变中,故此,"序"是个假名,是个暂时性的、人为制定的过程,如果不知道这些也是幻觉,不理解有些"力"能实际作用于这些流变,能改变这些流变,我们就会被看似稳定的"序"显现出来的"结构"所迷惑,而"结构"是可以被一个个人为地局部简化或抽象分割成"概念"的,"概念"和"概念"之间又会呈现出新的"结构",新的"结构"再次被局部简化或抽象分割成一个个新的"概念"。每一个"概念"就是一个"名",每个"名"又是一个新的"序"……如此无限分割,无限推广,无限延伸,人们也就遗忘了:"概念"由什么构成？来源于哪里？认识的主体是什么？"意识"或"意志"的背后是什么？"概念"本身的演变有没有"序"？尽管推广"概念"者,永远是变动不居的反对者。

戒律本身就是一个个"概念"。人为什么尽量少吃肉？从物理来讲,我们的身体如何保持生命力呢？因为振动！振动当然有高频和低频之分。身体里低频的振动细胞是癌症、肿瘤细胞,振动频率比正常细胞低。那么如何提高自己的振动频率呢？我们平时唱颂的法音是不是高频？

（众点头）

师：一切要求修者反求诸己、内省自律的修法,都是向上一路的修法,振动频率自然是高频的,不过越高越慢,最后慢到禅定状态是不变随缘、随缘不变。静止是不动,这不是静止,而是一直静中动,是行住坐卧、语默动静都在从容安然状态下的"定"。为什么要少吃肉呢？动物大多是什么时候活动的？

众：夜间。

师：植物大多是什么时候开始光合作用的？

众：白天。

师：人主要是什么时候活动的？

众：白天。

师：人属于动物类还是植物类？

（众笑）

师：那为什么到了夜间不像动物一样出来活动，而是睡觉呢？因为人最重要的不是食物，而是灵性，晚上养阴是养人的灵性！所以我们的频率和植物相似还是和动物相似？

众：植物。

师：植物能帮助人和自己身体里的各种细胞频率接近，从生物振动频率来看，人类越是深入观测细微，越明了世间皆是振动的能量，人的外形是振动，意识情绪也是振动，只是肉体是由较低频且较固定振动所产生的幻相，而内在情绪是较物质振动高且变动较大的频率。

由于人的内、外能量皆是振动，所以会与外在产生共振。当人处于无意识的状态下，潜藏内在那些共存的混乱频率，会受环境影响，导引出与之共振的频率。

若影响是让人感到关爱、温暖、祥和、喜悦、平静，内在共存的混乱振动，就会受这些较高频振动的影响，让混乱振动变成和谐的共振。同样若某个人、事、境，让您感到愤怒、悲伤、恐惧、罪恶，感到被弃，低频的振动将被导引出来,拉低内在共振或者变得更混乱,而这种较低振动,常会让人觉得心轮沉重、身体疲惫、情绪波动。

低频的振动是会影响细胞变化的,现在医学已测出癌细胞的振动频率,低于正常的细胞,这是一种自体随着意念所产生的自毁机制。由此可见,只要真正转换心情,癌细胞就会有可能因为内在的共振频率改了而变成正常细胞。这就像同一室内放两个钟摆摆动速率不同的钟,一天后,两个钟的钟摆会变成相同的摆动速率,能量较大的钟摆带动另一个较低的变化。所以在通过修行提升觉察、成为自己真正的主人前,减少接触低频的环境、视听、饮食,对身体及心灵的健康有大的助益。

而在饮食上,其实不管植物、动物皆有生命,不杀生的说法是自欺欺人,但植物接收太阳能量、大地之母的能量,其振动频率是较益于人类的,动物的肉,由于灵体意识较植物高,且具有比现今人类更高的直觉力,杀害会造成它们的愤怒、恐惧等情绪,并依附在肉体上,随着人类的食用与人类的能量结合,人食后会增添不利清净意识成长的不安元素,若想减少觉察的障碍,需尽量选择食用植物。

为什么小路叫"羊肠小道"呢?因为九曲十八弯。食草动物的肠子大多是曲折的,食肉动物则反之,几乎都是直肠子,吃下去的肉类大概半小时左右就要排泄出来。为什么?

学生四:肉食有毒,需要及时代谢。

师:那吃肉的人呢?

(众笑)

师：食草动物肠子长，是因为需要充分吸收，人的肠子长度是躯干的五倍左右，那么我们更趋向食草还是食肉啊？

众：食草。

师：多吃植物性食物能帮助我们充分吸收，少吃动物性食物，是因为我们不能及时排除肉毒。这些说法有没有道理啊？

众：有！

师：那么问题来了！吃素有这么多好处，为什么佛陀没有规定僧团一定要吃素呢？

众：没有分别心。

师：古人吃得有现代人这么多吗？他们吃是为了生存，所以只吃一点点，并且过午不食，可是现代人呢？一天三顿！并且量那么大！这是为了生存吗？一桌子大菜，是为了口欲！为什么越修行吃得越少，身体却越好？因为降低了对食物的欲望，贪心减少了。其实为什么僧团没有专门规定吃素？就像您们都认为汉堡、薯条等食物反式脂肪酸高，是垃圾食品损伤身体，还有喝可乐流失钙，可股神巴菲特今年多大了？他就爱吃汉堡喝可乐，老人至今思维敏捷，精力充沛。谈到长寿和食品问题时，他在演讲中说，自己从十六岁开始，听到了一个小精灵的提醒，就开始好好对待自己唯一的一部车子——自己的身心！所以，人的健康不在于吃了什么，关键是吃了多少，吃的心如何！

一切的关键是在心！不是我刚才说的什么高频振动、肠子长短等科学解释！我找了些所谓科学依据，您们一听就觉得有道理！其实是认识水平

第伍讲

有问题,自己常把自己说迷糊!吃素有什么好处?关键不在吃素能养生,提倡吃素是修者心中不灭大悲心的种子!如果吃了一堆素鸡、素鸭,说明什么?

没有分别心,不是泯灭外在的差别相,那不是越学越糊涂了吗?要去除的是自己内心的贪嗔痴、妄想和执著。

学生五:心里想吃!形式上不吃!

师:修禅只有一法:"唯传见性法",见性法是什么?不在形式上,而在心性上下功夫,您的心和什么相应就吃什么,别被我的高频、低频理论骗了,吃的不对是贪吃!为什么会贪呢?因为痴!觉得那个好吃我就吃下去啊,你吃的时候得想吃下去的能及时排出来吗?所以以后一切"进"时,您们要想什么?

众:出。

师:什么是"出"呢?人通过大便、汗液、小便、口水,各种体液把垃圾代谢出去,如果不能及时出去,还拼命地进,身体会怎么样呢?所以看上去吃素很健康,可大家有没有看到过许多吃素吃出来的胖子呢?

众(笑):有。

师:那些人以为素菜可以敞开了吃,所以吃得很胖。并不是素食能养生,而是在于您吃得适不适合,食物是否和自己相应,并且吃多少。那么怎么知道饮食和自己是否相应呢?首先要了解自己的体质,知道自己是什么体质、有什么特点,才知道应该对应什么饮食。中医说要"和四时",那是普遍的说法,别人的蜜糖可能就是您的毒药!我在《禅者的秘密·饮食》一书和《生存》书上,详细介绍了禅者如何寻找自己相应的饮食,这里就不多说了。

最后,我们再谈谈"色"的问题。什么叫"色"？见到异性只要不发生两性的关系,这就叫戒色了。对不对？

学生十二:那是形式。

师:禅门认为只要心里起了涟漪,就是心动了！"心戒"比身戒难得多,因为动没动心别人是看不出来的。禅门的戒律为什么不以是否克制住了行为为标准呢？因为哪里有压迫哪里就有什么？

众:有反抗！

师:心性被压抑久了,必然找别的方式发泄！必然会有另一种形式爆发,不贪钱贪法,不吃肉却吃素吃得更多,不碰女人有没有别的方法解决性需求啊？

禅门讲的不是形式上的戒酒、戒色、戒肉,而是心不动了,才叫"戒"。

以"狂僧"之名位列日本三大奇僧的一休,是中国人熟悉的日本禅师,《聪明的一休》讲的就是他小时候的故事,他一生放浪形骸,藐视权贵,他既是禅法精深的临济禅大师,也毫不避讳男欢女爱。

当时的日本,和尚和女人私通已是半公开的秘密,不少和尚道貌岸然,生活淫乱得很。一休禅帅对此十分厌恶,故此,他的许多行为匪夷所思,非常人能理解。

近七十七岁时,他偶然听到了盲女森的歌艺表演,被其深深打动,两人惺惺相惜,相恋十年,一休禅师晚年在酬恩庵修建墓塔,那里成为他和森的比翼冢。他为什么公开高歌情爱？为什么不仅吃肉喝酒，还出入风月场所？为什么留下直白得让人讶异的艳诗？

印度教时代产生了"湿婆"神，"湿婆"又译作"希瓦"，本是"仁慈"的意思，象征"昌盛"和"吉祥"，但同时又象征着"毁灭"，湿婆的形象是一面三眼四臂，能方便地观照世界的每一部分。其面貌威严英俊，留着苦行者纷乱的长发，头顶装饰着恒河与弯月，脖颈上挂一串骷髅项链；上身半裸，下身围一条虎皮，身缠眼镜蛇，手持三叉戟和弓箭，游荡在鬼灵坟墓之间。当他露出恐怖之相时，宇宙诸生无不为之战栗，故被称为"鬼灵之主"。为什么毁灭和再生是同一种力量？神意不可测，禅意也同样不可测，禅师究竟表的是什么法，您的心在什么境界时就看到什么法。

修禅不仅仅是止贪、制欲，而是转化，"六根"是贼，可没有"六根"哪有"六趣""六波罗"呢？

我们总结一下这个问题。

什么是"酒"？乱性为"酒"，一切能在您身体里产生化学反应，让您兴奋、身心分离、胡言乱语、无法控制的，都是"酒"。

什么是"肉"？乱食为"肉"。凡蔬菜、零食、水果等吃多了都是"肉"。所以戒肉是戒乱食。

什么是"色"？乱心为"色"。凡扰乱您的内心清净，导致胡思乱想、执著不忘的皆为"色"。

所以禅门真正需要戒的是乱性、乱食和乱心。

禅问 第陆讲

禅者颂
变机

修去修去，
万丈光芒去，
紫衣金阁去，
神鬼莫测去，
得兴存亡去，
轮回因果去，
枯木坐禅去，
妄想执著去，
分别思量去，
去去去……

禅者颂

对机

修来修来,
红尘滚滚来,
随缘自在来,
大慈大悲来,
乾坤颠倒来,
游戏三昧来。
万境如如来,
一念万年来,
立地成佛来,
来来来……

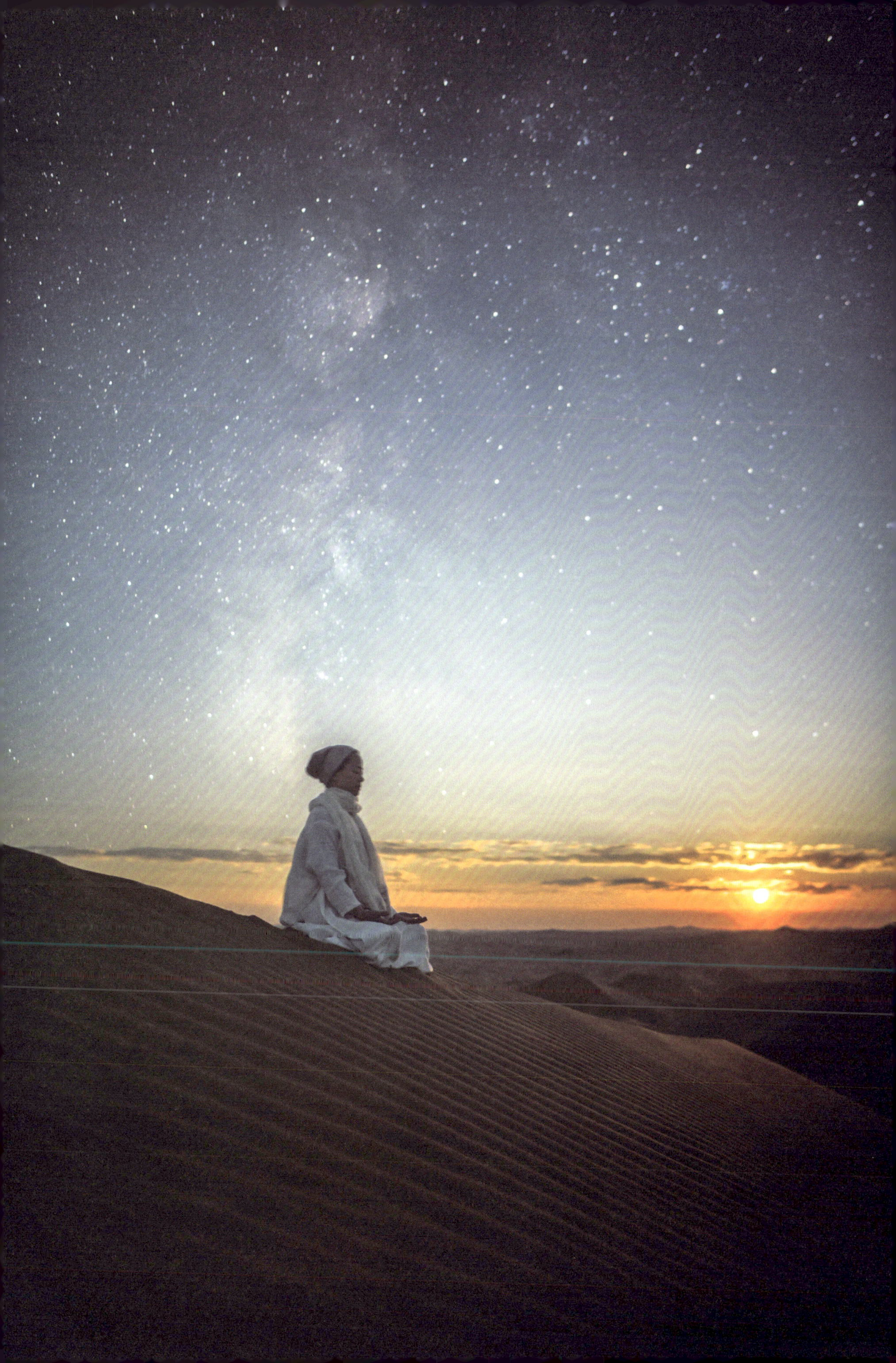

第三十问

禅者遇到不公平或困难,
是不是要忍辱、退让、回避

（众唱颂《菩提本无树》）

师：禅者遇不公平或困难要不要忍辱、退让、回避？

学生一：不需要。

师：谁说不需要的？达摩祖师见梁武帝后相谈不契，去了少室山，当地的僧人对他不是很欢迎，他就一个人住在洞里，等候能传法的人，可达摩祖师这么与世无争地过，还有僧人给他下毒，先后共下了三次毒，第三次祖师自饮毒药走了。他在中国的十几年，难道没有隐忍吗？没有退让吗？没有回避吗？是达摩祖师没有功夫、智慧斗不过这些下毒的僧人吗？

众：不是。

师：一切世人眼中的不公平、委屈、困难、危险，对于禅者来说，内心是不变随缘、随缘不变的，因为有能力，所以禅心如如，能转"危"为"机"，敢于明知山有虎，偏向虎山行，一切以弘法为中心，为法忘躯，死而后已，这是禅者的精神。也因为有功夫、智慧的护持，所以别人对自己的伤害不介意，可以自行化解。至于委屈、困难这些，世人感觉苦，禅者不觉苦，苦是心苦，心若无苦，苦无居所时，何谈有苦？所以达摩祖师虽然能量远远超过那些下毒的僧人，明知有人给他下毒却还无动于衷，就像一只蚂蚁害不死大象一样，幼儿园里的孩子打您一拳您会生气吗？

（众笑）

师：无能的人才会嫉妒、抱怨、惴惴不安，有能力的人心大愿大能量大。西方奉行弱肉强食、强者为王的价值观，可是真正的东方传统不是，并不是强者就要天下臣服的。能量本事大、武功高的人不是去欺负别人的，而是能更大程度地利益众生的人。如果因为自己的能力强,就欺霸一方,那是土匪,不是禅师所为。禅者对自己来讲,别人对我的态度是否公平公正,这些都不在意,下三次毒药毒到祖师了吗？为什么最后祖师自己吃下毒药呢？因为传法结束了,该离开了,所以就自己吃下毒药,用这个来表法,不是被毒死的。

二祖慧可大师也是啊！传法三祖后,他流连世间、酒肆赌场,世人不解,最后被砍头也是为了表法,他真的被杀死了吗？他能被杀死吗？所以,遇到任何困难、危险、不公平的事情,如果是和个人相关,祖师们都能随缘不变,不变随缘。一切问题在有能量的人面前都不是问题,无生无死,无来无去,无前无后,禅本身一无所得,哪有什么是不可隐忍、回避、退让的呢？在和个人相关的世俗名誉、地位、利益等方面的矛盾上,禅者的处理方式是不争、不辩、不在意。

那对外呢？就不一样了,如果事关弘法,事关众生慧命,事关众生之利时,禅者该当小狗就当小狗,该当狮子就当狮子,也就是需要他出头就出头,需要他隐忍就隐忍,怎么判别如何处理为妥,这就是自性起用的智慧了,大家回去请再参究《至宝坛经》第十品,禅门最大的密法就是三十六对自性起用,禅师的功夫全在这里体现,禅门祖师是弹性最充足的人。他的行为举止、起心动念一切以利众生、导众生慧命为出发点,个人的声誉、面子、地位、利益是微不足道的,众生需要,时机到时,便"虽千万人吾往矣",毫不犹豫地去做,知其不可为而为。

禅门祖师的了不起之处,在于不计较个人得失。这一点从神秀祖师身上可以看得很清楚,他为什么推动的法是渐法,他明明知道以后渐法是不如顿法的,师父圆寂后,他跟师父要求再次闭关十几年,出关后便开始弘法。他的成就不如惠能祖师吗？未必。但为什么根据师父要求推动渐修？并且,在面见武则天时,敢于直面君王褒惠能而贬自己？普通人抓到这么好的机会,肯定想办法证明自己是正脉才对,他却不顾自身安危,不顾自己门派兴衰,甘冒巨大风险把在化外之地岭南弘法、一字不识的惠能隆重推到武则天面前,如果不是已经了脱生死、明心见性的大成就者,谁能这么做？谁敢这么做？谁愿这么做？

谁敢对着武则天说:"我没得师父的法！我的师弟比我了不起！"说得出来这句话,说明他的修行境界、功夫智慧一点也不在六祖之下,可是,他就能为了天下众生去推广明明不如顿悟的渐修法！我们可以认为这是五祖安排,五祖是大智慧者,知道要万法归禅,必须开顿、渐两门！这就需要一位弟子为天下人牺牲,众生有利钝,所以神秀禅师是伟大的祖师之一！

其他呢？有人认为净土没有顿法高级等思想,这都脱离了"一切法皆是佛法"的佛法宗旨,佛法是不二的,众生有利钝,佛法就有八万四千法,没有谁高谁低,只有适不适合。顿悟法虽好,但全部人都能修顿悟法吗？部分最上根器的人可以一闻经语,心即开悟,那中、下根器的修者呢？修者根器是中、下,但引导的师者必须是大成就者,就像教幼儿的老师得师范毕业,幼儿园小朋友教不了小朋友。以中下接引中下,就只能停留在中下了,观世音菩萨慈悲普度众生时,是不是一切众生皆度？还是分别了这是大根器,那是中根器？"普门示现"是对应不同众生,示现不同"应身"。

所以,祖师们对待自己的态度,是随缘的,别人怎么样评论、什么态度、什么看法都影响不了我慈悲的心,也伤害不到我,因为我有能量,一切不在意。就像小孩子拿个棍子打你,你哈哈一笑就过去,绝对不会斤斤计较。社会上各种的不解、侮辱、谣言,就像一阵风,何必在意啊!而对外则根据众生需求来决定如何反应。扮演什么角色都是应机,没有分别我是配角、您是主角,这公不公平,等等。一样的土地,长出的农作物是不一样的,各有各的作用,丰富多彩,自然互为因果,才是完整的世界。

三祖说"但莫憎爱,洞然明白",其实人只要在世上就有憎爱,有取舍,有善恶。这些全部来自"私",但凡私心存在,对立的心就无法转化,凡有对立,即有方向,有方向即是偏,所以禅是"圆相"。圆可以包容一切好、坏、善、恶、是、非、对、错。一切的分别从自心生出,也在自心中得到圆融,"中国禅"心内求法的含义,就是心内如何自圆融之法,"圆"即是"正"啊!如果不能理解"圆"即是"正",那么就会自定义善恶。您们说人类定义科学进步是"善",想过科学技术进步这二百年为人类带来了怎样的后果吗?环境、人心、人的主观能动性和科学技术的进步成了反比,所以,重新认识"进步"是否为善很重要,所谓进步要有正确认知,如果不在"圆"中只在线性思维模式下,您认为是朝着神的方向在进步,更便利、更快捷、更科学,人能创造生命,改变DNA基因,实际上是否朝着地狱方向进步也未可知。

(众点头)

师:天地间本来就有诸多人类无法解释的现象,藏羚羊为何长途跋涉去卓乃湖产子?鳗鱼为何千里迢迢从日本海去关岛产卵?现代生物学研究DNA基因时,发现了原来人类的DNA和大猩猩之间几乎没有区别,人类是万物之一,是自然界的一份子,在基因层面上,所有生物差别无几,万物一体,我们本该从中更加谦虚,更加体会"万物平等"才对。然而,人类却在利用已知的可怜的生物学知识赚钱牟利,人为地想改变基因构造像神一样创造生命,傲慢的人类对自然界的提示置之不理。其实,我们连三文鱼为什么一定要回到出生地产卵都不清楚,还何谈创造生命呢?

宇宙万物,由于迁徙、移动而供养沿途的众生,三文鱼的长途跋涉供养了沿途多少人口、动物?每年冬眠过后的熊会和渔民一样,守在三文鱼回归的路上等候着鱼群的到来,这就是动物的利他心,以生命回向天地,相互供养,引成天地之间的生态循环。

佛法的"回向"便是"圆相",生态的循环同样也是,人为地用功利心计算得失时,就会只索取不付出,这循环链便断了,这种"进步"会是"善"吗?

第三十一问
修禅能够让脾气变好吗

（众诵读《圆相诀》）

师：修禅能否让脾气变好？

众：能。

师（笑）：我脾气好不好？谁还没挨过板子的上来试试。

（众乐）

师：怎么叫脾气变"好"？怎么叫"不好"呢？还是和上一个问题一样，凡和自己利益相关的，禅者会情绪稳定，万境如如，所以看上去脾气"很好"。但如果事关众生慧命的，则该怒即怒，该说即说。

"非我"者，师也，祖师们如果没有脾气，哪来的棒喝机锋？什么叫禅师的"脾气"？不是世间的概念。世间的个人化情绪叫脾气，而禅者是不受情绪干扰的人，禅者怒，不为己怒，向魔王怒；凡夫怒，为私欲怒，向弱者怒。故此，禅者的脾气是为众生发的。

精神有三种不正常状态，第一是精神病，第二是梦中，第三是禅定。这三种精神不正常状态，区别在哪里？

精神病是人精神不自主的紊乱状态，禅门称之为"掉举"和"昏沉"两种状态："掉举"是亢奋，情绪起伏大，容易激动；同样，抑郁、消沉、多愁善感叫"昏沉"，这两种是精神病。需要通过修行，恢复到清晰、清净、清明的状态。所以，正常人的脾气是在精神亢奋或过分抑郁后的极端爆发下发作的情绪，而禅者的"脾气"是在清明的心态下自控的行为，两者之间有天地之别。

第二种精神不正常状态是在梦中。我在《禅画美学》总序中提到，凡常的人不仅在睡眠后进入梦中，更是天天做着不由自主的白日梦，身不由己，不知现实的虚实，在梦中时，迷迷糊糊，半梦半醒，似懂非懂，不知是梦，这种时候和情绪化时期不同，情绪化时，人知道自己控制不住情绪，知道自己是在生气和消极中，而白日梦或夜间梦时，人不知在梦中。自以为清醒，这就可怕了！不停造业而以为"善行"。

能反思、反观、反省者才有清醒的可能，这需要人自己下决心，一方面自己努力，一方面需要外力帮助，逐渐知梦而后脱离梦游的状态。其实，真正的修行是不会放弃睡梦时间的，我在《本能》一书中讲过梦修法，梦中不修，就是脱离念念自性的"二"。

正常人梦中能带得动自己的意识吗？您能规定自己做什么梦、和谁一起做梦、一起去什么地方、听什么法、见什么人、什么时候回来吗？能在梦中自主的人，叫"自在"人。

玄奘法师去印度求法，求的是法相唯识宗的根本经典《瑜伽师地论》，这部经典是无著菩萨梦里去兜率天宫听弥勒菩萨说法，白天记录下来所完成的。这样的经历近代虚云老和尚也经历过，故此，所谓的修行"大定"，是即使梦中也不离于定，这叫"寤寐一如"的功夫。否则修者白天在定中，晚上睡着了就控制不了自己，那能叫"六时如意""六时吉祥"吗？

学生一：《盗梦空间》是不是说梦修？

师：当然不是！梦本有多层梦，修人怎么进一层一层重重叠叠的梦，是自主带动的，非依靠药物、运气，依靠外力不叫"定"。有些人突然有某种感应，例如突然感应到某个亲人的状态、感应到下一刻可能发生的事件等，第六感灵敏未必是好现象,因为一切事物,包括感应、神通,您不知从何而来的,必控制和带动不了这种能量!自己带动不了时,必被反制!那么梦是不是真的?

学生八:是真的!是自己储存在意识仓库里的材料制成。

师:什么叫"真"呢?昨天是真的吗?昨天在哪儿?它逝去了,还是存在某一个地方,只是您读不到?

昨天如果没有,就不存在什么时光机可以回到过去,如果"过去"可以"回"就不叫"过去",也就是过去和现在是存在同一时间不同维度的。那么未来呢?如果可以走进未来,那么未来也是同时存在的。时间又是什么?时间是数学吗?数有实体吗?

诸如此类的思考,是令我们发现宇宙、天地、万物之密码的!您暂时读不懂,不代表永远读不懂。狗能嗅到三天之前的味道,您为什么嗅不到呢?因为功能没被开发出来。

我们修禅不是为了发神通,而是越来越多地打破人生的局限,梦也一样,不懂时,是局限,明了后,是助力!所以精神的不正常状态梦境也是可以在此悟道的。关键在您有没有把梦境带动。

最后精神不正常状态叫"禅定",是不是您们没想到?

学生九:是啊!我们认为"禅定"是最正常的精神状态呢!

师:什么叫"常"?人人天生就有的!禅定是天生就有的吗?

(众笑)

师:既然不是人天生就有的,即非正常人的精神状态,那当然就是不正常啊！谁说"不正常"一定是贬义词了？

（众笑）

师：禅定是修行得到的精神稳定态，而非普通人可以自然得到的。正常有修养的人，情绪稳定，心平气和不是禅定，而是平静。这和禅定是不同的，禅定被西方人误解为平静，被邪师引入平静之地，这是误解和谤法！如果这么理解，禅定就是"二法"，谈什么"语默动静体安然"？谈什么"饥来吃饭困来眠"？平静是相对不安说的，而禅定是没有相对的，一切时、一切地、一切境都能自主，是为"不动道场"。而外在形态千变万化，祖师们棒喝时看上去平静吗？雷霆暴怒，狮子狂吼，难道他们不在"定"中吗？故此，"中国禅"的"定"不是有特定状态、特定仪式、特定内容的，当然也没有出、入的。

所以我们看看精神的三种不正常状态，实际上是什么呢？第一种清晰是需要通过修行转化的，第二种白日梦或睡眠梦要通过修行带动的，第三种大定状态是要通过修行达到的。

那是不是进入禅定的禅者都是不正常的人了呢？

学生一：是也不是。

学生六：对普通人不正常，对觉悟者正常。

师："常"和"非常"是相对的概念，概念是有角度的，站在什么角度，理解就完全不同。举个例子，男人一次射精，会产生几亿精子，这里面的冠军才能冲进子宫和卵子相遇，在没有被妈妈生出来前，这个受精卵以为就他一个冠军，从母体生出来以后，发现，啊？原来还有那么多冠军？世界上有几十亿冠军!

（众笑）

师：所以没有进入另一个世界、没有进入另一种状态时,您难以理解许多真相,故此我们才说"不可思议"。"禅定"功夫也一样,在没有得到定力的时候,感觉修定真难,有没有像精子在几亿同伴那里拼命冲刺的状态啊？修到了禅定后,才进入另一个世界,这就是出世间的境界,那时候才发现,啊！原来这个世界里也几十亿、几百亿的生命啊！无数佛、无数菩萨的世界！

（众笑）

师：现在反过来再理解什么是"脾气"呢？动物在决斗前要发脾气,那真正是千钧一发,猫捉老鼠时是不是瞬间爆发？这是动物的"生气"状态。可是人呢？现代人是时时刻刻都在"生气"状态的,只有消耗没有补充。为什么？因为现代社会是基于"欲望"发展的,所谓的成功人士是"欲望人",生活在底层的人还是"欲望人",大家的价值观都一样,这就叫"发展性社会",没有人意识到"发展性社会"其实是单行线,人生的价值如果仅仅是"赚钱"……钱是怎么产生的？有钱人是怎么用钱来生钱的？钱能生钱的未来如何？……没有去仔细考虑未来怎样,就这么顺着单行线急速开车,而无欲的人呢？就被高层和底层的合流意识边缘化了,有些人选择隐居,有些人选择闭嘴,因为大家都认为无欲是不正常的。多数现代人为欲望发脾气,不知止,不知耻,不知感恩,这就不会是和谐的生存方式。

在这种生存状态下,人的喜怒哀乐、行为标准都是围绕利益而为,那么势必引发道德边界模糊,对己对人是双重标准,如果人人都是这样,这个社会能互相信任、关系和谐吗?因为互相不信任,关系不和谐,所以引起各种矛盾、各种指责在所难免。

动物生气状态本是刹那间的状态,因为特别消耗精力,而现代人的生气是种常态,为什么呢?因为互相不信任,不可以放松警惕,即使回到家里,也是战斗状态。

(众笑)

师:这种心态下吃什么保健品管用吗?睡觉都在噩梦中,夫妻之间不信任,父子之间不信任,兄弟之间有利益冲突,您精力是耗不完的吗?好斗的、能斗的不是真勇士,真正的勇士是坚持和谐、和平的人,是坚持自己信念不受外界流言、环境、利益变化而干扰的人,是能包容、能于乱世而坚持相信的人!

人最大的苦恼来自心,而最大的幸福同样来自心。控制不住脾气的人是最不安心的人,能主动控制脾气发和不发的人,是自在人。

普通人为什么会发脾气?因为分别心,例如现在突然大地震了,我们全被埋了,谁心里会突然发怒:老天爷我灭了你!

(众笑)

师:都不会吧?被埋了只会去积极自救和救人。如果台风把您车刮伤了,您会发脾气吗?可是如果有人把您的车砸了,会不会发脾气、想报复?为什么呢?其实结果一样啊。再例如,您走在大街上被雨淋了发不发脾气?为什么被人用水泼了就发脾气?区别在哪里?

众：分别心。

师：自卑和不自信,才会发脾气。情绪是一种波浪,波浪就有波峰、波谷,您们说波峰、波谷有什么区别? 是不是全都是水? 人生的高潮、低潮有什么区别? 是不是都是人生? 全波是水,全水是波,都是一样的水、一样的人生。您具备智慧的时候绝对不会受高低的影响,没智慧才会分别起伏地变化。

我们看大海啸,海浪高五十米又怎么样? 深海处还是静水缓流的。台风呢? 越往外风力越大,风眼怎么样? 如如不动。所以禅者是知人生如戏的,能观、能随波峰、波谷起伏的变化,而内心却不变。

学生七：包容别人、脾气好,会不会被人误认为是懦弱啊?

师：懦弱是被动忍受,宽容是主动原谅;懦弱是无可奈何,宽容是胸怀坦荡。心里有力量,才能去宽容他人。

禅门祖师们看上去的一个个暴脾气其实都是慈悲心、老婆心中出来对众生的情,祖师们为什么能如此独立自主、不攀缘、不思回报,个个都是气壮山河、顶天立地的大丈夫? 是因为,知道"我是谁"! 知道生命来从何处来,归往何处去。

普通人定义自己,是根据血缘、宗教、民族、语言、文化、历史、习俗、制度、地域等假定了一个个"身份"的,其不知这些都是暂时的,都是自己的执著,都是自己假定的"归属地"。之所以需要这样的归属,是因为不安心,没有团体时感觉自己无家可归。在这个世界里,未来分割人与人之间关系的,不是经济,不是语言,不是历史,不是习俗,不是民族,不是宗教,不是血缘,不是制度,不是文化,不是地域等一切外在的,而是内在的价值观,价值观的差异导致人分出了不同群体。

那么,是不是相同价值观的群体内部就没有矛盾了？也不是,我们一天不清楚"我们是谁",就永远会自寻烦恼,会无事生非。但是谁又知道"我们是谁"呢？只有当我们知道我们不是谁、不属于哪里时,才可以不必在群体中找到位置。不必害怕被谁边缘化时,我们才会真正知道"我们是谁"。

第三十二问
"中国禅"的顿悟是什么?
人人都可能顿悟吗

（师唱颂《远看山有色》）

师：什么是"顿悟"？我们从内、外两个角度讲，对内是"自他无碍"。不悟是因为碍着"我"，有个"自"和"他"的分别，产生各种自私自利心的想法，碍着您明心见性，这个破除了，也就"无我"了，"无我"不是没有"我"这个肉体存在了，而是不以"我"为我，出离妄想和执著了，不受五蕴、思惑、见惑所障，发现原来"自"和"他"无别，原来法无自性，原来人人皆可成佛！尽虚空，遍法界，大到无边无际，小到极微极细，非此非彼，即此即彼，无内无外，无前无后，超越时空，在在处处，全体即是，故此虽名"大"，实等同于"极微"，大小之别、高下之论、自他之碍，乃是非常名，非实有，又非无。庄子说"吾丧我"。"我"即"自我""小我"，而"吾"乃是契合自性之"大我"，能和天地齐物共生，"吾"即"无我"。

什么是真正有能量、有才能的人？即身心中可以融会贯通阴阳两种相对之力，表现为这个生命体内在可以既统一又矛盾；既大胆又细致；既风趣又单调；既激情又理智；既深邃又简单；既变化又重复；既自信又谦虚……可以说一个生态体内有自生的相生相克之能力，有阴阳两种对立统一的能力，并能同时自主应用和发挥两种力的人，才是真正有能量的人。生命中两种矛盾力，互不为碍，互为相因，不以对立而滞碍，这才是人真正的才能。

"照见五蕴皆空"指的是什么？生命中没有对立，自在驾驭对立，这种修法叫"照"，"照"是观照，观才能照，观是反观，怎么反？"中国禅"时刻不离"圆相"，佛法中又称"回向"，生灭、起落、先后之间，法在循环，正如生物学中已经证明了遗传因子"不死"，这就是生物学本来要人类领悟的"生命循环",注意,这不是"轮回",而是生生不息的各种形式循环,你中有我,我中有你,万物一体不二。

"中国禅"的"圆相"本是超越时间的,超越时间即可超越空间,这一点和西方观点迥然不同,西方的神论中,基督教的教义是好人死后上天堂,来到神的世界;而来到了神的世界,即意味着时间停止了。然而"圆相"不是,禅者回向人世间,回向是乘愿再来,以不去相而去,以不来相而来,非以欲望带动肉体,而以愿力带动生命。故此,禅心是在天空中翱翔的自在心,心中无私,天地无涯。"无私"是明心的表现,"无私"也是禅者联通宇宙万物的天线。

"自他无碍"即"无私","无私"者才能大悲同体,感同身受众生苦乐,身体内每一个细胞能和天地相应,这就是"他心通"。

那么对内来讲,禅者悟道是体悟到"自他无碍",对外的角度是悟到什么呢?即"功德无量",也就是利他心、慈悲心。为什么叫"功德无量"呢?只要是功德就一定无量,只要有量就一定不是功德。人的生命要想生生不息下去,就得有一种力来推动,这种力唯有"愿力"。

如何使"愿力"发动?便是自燃!禅者必须燃烧自己,像蜡烛一样,自己有活力,才能燃烧起来,才能点燃他人,灯灯无尽,薪火相传,这就是"愿"的力量,愿是生命的点火器,愿力能带着您来往三界而不迷,自燃而不熄。

我们的愿不能只限于自己喜欢什么,想得到什么,而要想想自己能为社会做些什么,要自己返照契合。有了方向,便能走好脚下的每一步。

三界轮回中,唯有契合自己愿力的人能往来自如,愿力是转化业力、因果力的唯一武器。所以有愿的人,即使肉体消亡了,但心中愿之火在相传,这是愿力的转移,故此,叫"无尽灯法门"。

所以什么叫"顿悟"?对内表现是"自他无碍",包容一切,十方圆明;对外是"功德无量",大慈大悲,大愿大行。所以"顿悟"不是理论,而是实实在在地反映在生活的方方面面:人与自身、人与社会、人与自然万物的关系。

是否人人可以顿悟?

众:人人可以顿悟。

师:人人打开心门都有顿悟的基础。不过"至道无难,唯嫌拣择"。愿意相信、笃行的人有几人呢?能真正相信、笃行的人怎么可能不悟呢?为什么相信和笃行的人一定会悟呢?因为心无量。反过来说,不相信、不笃行的人为什么难受呢?因为受身体和思维的局限,而超越身心局限的修法就在于"无量心"有没有发出来。弥勒佛是无量光、无量寿的,如何契合无量呢?修无量法啊!天天局限在生灭不已的喜乐觉受里,陷在事里,哪里会体会到无量?"中国禅"修者如果每天认真修法、诵读、契合无量的善法,心怎么可能不"无量"呢?

为什么当下一念能悟道?一念成佛是什么道理?我们叫"一念不生全体现",为什么"全体现"?就像闪电,"唰"地一下灵光四射时,所有信息、能量是不是就在"唰"的那一下全部出来?只是人类现在接受不了全部信息和能量而已,一念也是一样,"念"就像闪电,当中含了全部密码,"心能"不够时就解读和接受不到。

现在的芯片是不是越做越小?以前能想象吗?这么多信息储存在那

么小的芯片里,以后会不会更小? 再以后会不会不用芯片,直接存于无形中? 心有形吗? 念却可成形,未来,一切都可以由无形生形自由转化。所以,禅心是微细心,可使得刹那念中万年的信息全体现。

为什么普通人感觉不到? 因为杂念纷呈,心思散乱不集中,自己的欲望把自己的心眼障住了,心眼不通,所以处处不见。凡悟唯有顿悟,而修可以渐修。

为什么人心里不安呢? 因为心有所牵,心若无碍,哪还有恐惧呢? 所谓禅门"杀人刀",是把您自己砌好了的监狱一个个粉碎,是拆墙! 大家说站在山顶上的人和站在谷底的人,接收到的阳光一样吗?

学生八:不一样。

学生三:一样。

师:阳光是一样的,接收的多少有差别。这就是所谓的大智慧和小智慧、大悟和小悟之别,这些差别不在阳光,而在您自己站的位置。心量不够时您的位置在谷底,明明有万丈阳光,却接受不到,而站在山顶的人能接受更多的阳光,这就是阳光无别,位置有别。我们需要做的是调整自己的位置,这个位置便是自己的境界、心量。通过修法使自己从谷底往山顶去,向上一路不迟疑,这爬山的力量来自功德力,您大大做功德无量的事,当然就契合"无量心"。"无量"没有一个定义,无量光、无量寿、无量时、无量处,一切都可以无量。

我们现在了解的宇宙半径四百七十亿光年,那是边吗? 可能就是恒河里的一粒沙,人类暂时不了解而已。蚂蚁看到个面包,哇,喜马拉雅山啊!

（众笑）

师：功德是让人心广大无边，是唯一能接近无量的方法，并非谁能真正享受功德。惠能大师说"见性是功，平等是德"。"见性"是和自己的本性相契合；"平等"是对外一切无分别，看万物和我一体，这叫"平等"。所以"功德"是什么？在自己见性的情况下，能对待别人和对自己一样，便是"自他无碍"，所以倒过来倒过去说都是一样的，"自他无碍"即是"功德无量"。

第三十三问
"中国禅"神秘吗?
禅师们有"神通"吗?会算命吗

第陆讲

（师禅箫《流沙河》）

师：这个问题有意思，什么叫"神秘"？什么叫"神通"呢？什么叫"算命"呢？我们一个个讨论。"神秘"是什么？

学生三：不懂就感觉神秘。

学生一：不可思议也是神秘。

师：按照这个解释，"中国禅"神秘吗？

众：神秘！

师：为什么？

众：不可思议！

学生六：能立地成佛当然神秘！

师：顿悟法本来就是普通人难以理解的，为什么有人可以"一闻经语，心即开悟"？为什么"唯论见性，不论禅定解脱"？为什么"放下屠刀，立地成佛"？因果律为什么能转化？为什么能进入不生不死、不苦不乐的涅槃？为什么祖师们能往来生死，如此逍遥自在？

通常世间人脑子里认为什么叫"神通"呢？似乎就是神秘，有人利用这种心理故作神秘，故作神秘是有目的性的包装表演，就像魔术一样其实越有智慧的人越知道此非神秘，而真正的神秘却反之，越有智慧越感觉不可思议，然而看起来却并没什么了不起。

普通人心中的神秘等同于神通，仿佛穿墙而过、在天上飞来飞去的这些很了不起，这就是"神通"，其实这些叫"超能力"，许多人都有这种"超能力"，有人是天生就异于常人，有人是不知道为什么突然就有了，当然这里不包括骗子和魔术师。世间人认为一切非正常的能力叫"神通",拥有了神通的人很神秘。这个理解和"中国禅"的思想截然相反,如果这么理解,凡是有神通的人实际是不正常的人、有特异功能的人,也就是说,神通是人不正常的现象。

(众笑)

师:禅法里的所谓"神通"不是一个人异于常人,对于自己来说,是一个人回归本来面目,即能顿时契合人的本性,念念和自己的自心相应;对于他人来说,能顿时打开对方心门,令对方在言下顿悟是禅门对内、对外最大的"神通"。

注重特异功能的人有没有想过?特异功能哪里来的?有特异功能又代表什么?代表他有慈悲?还是有智慧呢?一切东西,不知怎么来便不知怎么去,我们叫"来相"和"去相",如果仅仅执著在来相里,不思考去相,来相看上去越了不起,去相就越悲惨难看。就像曾经有学生和我开心地讲,老师我们公司里空降了一位高管,很了不起,带来一个团队并带一大堆客户,很开心!我说不要开心。为什么呢?如果挖来的这个人,带了自己团队和客户,一旦您们不合作时,带来的会加倍带走!也就是本来您的份额也会被带走。这就是人的愚痴啊,只考虑"来相",不考虑什么叫"去相",总是站在自己自私的角度思考问题,忘了应先考虑它的去相,再接受来相。

那么"特异功能"呢?不知道怎么来的东西,就开心地使用,结果能好吗?所以那些不是神通,卖弄这些功能的是神经!没有特异功能而卖弄的是骗子!这就能理解禅师的"神通"了,凡炫耀神通的禅者都是禅门以外的

第陆讲

禅客,真正的禅门里是不允许禅者卖弄、炫耀神通功夫的,祖师们有的是神通,但谁也不会在外面炫耀,像邓隐峰禅师这样的,无意间忍不住显了"神通"的,只好立即圆寂,唯恐导学人迷信!

所谓"神通"是能和天地感而遂通,非指有什么异于常人的特异功能,小孩子生下来个个有神通,囟门没闭时,天地气场的变化小孩子都能感受到,所以邪气、阴气重的地方,不会说话的孩子就大哭,想尽快离开,但一开始学习人的语言、思维后,本能的"神通"就逐渐关闭了。您们看看现代人,孕妇哺育孩子还需要去上学习班,这本来就是女性的本能啊!人本来比动物有更高的智慧和灵性,本应该更能运用好人的本能,可是讽刺的是,本能的东西现代人却忘记了,反过来需要通过知识和理性找回来,这是什么情况?

(众笑)

师:现代人深陷悖论中,一方面通过知识和理性去学习生命本能,另一方面贪心、嫉妒、怀疑等属于人的另一面的欲望本能被放大,同时,又通过知识和理性去再放大这一面本能,从而使得欲望无限膨胀,并为之找到合理的借口和支持理论,偷梁换柱、转移概念,由此刺激商业社会的"繁荣"。这是现代西方文明之本,也是人类社会之痛。如果走在这条单行线上不知回头,人类的未来必然是可悲的。

怎样抑制人类的欲望无限膨胀呢?我们前面提过,就是"文明以止",文字、艺术等是文明以化成天下的形式,这些文化本身是担负着教化众生功能的,就是通过文字、艺术等形式让人回归本来的样子,而现在怎么样?

文化变成为商业服务,变成赚钱工具,刺激欲望,刺激消费。大家看看,一个演唱会人山人海,演员观众都像吸了毒似的,尽全力让人处在意乱情迷的状态,煽动和点燃所谓的"激情",这是真正的文化艺术吗?文字的功能是表"真",艺术的功能是表"美",其共同的本质是表"善",唯有让激情平息,情绪稳定,热情降温,人回归到清净,才是文化艺术的真正使命。

我常说,您们来修禅,千万要远离情绪,不要被情绪带着哭哭啼啼,感觉好感动啊!好励志啊!修行本没有那么多感动,您们听法音的时候是不是有人常流泪?

众:是。

师:这种流泪是悲伤吗?是开心吗?都不是!这是当下宁静的欢喜!不是开心快乐,不是情绪化。如果修禅时老师故意用方法发动学员情绪,一会回忆故去的父母,父母恩没报啊!一会回忆初恋的情人,往事并不如烟啊!一会儿忏悔自己的过失啊,然后哭得稀里哗啦,这修的是哪门子禅?

(众笑)

师:所以一定要理解清楚,修禅是必须远离情绪的,真正的神通是一颗如如不动的禅心,能泰山崩于前而不变色;能为众生慧命不趋利避害,明知山有虎,偏向虎山行;能作狮子吼令山河变色,开学人慧光;能于灯红酒绿中,万花迷眼中随缘不变:您们说这不是"神通",还有什么是"神通"?

(众鼓掌)

师:所以千万不要迷信什么特异功能,有特异功能的人既没什么了不起,也没什么值得庆幸,天地有万物,万物各不同。禅门的"神通"就是一切时、一切处能当下宁静,危险面前能保持大宁静。有特异功能代表人能在危险面前自在吗?还有人呢?危险没来,自己就开始焦虑,这叫庸人自扰。什么叫"烦"?"火"加"页","页"和大脑相关,"火"是心火,心火上头就是"烦",大脑被心火烧坏了,就是"恼"。

(众笑)

师:什么是乱我心者?就是妄想执著!观自在菩萨能观境自在、人自在、事自在、法自在。能于流变不息的人世间得大自在,因为自在,而心无挂碍、说法无碍、辩才无碍、自他无碍,一切都无碍。注意,我们说"自他无碍"的含义不仅仅是自己和其他众生之间无碍,自己和内众生之间无碍,细胞和细胞之间无碍也属于自他无碍。宇宙中最极致的东西是什么?是心。它可以最快也可以最慢,可以最大也可以最小,可以最真也可以最假,可以最弱也可以最强,可以最残忍也可以最慈悲。心是生命最大的秘密,它决定了命运的走向,所以,帮助学人心无碍了,这才是师者最大的"神通"。

"中国禅"神秘吗?当然神秘了!什么都无碍的人、法怎么能思议呢?什么叫神秘呢?禅师们有神通吗?当然有神通了!能使人在言下开光、顿时顿契自性的师父,能没有神通吗?

(众笑)

师:最后一个什么问题?禅师会算命吗?什么叫算命?韩国KBS电视台二十年前曾做过一个节目,请了当时最了不起的几位巫婆、巫师、算命师来做实验,并找了一百个志愿者,请这些所谓的"通灵"者测志愿者的过去和未来,您们猜结果怎么样?测过去的居然有三分之二是准的,测未来五年的,五年后发现准确率不到百分之十。这是什么道理?

学生三:过去是蒙对的。

学生九:未来蒙不了。

师:哈哈,也不完全是蒙,过去已经是固定态了,这些人有没有通灵不知道,不过能出名也肯定有一定本事,所以过去是不难推测的,而未来则不然,是众缘和合的变化态,一个条件发生变化时,其他条件随之而变,您们观察一下自己,来听课前的自己和听了几天课后自己心态一样吗?是不是回去许多决定会改变?

(众点头)

师:就像酒店的房间没有变,但不断地换客人,这房间里的故事哪有不变的道理?您给我算算这房间的命?

(众笑)

师:既然命不可算,大家看《六祖坛经》里,惠能大师为什么讲得那么清楚?多少年有人来盗首级,多少年出一匹马驹,踏杀天下人?这些事怎么来的?是不是算命?命究竟可不可算呢?

命有两种,一种是变化的现象,一种是不变的本性,不断地变的现象是测不出来的,可是达摩祖师也说过"一花开五叶"之类的话,祖师们留下的偈语中也多有预言,为什么后来都能实现呢?因为他说的不是现象,而是和不变佛性相应的现象发生之源,这个源是有规律的,是能被慧眼所观的。为什么未来可观?因为"未来"是假名,和"过去"一样,存在于同一

"处"。什么是假名？如同像地球不停转动，在某个地点、某个角度，您就能见到"太阳升起"。"太阳"其实不存在升起和落下，升起和落下是现象，但太阳和地球的运动是发生现象之源。

佛性是不生不死、不垢不净、不来不去、不增不减的，只要宇宙存在，佛性就以各种形式存在，当您的心和佛性相应的时候，便能"观"其实本来没有先后同时存"在"的"过去、未来、现在"，反观的当下什么都一"目"了然。

这就像看天象，一切的星星都是星体过去影子的投影，每颗星都是经过多少亿光年投射在"天幕"上的，天空是一个大屏幕，屏幕上的是投影，而不是实体，就像我们现在看到全息影像一样，我们看到的是星体过去的影子，可能现在这颗星星已经不存在了，但影子还在。那用这个道理理解，人怎么可能看着过去的影子而预测未来呢？如果不能，是不是古代的星象学、星象预测都是骗人？

学生四：不能这么说，星象也是有道理的。

师：如果星象没道理，早就被推翻了，那么通过过去测未来，道理何在呢？

（众默）

师：观星术关键在于怎么观的问题。从逻辑上来讲星象是过去的影子，未来是没有发生的，现在是连接过去未来的，这三个时间段似乎有前、后，可"圆相"里没有前、后，当下一念万年里什么信息密码全都在，只是您不懂解读而已。

禅门修行第一个要破的是时间和空间，能通过星象，其实不仅星象，通过一切现象观,是因为过去、未来、现在是可以全体现的,电闪时的灵光有先、后吗?先后是逻辑上有先、后,假名叫先、后,实际上万事万物有先、后吗?一定是先有宇宙,才有太阳系的吗?所以从"相"上讲有先、后,爷爷生爸爸,爸爸生你,这叫"人相",不是真的!我们讲过万物一体,爷爷死了,他身体的物质和精神成分变化成了什么您或许并不知道,这些成分是被您"吃"了,还是被"吸"了,还是变成了您的子孙您也不知道,"众生相"也是一样,看上去蚂蚁没有大象大,但是流变的未来是怎么样的,没有见性是"观"不到实相的。故此,我们只是逻辑上假说。

而如果从本质上来说,物质既然都不灭,精神会灭吗?精神不灭的方式会是什么呢?一定比物质复杂得多!因为人把自己局限了,所以什么也"观"不到。星体知不知道自己的光已经投影到某个天幕?宇宙的天幕仅仅只有一个吗?一个星体的投影能被多少"眼"同时观测?星体自己不知道,同样,我们人类也不知道。那,有没有"人"知道?能观宇宙全景?

众:一定有!

师:星体不知道自己有影子,并能被看到、被观察、被利用、被其他生物变成天文学和观星术,那么人类和星体一样,人并不知道自己的投影在哪里,有多少投影,投影如何储存,储存的意义何在。人类社会的投影是不是有"人"在用以研究"地球人象学"?谁能观人象?谁能观全景?

(众默)

师:最后是谁呢?宗教称之为"神",而我们应该称之为"灵性"。宇宙中一切都那么完美,万物是一个链条,背后的作用力究竟是什么?所以不明究竟的人迷在物质里,其实用物质来带动灵性的生命是可笑的,除非,您已经认为您是被物化的死物了,否则,活着的灵体需要寻找到适合自己的生活方式。

所以您们说命可以算吗?当然可以!因为命是在一个圆里,我们看圆相图,二维是个圆,三维是个洞,四维是什么?五维藏在哪里?六维呢?更高维?它们一定是重重叠叠、交错互隐的。这些一定不在别处,就在一起,只是您看不到。所以"修"是令修者从粗身粗心到细身细心,越来越细地观照,再到微细身微细心,微细地能"观"每一念,就是无限放慢,一念万年,再契进去,万年一念,所有的密码同时显象,以前说这个是完全不可想象的,现在有了电脑,一个代码输入进去,马上所有东西可以"唰"的都跳出来,您们说人可不可能同时观过去、未来、现在?

(众点头)

师:能观是"能",但在所作用力上讲,禅心是过去、未来、现在心不可得的,为什么?因为,"凡所有相,皆是虚妄"。

第三十四问
修禅也讲前生来世、因果轮回吗？
命运、轮回、因果是不变的吗

第陆讲

（众唱颂《云上曲》）

师：我刚才亲自在洗手间里，嗯，洗了洗手。

（众笑）

师：连去洗手间不也得亲自去吗？您能替我去——洗手吗？

众（笑）：不能。

师：那我能替您修禅吗？

众（笑）：不能。

师：都不能？修禅虽是个人自己的事情，但修禅成就了却是和大众相关。为什么？

学生八：修禅是自利，成就是利他。

师：这句话反过来说更好！修禅如果不利他就无法成就！

学生三：光自利没作用。

学生五：总之落在利他上。

师：佛陀有那么多弟子，个个神通广大，不少人修行时间比佛陀还长，年龄比佛陀大，都是不得了的人啊！可是怎么样呢？智慧差一点就是"天地悬隔"，没悟就是没悟，心打开了就立即光芒万丈，没有时，乌云蔽日时，就是明白不了。好，咱们这个问题是"轮回""来世""因果"，这些观点都是从哪里出来的？

众：婆罗门教。

师：婆罗门教主要是白种雅利安人。白种雅利安人进入印度后，在后期吠陀时代创立了种姓制度。注意印度分为古印度和现代印度，就像埃及分为古埃及和现代埃及一样,看上去土地变化不大,但是古印度、古埃及的文明已经灭亡了。这个世界上,凡是已经灭亡的文明是没有复兴成功的,我们需要庆幸的是,中华文明虽历经磨难,然而并没有灭亡,今天的埃及人甚至不敢承认金字塔是他们祖先的作品,认为是神作或者外星人的作品,这是何等的悲哀?古埃及三千年,其间虽经历了古王国、中王国、新王国的盛衰,却始终能维持古埃及文明的繁荣。再经过亚历山大大帝的蹂躏,最后被罗马帝国征服。古埃及文明亡后,其文明消失殆尽,至今无存。

今天西方人认为自己的文明来源于古希腊和以色列文明,但古希腊的辉煌不过六百多年,以色列文明也脱不开摩西带着犹太人逃离埃及的历史演变。英国史学界汤因比曾说过:西方文明的父辈是希腊和以色列文明,祖辈是埃及和美索不达米亚文明。这话是有道理的。

那么古印度文明呢?和其他古文明一样,古印度文明本发源于公元前3500年至公元前2700年,当时的土著是达罗毗荼族,他们早已发展出了惊人的文明。古印度有先进的城市规划,有宽敞的下水道,有砖建楼房,有公私浴室,街道上货摊和店铺林立,纺织业和陶业等工业很发达,并且有相当发达的农业。后来雅利安人定居印度,定居后很长时间,大概一千年后,种姓制度才得以确立。这之后,古印度文明就消失了,取而代之的是婆罗门。一切文明都亡于傲慢与偏见,亡于欲望的无节制发展。

"种姓"的原意是"颜色"或"品质",种性制度是古代世界最典型、最森严的等级制度。四个等级在地位、权利、职业、义务等方面有严格的规定:

第一等级婆罗门主要是祭祀、僧侣、贵族,拥有解释宗教经典和祭神的特权。第二等级刹帝利是军事和行政贵族,拥有征收各种赋税的特权。第三等级吠舍是雅利安自由平民阶层,从事农、牧、渔、猎等,政治上没有特权,须以纳税的形式来供养前两个等级。第四等级首陀罗就是贱民,绝大多数是被征服的土著居民,唯有"首陀罗"属于非雅利安人,他们是奴仆,从事最低贱的职业。

各种姓有它世袭的职业,不许被婚姻混乱,尤禁首陀罗与其他的种姓结合。对首陀罗男子与别的种姓女子所生的混血种,给予贱名叫"旃陀罗",又称为"不可触者"。这种人世世代代操着当时认为下贱的职业,如抬死尸、屠宰、刽子手之类。种姓制度在印度不仅制定在法律里,而且规定于宗教教义与教条中。

在种姓制度下,统治阶层的婆罗门和各阶级之间存在着各种矛盾,本属于婆罗门种姓的释迦牟尼佛,悟道后在等级森严的印度社会发出了"一切众生皆有佛性"的呐喊,这是大逆不道和惊天动地的言行,并且佛法团队中接受了本无资格出家的其他阶级,更惊世骇俗的是,佛陀还接受了女人出家,可想而知,佛法团队对当时的冲击力有多大?后来统一印度的摩揭陀国的人多半属于半雅利安、半野蛮的下等种族,摩揭陀国的国王是阿育王,他有首陀罗的血统,他当然反对婆罗门种姓制度教义,并大力推行佛法,这也反映着当时新兴国家的人民对种姓制度的不满。

为什么婆罗门创造了轮回、因果说?主要原因是印度的土著变成了下等人,婆罗门为了统治的顺利,将带去的西方原始固有说法里的思想,改造成了轮回和因果。

他们是怎么解释因果和轮回的呢？人，有一个不跟随肉体死亡的东西叫灵魂，肉体灭亡后灵魂从这个体到另一个体，就像杯子里的水从一个杯子倒到另一个杯子里一样，杯子就相当于人的身体。所以人要做好事，因为你现在是贱民是因为上一世没有做好事，所以要认命！

由于你上辈子没做好事，所以积了大量的业，所以这辈子只能做奴隶、做下等人，但你只要好好地听话，积极行善，下辈子可能比现在好点，所以反抗无效，要接受。这一套理论就是为了让你接受你的命。

命运是不可改的，人各有命，命不好不怨别人，是自己上辈子积累的，所以啊！这种观点是佛法中强烈批评的，叫"宿命论"，真正的佛法是"造命论"！命由己造才是佛法本意！所以"中国禅"修行里，不断强调什么？就是禅者"不昧因果"，对轮回、因果、命运说不肯定，不否定，不讨论，中国禅者是活在当下的人，不是迷信什么过去、未来的人，不会幻想下一世，也不会去找回上一世的经历，我活着，就活在这个当下，迷惑在这个当下，成佛也在这个当下。

当年，佛陀部分性地接受了婆罗门的因果和轮回说，但他做了关键性的革新，当别人问他有没有轮回和因果时，他怎么回答呢？欲知前世因，今生受者是；欲知后世果，今生做者是。"中国禅"完整地继承了佛法的精神，这个精神就是"命由己造，相由心生"。当然这个"相"不是面相，而是一切的"显相"都是由心来发生的。虽然人人都有自己的命，但通过个人的努力修行，提高功夫智慧后，没有什么因果、命运不能改，否则就是宿命。"中国禅"针对宿命论的观点,明确地喊出了"放下屠刀,立地成佛"的声音,不管你之前有多少万劫的业,在放下屠刀的那一刹那,回头是岸!

学生六:太太走路,踩死蚂蚁。她有罪还是鞋有罪?

师:您有罪! 无心者无罪,作念者自受。

禅者只要见性,一切都可化,一切都可转,一切都可破! 我们前面已经讲过,通过观过去可以见到未来,过去、未来、现在其实一体同在一个圆中,反过来说,您通过未来可以观过去,一切反复的交界点在当下。

您当下的慈悲、功夫、智慧够不够? 是能否转业、化因果、运命的关键!"中国禅"从来没有否认过没有轮回,轮回是什么? 用数学角度来说,有一种数是既不可证其有,也不能证其无的,那究竟是有还是没有? 凡说有或说没有都偏向一边。

学生八:无法说无法说。

学生九:微积分也是。

师:微积分的发明肯定从《易经》中得到了启示,"方圆图"中就包含了微积分,什么是方圆图? 外圆内方,"外圆"是对外圆融,要包容;"内方"要独立自主,有骨气、精神。

禅者能转化因果不是口头功夫,需要两个条件:第一要具备充足的自我能量,第二要有悲天悯人的大愿。这时候你才有办法转化因果,因果、轮回是业力使然,神通力也改不了业力,佛经中关于这种记载比比皆是,业力这么厉害,是不是不变的? 当然不是! 您们说那靠什么来转呢?

众:靠愿力。

师：愿力不是喊口号,而是要有功夫、智慧为基础,为什么因果、轮回可以转化呢？因为这些是被时、空局限的。我们在一个空间和时间里讲课,但我们每个人的时和空一样吗？

众：不一样。

师：为什么不一样？

学生七：心量不同,能量不同。

学生三：老师,时间是什么？

师：您一问,我还真不知道怎么解释。

学生三：时间真实存在吗？

师：人生真实存在吗？

学生五：时间会流逝吗？

师：圆有始终吗？

学生三：为什么产生时间？

师：因为空间里需要。

学生二：时间如果没有流逝,为什么我们能感觉变化？

师：宇宙实际大动,您能感觉吗？ 宇宙实际无动,您能证明吗？

学生六：时间是数学公式生成的吗？

师：时间从生命中生成,生命在,时间在。生命状态变,时间相应变。

学生三：成佛后还有时间吗？

师：本自无生,何来始终？佛以众生时为时,用时而不执时。

学生十一：这便是超越时间而无量了吗？

师：您的无量是概念，佛的无量是自证。

相同和不相同的生物有各自不同的生命态，即使时间、空间在同一区域也是不一样的。不要说各种外在生命了，内在的不同细胞皆有独立思想，都是独立生命，一根头发都能克隆出来一个生命，每个细胞的时间、空间一样吗？所以是"一花一世界，一叶一菩提"，这既是可思议也是不可思议的。从肉体的角度讲，我们每个生命在宇宙中不如身体内的一个单细胞大，可是从独立细胞的角度来看，我们的身体是不是比太阳系还大？

什么叫"观"呢？就是宏观和微观一起圆融，可以见到各维度、各角度的实相，和不同生物单位感受不同时间、空间，而又能超越各个单位时间、空间。谁能做到？见性的人可以做的！他既可以和狗狗一个世界，又可以和蚂蚁一个世界，还能和菩萨一个世界，密密相容，可大可小，芥子纳须弥，须弥也能纳芥子。

一切都是从上往下含摄的，佛菩萨能够理解和包容众生的一切，而众生却无法理解佛菩萨，人能够教育、训导动物，动物无法反训人。禅法向上一路的修行，就是您不要总在下面玩，每日沉迷在自我的幻觉中，必须发愿觉醒！生命的尊严和意义必从觉醒开始，必从利他行中收获。

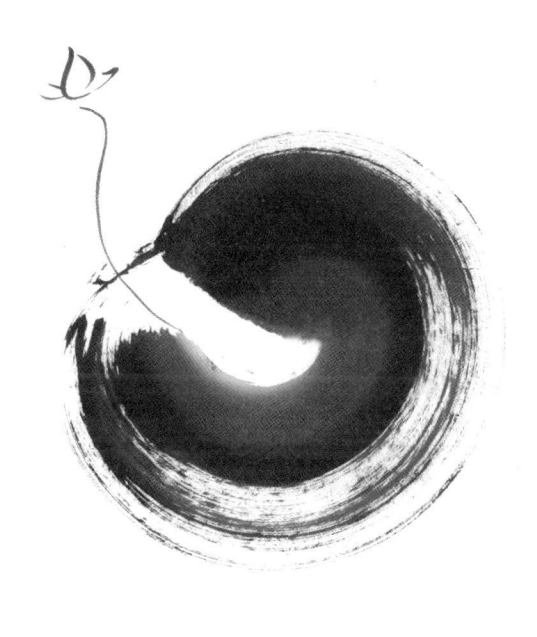

第三十五问
怎样进入"中国禅"修养呢

师：这问题怎么回答？

学生四：先找老师，没有老师，自己看书是不可能进入的。

学生五：应该说先找对适合自己的师法团队，一起共修、进步。

学生七：是，连六祖惠能这样的大根器，还得找五祖弘忍，没有五祖，就不可能有六祖后来的大成就。

师：怎么样进入"中国禅"修养？首先要发心，我不愿沉迷了，我要找到适合自己的方法觉悟了！有了这样的心，再看看"中国禅"的修法是否适合自己。这就好比人要结婚，不一定初恋就是最合适的，修行也一样，决定之前要先充分了解，了解清楚后进入了，就要一门深熏，发愿通过修行改变自己的命运轨迹，帮助周围众生离苦得乐。

为什么必须"一门深熏"？因为朝三暮四的人只有两种，一种是没有真正找到老师的门外汉，一种是货比三家的游客，这两种人哪一门都不知道究竟怎么修，知道点皮毛，现在社会这样的人太多了，学了几个月瑜伽，就是瑜伽老师，以为拉拉筋就叫瑜伽。禅修呢？也一样，以为打坐、念佛、诵经、做法事就是修禅，不明本、末。

要进入真正的"中国禅"修养，首先要知道自己为什么修"中国禅"？是为了养生、美容、治病，还是修神通？如果是这些初心，那不如不要找禅门，世间有许多地方都可以美容、治病、养生，想修神通可以去练气功，但也容易走火入魔。禅法本是心法，六祖创始的顿悟禅更是，千万要搞清楚本和末再进入。

确定自己是为了禅的功夫、智慧而修禅，并愿意精进修行后，您就需要了解哪里能遇到以正法传禅的大善知识,也就是能指引您的禅老师在哪里。有些人常说自己没遇到好老师,这个问题要倒过来思考,为什么自己没有福报遇到好老师呢?好老师为什么不出现在您眼前呢?再或者,好老师出现了,您是否珍惜了呢?遇到明师是需要功德力的,有些人福报不够,遇到了也会错过,这是平时利他心不够,功德和智慧两足尊的力量缺乏故,想要遇到正法修行的师、友团队需要平时发愿,常行功德,积累功德力,那么您一定就会有缘分遇到。

修禅的初期是自利,见地清明后,下一步是利他,当自己的修行逐渐稳定后,第三步,老师会指导学生去自建立净土。所谓：一菩萨一净土。什么意思呢?每一位以菩萨心利他的人,具足了菩萨的悲愿的人就是活菩萨,您需要以自己的愿心为基础建立一个自己的净土。为什么必须是一菩萨一净土?因为菩萨利他的法不一样。

"中国禅"祖师们都是一人一净土的,在自己的道场里说法度人,所以对于可以独立的学生,也让他们根据自己的条件,去建立自己的净土。开净土利益众生,并不一定是建立固定道场,有的人是在行脚游方时建立移动净土,有的人是在工作中积累功德,而工作地、客户群就是自己的净土。无论什么形式的净土是没有高低区别的,老太太净土和怨妇净土与商学院净土有什么区别?难道您的老妈妈不顺心,太太变成怨妇您就能脱身吗?

（众笑）

师：一切众生都是需要关心的,所以不要有高低分别心,啊！师兄们开的是博士净土,我却去开幼儿净土,没面子啊！千万不要有这种名誉心。

第陆讲

禅门最终的根是在一切众生的,各有各的能量,要善用自己的能量,家庭成员不同,一个人不顺心,全家受影响,社会难道不是吗？越是弱势群体,越会抱怨,越需要关心,所以一定要慈悲,多关心普通人,要打开一切方便门,就比如为什么我们也要关心商业呢？现在是商业社会,用商业的表达方法不少人更容易接受,所以现代社会脱不开商业方法,但用商业法并不代表赚钱是主导,我们第一问就说到了,如果是一颗禅心,不脱离禅的宗旨时,一切法皆是禅法,那为什么不可以商业？没有一种固定不变的法叫正法。

刚才有位老师问我,老师,您的课讲得这么好,为什么不做视频发布到网上呢,这样可以利益更多人啊？您们是否同意挂网上？

学生四:同意！网络时代就要用网络传播方式。

师:为什么没有挂在网上,和现代人的心理状态有关,我们前面说了什么叫"依法不依人","依法"的意思是学人的希求心。放在网上的视频,点开就能看,边玩手机边吃东西边随便看看,这能产生希求心吗？祖师们为求法,抛家别口,跪雪断臂,这是对法的希求心,没有希求心,法就是随便看看的消遣,自己判别是否管用,带着功利心、分别心随便看看的法能入心吗？禅法不仅变成了一种可有可无的业余爱好,同时还会产生傲慢,会以为"这有什么了不起"。对法如果缺了恭敬心,还能叫法吗？佛说"恭敬心生一切法"！当法都那么轻易能获得,根据自己爱好随心所欲增减时,这法就是另一种游戏了。

您们现在千里迢迢坐飞机跑到这里来听课,睡也没地方睡,只好在地上打地铺,听到的,和通过网上视频看的区别有多大呢？经历了这样的过程,才学会用点心,只要用一点心,就接近法一步,惠能大师说"但用此心,直了成佛"。会用心者,就能契法。所以放一个视频很容易,但缺乏了"希求心"时,妙法就变成心灵鸡汤。

所以大家一定要知道,有许多传统的东西是需要用心传递的,是需要面对面的,网络只关心数据,只关心流量,而我们此刻的气场、心心相印的感受无法通过网络传递。所以您们短期内不要期待我的课制成视频放在网上,也不要期望我们的书成为畅销书,老子的《道德经》现在是畅销书,当年只值二十个馒头。

(众笑)

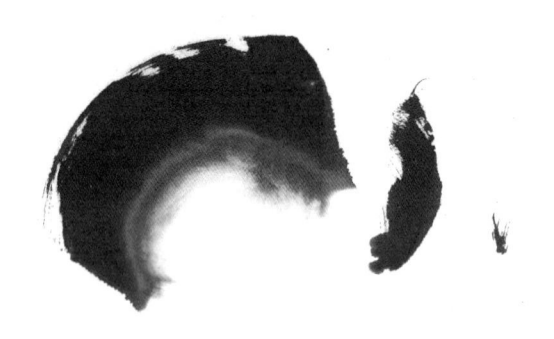

第三十六问
"中国禅"即生活禅,生活禅该怎么修

（师行"莲花导引"三遍。众随）

师：终于到了最后一个问题啦！这个问题是不是该您们回答了？

（众笑）

学生六：个个问题都迫切想了解，但都不知道怎么回答。

学生四：每个问题看上去都简单，一展开就发现自己根本想法有偏，理解不对。

学生一：本来这三十六个问题，我是自己事先准备了答案的。根据您书上内容还一一摘抄了，现在看来，法无定法，老师讲的和书上写的大不同。

师：什么叫"法无定法"？

学生一：法时时刻刻在变化中，因人、因地、因时、因境而变。

师：理论上都对，您成功学成禅八股了。

（众笑）

师："法无定法"很重要，我们应从两个角度来讲——有为法和无为法。那么有为法和无为法是不是都是"无定法"呢？法和法之间有没有差异呢？

学生一：有为法是变化法，有差别法；无为法是不变法，无差异法。

师：说您禅八股一点都没冤枉！《金刚经》中讲："一切至人皆以无为法而有差别"，难道无为法就是固定不变、没有差别的吗？

（众笑）

师：一切法，有为也好，无为也罢，都在于起用，也就是"用"上有差别，那么"体"上有没有差别呢?

(众无对)

师:法有体吗? 法之体是什么? 法存在本体吗?"法不孤起,仗境方生",也就是"法"是依缘起而生的,本自无实体,缘起则有,有则生"名","名"则定"序","序"生则有生灭……如此循环往复,因名而有寿、有角度,因名而被推广,然,名皆假名,能代表本吗?

您刚才说到法是因人、因地、因时、因境而生的,更准确地说,这个生下来的是"法名","法名"是一个新生命,是应时而生的"法",是"法之相"非"法之本",法之"本"是不可说的。西方哲学花了几百年时间,兜了个大圈子,终于不讨论本体问题了,终于意识到了本体的不固定性,也就是开始理解"法无定性"了,因为"无定性"所以一切法平等。如果"法"是定性的,法就不可言平等了。为什么? 因为固定了,就有阶级了,有前后、高低、善恶、大小了。

"无定性"是"平等"意,唐朝时期的法和现在的法一样吗? 一定不一样! 人心不一样,社会不一样,条件不一样,环境不一样,一切都不一样,怎么可能用一样的法? 如果一样了就是死法。所以有些人用死法来拴活人,您们说能有效吗?

(众笑)

师:再如出家的问题,禅修者心契禅法就是心出家,故能一切时中念念契合自性,起用不离禅心,这和剃头与否有没有必然关系?

(众笑)

师：我们能以形相来定谁有没有"法"吗？如果这样，神秀禅师应该得五祖衣钵，他出家那么久，儒释道皆通，还那么帅，黄梅山东山法门，个个都认为神秀上座该得祖位啊！谁能想到衣钵会给一字不识、形象不好、普通话不标准、没有剃头受戒的岭南獦獠呢？

（众笑）

师："法无定性"是因为法"无住""无固定相"，受法者全在一心，所以令人无法琢磨，能变化出形形色色的法相来，水三日不流即腐，故此上一刻的流水和这一刻是不一样的，但是这一刻又是从上一刻继承下来的，可是上一刻的水从何而来？其中有没有蕴含下一刻的信息？故此，无法说一样，也无法说不一样。水如此，我们的念头亦是，念念迁流，看上去这一念和上一念不一样，可没有上一念哪有下一念呢？上一念哪里来的？未来是换了包装的过去，过去是看得见的未来。

所以佛法中有一个词叫"含摄"，意识念头是万有之外的存在吗？有什么能总摄一切？"摄"就好像光影一样把您包围在层层叠叠的圆相、黑洞、旋涡、流变中。

"法无定性"是总论，那么我们再从两个角度观看，第一从法的角度观，"法相"就是无定、无住，但"法本"是定的。

怎么理解呢？水之相有液态、气态、固态，因环境、气温的变化而变化形态，但是水之本不变。"法本"是什么呢？例如我们一千年前看到的《维摩诘经》和今天看到的一样吗？在美国看的《维摩诘经》和在中国看的一样吗？当然如果翻译出问题那是翻译的事情，不是法变化了。所以法本是不变的,我们说"无变化法,现变化事",变化的是"法事""法相""法名""法号""法律""法规""法人"……

(众笑)

师:"法无定性"是说这些相随着弘法的人、弘法的地、弘法的时、弘法的境而现变化的。同样是"法事",如果弘法的人传的是正法,所行之事能帮助修者正心、开心、如心,这法事就是佛事;反之,所做的事越多,修者越迷信,越小心,这所谓的"法事"就是"魔事"。但凡弘法一定会做"事",是"魔事"还是"法事"这就在于弘法之人的修为境界。

那么我们再从修者的角度来观,法是定呢还是不定呢?这里有三"观"。

一是观禅者的个人成就,叫"法量",即修者的色身能否转化成法身,这是一切修者终极的修行目标。法身是无在不在、无生不生,是与修者智慧相应的能量。修者和法身相应时,哪有什么定不定的问题?

二是观法界,即修者修行成就后法身逍遥自在的环境,成就者往来三界,既能在赌场里观自在,能去毛孔里和微细众生游戏,亦能在地狱里和众鬼逍遥。

三为观法藏,即"中国禅"正法眼藏,这里包含但不仅限于经、律、论等一切文字般若。

禅者能面对一切语言和非语言,不局于戏论和非戏论,机锋转语,辩才无碍,不受任何语言文字的拘束,这就是禅者的法藏。得法藏者,才能举足下足,扬眉瞬目,都在无定说法。

所以从禅者的角度来理解"法无定性",法是无定的;而从法本的角度来理解,法又是定的。呵呵,您们理解得如何?

（众默）

师:这个不理解,就无法深入禅门的"不二禅观"中修禅。禅观中,所观法有对内和对外两个角度,对内是禅者自己怎么观自己的心音;对外是自己的心音如何在天地中被佛菩萨、被师父同观。所以,"观"的时候,人身在不在无所谓,不一定非要在打坐中观。任何人心念一动,动便有音,只不过心音用六根是听不到的,这种音,菩萨能观。否则观音菩萨为什么叫"观音"呢？如果用六根,就叫"听音"了。"十方俱击鼓,十处一时闻",为什么一念成佛、一念成魔呢？因为每一念如果起了邪念的,佛、菩萨能观到,您起了正念时,佛、菩萨也能观到。诚心中发出的心音能和菩萨相应,相应的方法便是"观"。

"法无定性"是不变的"法"在每个人身上、每个时期、每个地点都有流变的过程,故此"人法不二"。"法无定性"的"定"是指什么？

学生八:定住。

学生三:留滞。

师:这个"定"从修法的角度讲是"禅定"。"禅"是"不二禅观"的禅,"定"是"禅定"。我们刚才说了,正法千年不变,所以法本是静态的,是定的;而人是流变的,属于动的状态,是不可能定的。

如果变化中动态的人想要去契合极静态千年不变的法时,应该怎么契合啊？

学生一:变成极静态。

师:看来您适合修枯木禅,千年不腐。

(众笑)

师:阴阳是相生相克的,要和极静态的法契合,修人必须变成极动态才行! 要用最大的动态,超过光速的动态和法相应,这就是禅定!

(众默)

师:这么举例吧,动荡不安、瞬息万变的现代社会,禅者要用如如不动的心去和极变的环境相应,才能保持身心平衡,这点明白吗?

众:明白。

师:那为什么反过来说就不明白了? 心法几千年没变,法相和法事极速在变,禅者想要契合法本时,是不是要用最大动态和法性相应啊?

学生八:好像明白点了。

(众笑)

师:什么是极速的、能超过光速的动态呢?

(众默)

师:禅定啊!

学生三:"禅定"不是不动吗?

师:我把您打昏迷了是不是入"禅定"了?

(众笑)

师:什么叫"语默动静体安然"? 如果禅定是不动,那就是"二见"! 我一直不停地在讲,无一定相叫禅定,无一定法叫禅法,还是不明白?

禅问

学生一:老师！我明白了！禅定是心定,不是身不动！我这下真明白了！绝对不是测脑波可以测出是否禅定的,我去西方教育他们！

（众笑）

师:禅定的"定"有"变"与"不变"两层含义,"变"是极动,"不变"是极静,极动和极静相融为"定"。不是您们认为坐那儿一动不动是定！就好像走钢丝的人,能在不断的变化中找到动态的平衡,那个才叫"定"。

修禅本是越修越灵活的,越修越死气沉沉、一动不动能是禅吗？能化的能量强才是生命的活力,化是转化、变化、适应性,化的能量越强则越定。所以,禅定包含了前所未有、不可思议的"大动"！所以才叫"一念万年"！

一念能通万年,是不是比光速都快啊？世间动中静功夫:利身形、调气血、息五欲;出世间静中动功夫:养精神、通气脉、致中和。极静乃致大动,如日月星辰运动不息却不为人觉。在修行中,心愈静则动愈快,乃至甚深禅定能一念越三界、跨万年。禅者定力愈强,则与静态之法相应愈深广,故得大般若。而大般若波罗蜜又有益于人大禅定,有大禅定者,方能生活中起用如如,无有相碍物。

能在钢丝上行走的人,您们说这个人内心是不是最集中和专注？这个人有没有定力？

众:有！

师:号称每天打坐不动的(师用手指向学生六),上钢丝上走几步试试。

众(笑):摔死了。

师:没有经过专业训练的情况下,一个人表面上坐着不动,脑子里在开杂念运动会,而在钢丝上走的时候,脑子里不容有半点杂念。

学生七:老师,是不是以后我们不需要打坐了?

师:是的,不打坐了！以后全部攻练走钢丝。

（众大笑）

师:为什么我一说什么就有人执著什么？打坐是禅定的一种方法,打拳也一样啊！庄子说"道在屎溺中",禅定是没有固定方法进入的,对机、对人而言,适合自己的方法就是最好的方法。禅者要想契合最静态的心法,就要令自己能常驻在一念万年的大定中,才能时刻念念契合自性。"若能转物,即同如来",禅定是于大动中不为所动,能与大静相应而转境转物,这才是"法无定法"的密意。

入禅定是不是就解脱了？

学生一:不是！禅定只是功夫,必须和法相应时,智慧才生起,这时的禅定才是点灯之火！

师:嗯！终于有进步了！"中国禅"最忌"二元"思维法,大家看《大学》里说"八目":格物、致知、诚意、正心、修身、齐家、治国、平天下。您们说这"八目"有没有先后呢？

学生六:有！

师:有?《大学》八目是讲"本""末",并无先、后！"本末"和"先后"什么区别？本、末是一个圆,先、后是一条线！线性思维是"二见",本末思维是"圆相"！千万不能混为一谈。

中华文明从来都不是线性思维方式,而是本、末一体之圆相,其中虽修身最难,但各门各派都极为重视,并贯穿始终。道家、禅门从修身起,这点大家都有共识,儒家同样,也认为不修身者是无诚者,谈不上对内的格物、致知、诚意、正心,也做不到对外的齐家、治国、平天下。那么"齐家"的"齐"是什么意思?

学生六:举案齐眉,平齐。

师:"齐"有两层含义,一个是向上,对比自己境界、能量高的人,要有见贤思齐之心,不放纵自己,精进不怠,刻苦向上;对下则观一切众生平等,谦下谦虚,上下无分别,才是"齐"!

《易经》六十四卦唯一六爻皆吉的是谦卦( ),艮下坤上,山本高大,却藏于地下,不显示出高大来,用在人则指人的功夫、智慧尽管很高,但因为其德行高尚而自觉地不显扬。卦辞曰:"亨,君子有终。""亨",有冬天雪藏而孕育生命、无所不生意。为什么"谦"才能有终呢? 有谦德之君子懂得修身、慎独、反求诸己,故万事皆能亨通,得善终。

一切的文明亡于傲慢与偏见,一切的文化亡于保守和僵化,一切的人"死"于自己的固执和成见,所以,大"亨"就是大顺,来自"谦"。

孔子《论语》中谈到了一点养生问题,曰:"君子有三戒。少之时,血气未定,戒之在色;及其壮也,血气方刚,戒之在斗;及其老也,血气既衰,戒之在得。"

例如养生,有人误以为就是食补,说什么"食药"同源,就没有想过"食毒"也同源。只从自己角度想问题,就自傲和偏激,"谦"的人像山一样,从

第陆讲

不炫耀自己的秀丽,也从不掩饰自己的秃石和断崖,像座高山屹立在广阔的原野上,视野开阔,心胸宽广,从不贬低自己,也不拔高自己,总是诚恳地对待周围的一切,诚恳地平等看待比自己低矮得多的大地。不为物始,不居人上,不居二、五之正位,而得人道之正,以一阳之山藏于下卦,虽高而不显,此所以能保其高与。

学生六:啊?这个……我们真的什么都不懂啊!

师:我前面说了"含摄",法是无边无涯的,但一个数学博士,从小学时候学的数学是1+1=2,到了大学学习微积分,学得越来越高级了,但是如果没有小学打下的基础,能不能直接跳到微积分?

世间和出世间也是一个道理,没有人一出生就进入出世间,云水禅心虽然属于出世间,而这颗禅心是从世间不断受磨炼、走弯路、发大愿、起大行激发出来的,缺乏了世间的磨难,禅者不会对众生的苦感同身受,不会更加坚定这颗向道的心。缺乏了世间的起伏,不会理解无常的人生,不会对法希求,以为至宝。没有世间就不存在出世间!就好比"道"是"路"一样,没有"道"是不可能有"路"的,没有"路"是无法载"道"的!这就是"终日凡夫,终日道法"。

学生九:这是不是就是"中国禅"称为"生活禅"的原因?

师:是的,"终日凡夫,终日道法"此话是僧肇祖师所说的,"中国禅"是继承了罗什、僧肇师徒的"不二法门"思想。禅者每天如凡夫般生活,行凡夫之事,并无神通之显、惊人之举,却吃饭、睡觉、行住坐卧终日不离道法。

学生一:这就是"生活禅"最惊世骇俗处,于无声处显大惊雷。

学生九:"生活禅"怎么修呢?

师:每一位老师回去后,不仅要自己认真读书、修禅,也要带动身边的亲朋好友和一切有缘人了解"生活禅"。所谓修行,是"修正习气"之意,"心"是不用修的,禅心是人的本来面目,本来面目只需要打开、契合,谈不上修。所以,我们修行、修禅、修正指的是纠偏!什么偏?行为、念头偏离了初心,偏离了人性,人的各种习气才是我们要面对的大敌!所以"生活禅"修行实际就是纠正习气的过程,如果人的习气能得以纠正,则回头是岸,立地成佛!

学生一:可是,我们自己看不到自己的习气啊!

师:当然!老子说"知人者智,自知者明"!人之苦,发于不自知,所以才有妄想和执著。其实,习气也不是真的就不能自知,人的习气分"身、口、意"三部分,其中,身体习气为初级,语言习气是中级,意识习气是高级,这个级别指的是纠正起来的难度。

学生三:什么是身体习气?

师:您那么胖,为什么还那么爱吃呢?

学生三:嗯!那个,我见到美食走不动,老想着。

师:这不就是身体习气吗?明明知道自己有糖尿病,还爱喝酒吃肉,明明知道该减肥,却管不住嘴,沽在口腔期,这难道不是身体习气?

学生四:我修炼老偷懒,自己给自己找借口,这是不是身体习气?

师:您说呢?

学生九:我一打坐,会阴区就有反应,我其实和别人不一样,是因为喜欢这种反应而爱打坐的,这是不是身体习气?

（众笑）

师:身体的习气特别多,食、色、偷懒、好动、爱静等全部是身体习气,但相比语言习气来说,身体习气只要痛下决心,坚信不疑,还是能很快纠正的！所以对于初入门者,语言关是最难过的一关！通常情况下,身体习气我们说是自害,而语言习气是典型的他害模式,人无智,则说出来的每一句话都在妨碍、伤害他人。可是,世间人都特别爱说话,为什么呢?

学生三:自以为是,好为人师。

学生五:以爱和关心为名,得到自我满足。

师:爱说话的习气主要源于人的贪爱、无知和不安,语言本是把双刃剑,您没本事时,藏着一把倚天剑,会发生什么?

学生四:自伤和被伤。

师:所以初入门修禅时,我们要求大家默言。一来回归本心,专注当下,二来不造成互相的不自觉伤害。过去有的修行人,默言几年、几十年,就是为了对治语言习气,口业是最伤人的,其中传谣、制谣、轻信、恶语、讥讽、夸大等不实的转述,都是影响别人和自己修行的。而因为缺乏定力,所以初入门者容易被别人的语言带着背转,而因为缺乏智慧,所以初入门者特别容易误解法意、师意,经由嘴巴转述之"意"实已变意了,他人却以为真相,结果呢?

众:以讹传讹。

师:更不要说居心叵测者偷梁换柱了,所以初入门者修法,以读书为主,自己不解其意的,记录下来,以后再读再悟,有机会面见老师时,可以当面请教,千万不要胡乱找人去问,也不要随意回答别人的问题。同修之间,多鼓励、多微笑、多修炼、多问候,而一定要少评论、少指责、少解释、少攀比,心里反复牢记:语言习气是最害人的! 不仅包括说出来的话,表达相关的态度、语境、内涵等,都是语言习气。我们不自觉的自傲和自卑交织的心态,组成了语言习气对他人的伤害。那么,您们以后怎么办?

学生四:能不说就不说。

师:开哑语班?

(众笑)

师:相比语言习气,最最难修正的是人的意识习气,也就是人的固执、成见、定论、知障、思惑和见惑。这既是最难转化的,也是必须转化的,可以说,意识习气不转,前两者习气转化不稳固,也无用。能否修正大脑意识中最顽固的意识习气,是修禅的重点。为什么意识习气难转化?尤其是现代人更难?因为修禅的成就不在大脑意识上,大脑意识本是修禅要转化意识清净的地方,而现代人修禅的概念即是建立在本该发生转化的大脑上,这不是颠倒梦想是什么?

如果这一点本末倒置了,修禅就永远只能是修个"禅"概念,为什么现代人比古人难以理解这一点呢?近代人发明了不少科学技术,这当然是人类的大进步,科学技术源于人类能"征服自然"观,鼻祖是法国哲学家笛卡尔,他提出"我思故我在",所以科学技术在人类思维中迅猛发展。什么是"我思故我在"?第一个"我"好像是个绝对存在,实际上呢?是相对"思"而存在的大脑意识,那么"思"是什么?是意识的作用力,"我在"是什么?是意识的结果。这样一来,"自然""天地"不过是大脑意识之"我"面前的对象物,天地自然不过就是依据数学和物理法则形成的物体,找到规律,便能征服天地自然,于是科学技术迅猛发展,近代文明是技术文明、科学文明、欲望文明、对立文明。

于是人类的幸福建立在征服上,这就是现代社会通用的价值观,这种价值观趋导下,近代工业、网络技术、生物应用等科学创造了全新的繁荣。而人呢?似乎活在大脑意识里,大脑成了身心的主宰者,这就是妄想和执著的发源地。修禅,本是从大脑意识中超越出来,意识的习气全部来自大脑,大脑的病因不除,何谈超越和解脱?

禅心是绝对的,不是相对能"思"而存在的,这个"思"本是思量、思维、思考、思辨之意,禅是"思量即不中用"的!思是由心发生的,不是思后方生心!禅修者如果能理解这一点,才能在日常生活中时刻观照自己的起心动念,可以说不脱开大脑意识的束缚,是无法和禅心、佛性、自性相应的!否则永远叫"概念"!

我们学了很多名词、概念等,但章太炎有一句非常精辟的话:"以分析名相始,以排遣名相终。"佛法中,中观、唯识二派观点好像很对立,其实二者是相辅相成的。实相是什么?就是事物的本来面目,或者也可以说是本体。修者不要被我相、人相、众生相、寿者相哄骗,所以要破相。禅的功夫修养全集中在破相的程度上。破得越彻底,越是修养深厚。

般若中观的核心理论是"破相显性"。但是要做到这一点,不是嘴巴念,而是实在生活中转境的功夫智慧,初入者不太能够把握得住,不是"不及"就是"过头",要么就是一吹风就糊涂,对于生活工作中那么多的现象,一头雾水不知道怎么破啊,破不了就害怕,想逃,或者要把它空掉,那就是断灭空了。

佛法中唯识法相学是专门研究各种现象世界的,所有概念、现象、名相、事物,都是法相,所以实际上气象万千却也可以说是一个,即从现象入手,最终要转识成智。

所以般若中观曰:破相显性;唯识法相曰:转识成智。两者和禅门破相完全讲一码事。

禅门修养法不怕不信,就怕迷信。所以禅修一定要学人生疑,所谓大疑大悟、小疑小悟、不疑不悟,不疑了就是迷信了。

这里的"信"是指正信,不是讲迷信也不是时信时不信,那叫"惑"。正信允许有疑,有了疑之后才能生正信。佛法讲因果强调是正信因果,而不是邪信因果。

我们自己身、口、意三业在怎么造作,就会怎么影响生活。也就是说自己的历史是怎么写成的?是个人的身、口、意三业,也就是自己的思想、行为、言论组成的历史,是自己在写自己的历史。人生的价值都是自己决定的。

在科学时代我们怎么给自己定位?科学解决客观世界的问题,修养解决我们主体世界的问题,重点不一样。所以无法去比附,不需要去取得科学解释的认同。

第陆讲

学生十八:老师,听君一席话,胜读百年书!我没有各位师兄们幸运,这次才是第一次听您讲课,我想替无缘来听课和跟着老师修行的人们问一个问题,如何能寻找到真正禅修的导师呢?

师笑:怎么找老师,首先要知道这位老师是"商人"还是"禅人"。

(众笑)

师:商人的特点是什么?

学生九:爱自我包装。

师:包装什么呢?

学生九:自己的境界、能量,各种的了不起,什么地位、名气等。

学生十:还有喜欢炫耀自己跟了哪个名师,从哪个了不起的山门出来。

师:禅门有个特点,例如世间许多做法是少数服从多数,所以尽量满足大众的需求,禅门不是以数量取胜的,像今天咱们上百人坐在一起,可是老师的法主要关心和集中在那几个相应的、大根器者身上,但并不是说其他人就被放弃了,而是附带着、提携着听课,真正的关注点就在那几个人的身上,所以,禅门不是少数服从多数,而是多数服从少数。禅门最最了不起的事情是有人能"成人"!那么,那些没有成人的学生是不是也是某位老师的学生呢?跟着这位老师曾经听过课,又能代表什么呢?关键是您有没有真的被师父印可"成人"!

同理,如果搞不清楚这位"老师"是"商人"还是"禅人",这位"老师"自己还充满功利心、名誉心、好胜心,自己还没搞清楚怎么修禅,您想让这样水平的人引导您修禅,这是不是妄想?能寻到、依止大善知识是人生中特别重要的事情，佛说："明师难遇，佛法难闻"，所以一定要小心，决定修行前应谨慎，了解以下几个问题。

第一，这位老师看问题是否深入和究竟？是处于浅尝辄止的状态，还是说法无碍状态？

第二，这位老师是一门深熏，并一门成就的，还是东张西望，什么时髦就学什么？

第三，这位老师的师承是自诩的，还是经师父印可的？

第四，这位老师终极目标清晰吗？还是在口号、鸡汤、概念、八股阶段打转吗？

第五，这位老师自己是否在如法修行？

……

一旦了解清楚后，就可以定下心来，一门深熏了，此时，需好好修自己的弟子相，这样才能从师长的教化中转身。可是，世间的人普遍怎么找老师的呢？有的人打开网页，想从网上寻找，看谁有名，看谁地位高等，从几十位候选人中筛选。修禅如果可以这样按自己胃口去挑师父，是永远找不到师父的。其实那不是找师父，是想自己当师父差不多。

所以，老师是怎样找的呢？自古以来决心修行了，开始准备要找导师了，例如决心要修"中国禅"，在找导师前开始读"中国禅"相关的书、各种祖师语录、《六祖坛经》等，心逐渐和"中国禅"相应，慢慢进入"中国禅"的语境，接下来的事情就是"等"！

法是阴性的能量，阴能最大的力量在于"等"，心里发愿：我要修"中国禅"！我要修正法！我要遇明师！然后就是"等"。等到这颗心被天地感应到,此时和您相应的导师自然会感应到的,感应到后就有各种的渠道自然打开,这叫"缘分",此后,无论是您突然发现导师,还是导师能遇到您,再或者身边的朋友突然给您介绍书或者介绍老师都可能,这就是缘分到了。所以,平时积累功德,坚定地发愿发心,然后等着,属于您的缘分会突然到来！

学生十六:我们普通人能相应"中国禅"的顿悟法吗?

师:"中国禅"是"生活禅",所谓"生活禅"就是回归正常生活方式,享受正常人生的禅法。您说难道禅者不是普通人吗?

（众笑）

师:禅的修行方式是生活禅,禅的修行法是心法,即"顿悟"法。顿悟怎么成就呢? 六祖讲得特别清楚:修我法门者是上上根器。如果早上您感觉自己是上上根器,发愿要修"中国禅",到了晚上受了点挫折,感觉自己根器不够,"中国禅"不修了。如果这样一会儿上根器,一会儿中根器,一会儿下根器,反反复复是什么也修不成的。所以先对自己有自信,再找到能引导自己的明师,心时刻和上上根器相应,生起浩然之气,不斤斤计较,不随波逐流,这样才能契合顿悟法。

如果成天还在小见、小疑、小境界里面打转,和"无上甚深微妙法"的"顿悟"法如何相应呢? 我们要时刻提醒自己就是上上根器,古代人通过各种各样的方法提醒自己,通过眼见的、耳听的等方法给自己创造一切的条件让自己不要忘,让自己的大心起来。常去善地不断地"熏习":"熏"是耳熏目染,看到、听到、想到的都是这个,"近朱者赤,近墨者黑";"习"是小鸟翅膀没有长成之前需要学习飞翔,当能够自在地飞翔时,就是"鸢飞鱼跃"的逍遥境界了,所以在大家没有养成浩然之气,没有打败自己身体、语言、意识的三种习气前需要在善法团队里不断地熏习。

"顿悟法"没有什么神秘,当自己念念都相信自己是大根器,不乐小法、不乐小成、不拘小节时,别人讲养生不要听,别人去佛教圣地旅游跟您无关,别人讨论佛学也不要忍不住跳出来评论对错,静下心来,一门深熏,当有一天,您成就时,养生还是问题吗?还需要带着"开光"的佛珠吗?还需要去转山消业吗?

好了,关于"中国禅"的问答我们这次就讨论到这里。

学生一:禅意有没有尽?

师:有尽!若无尽何谈究竟?

学生三:禅意有没有尽?

师:无尽!若有尽何谈"无尽藏"?

佛说:"是身如梦,为虚妄见。"

白云守端禅师云:"若能转物即如来,春暖山花处处开。自有一双穷相手,不曾容易舞三台。"

现代人懂的越来越多了,似乎对人生的理解越来越深入了,但根本问题一样也没解决,所以禅者不是从知识上去理解、技术上去提高,而是我们一起要根本解决人生的大问题,佛为"一大事"而应此世间,我们的"一大事"究竟是什么?

人是唯一寻求意义的生物,也是唯一能自定意义的生物,于是产生了相关的哲学、宗教、艺术等,但人生究竟有没有意义?究竟应该怎么过?不在知识里,不在学问里,不在制度里,不在秩序里,不在概念里,修行始终是起而行之,要去修,去悟,这才是正法!

(众鼓掌)

师:感恩各位老师!祝愿各位老师能精进修行,知行合一,广行功德,利乐有情!期待下次再会!

众(鼓掌):感恩老师!

禅者颂
夜读有感

白露秋长春,潇潇夜雨浥心尘;
月下清凉心,青青寒舍沐霜晨;
霜夜至霜晨,历历妙音摄有情;
离离日色新,渐行渐行不留行。

十年磨剑 八年笔耕

二十一本专著
供养十方善知识

(部分作品简介)

禅文化系列
《茶密禅心》

正本清源,溯源中国禅之历史脉络、法源灯传之路。

"拈花微笑""一苇渡江""婆子点心""打车打牛"……那些妙不可言而又朴实平凡的瞬间,在文字间奔放流动。

容千载于一瞬,纳须弥于芥子。这活泼泼的禅心,从没有断过……

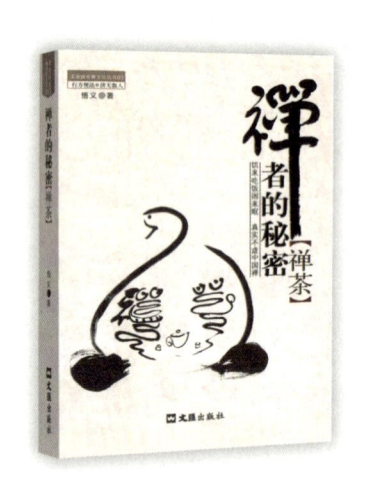

禅文化系列
《禅者的秘密·禅茶》

  这一年又一年的蹉跎岁月,到底是向我们走来,还是匆匆离开?

  陆羽,皎然,茶烹,季兰……

  这谜一样的人生,雾一样的故事,伴随着茶的芬芳在心中弥漫。

  最好清晨和露看,碧纱窗外一枝新。

禅文化系列
《禅者的秘密·饮食》

禅者,有秘密吗?

日月星宿,盈昃列张;全现于前,而凡常之人不得其要。

放下屠刀,立地成佛:此乃祖师实语、真语、不妄语。

如何是成佛的下手处？饥来吃饭困来眠。

且看古佛赵州,徒儿真秀,如何千里行禅,闭关安居,如何在苍茫孤寂之天地间,循禅法之脉络,以饮食为启迪,显禅之"密"。

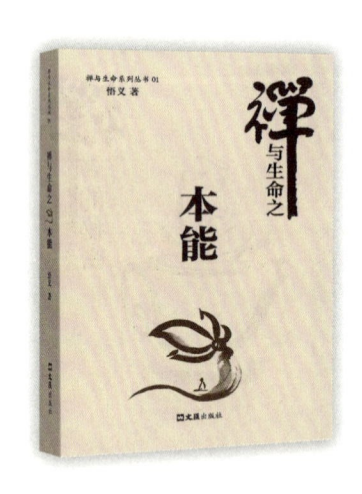

禅与生命系列
《本能》

  大脑与能量、意识的通路、颈椎与理智、胸椎与情绪、腰椎与生命力、体内饮食的通道、梦修是什么？筋与骨……

  人应该如何相应生命本具的能源与能量呢？

  我们的身心为什么不健康呢？

  蓦然回首，自己就在灯火阑珊处。

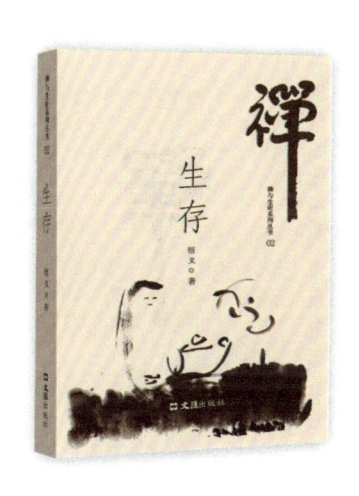

禅与生命系列
《生存》

生,不由己?

存焉于世,是必须自主、自控、自在的!

否则,人何以为人?

如何自主?如何自控?如何自在?

最简单,情绪如何起伏?疾病从何而来?环境和"我"如何相生相克?

一位身心俱疲的商人,在人生的十字路口,遇见一位禅师,如此,心中疑惑娓娓道来,从微处展开宏大的对生命实相的探寻。

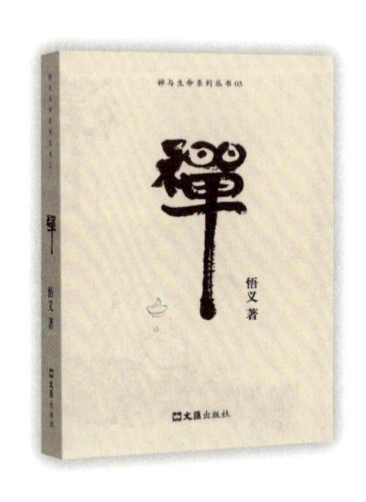

禅与生命系列
《禅》

禅,不可说。

那,为什么还要说?

"缘,念,通,空,行,了,生,死,起"这些是密码? 还是章节?

骑在六牙白象背上的各路人等,穿越时空,电光石火,上天入地,共赴马祖之约。

是梦? 是真? 不可思议的,往往正是生命的重生处。

禅画美学系列
《高明中庸 修身为本》

何为禅？何为观？何为心？何为美？

作为"禅画美学"系列丛书的开篇之作，作者从"禅画美学"这个中国禅修行的下手处下手，生动活泼，气象万千。

何为禅儒不二？

如何穿过两千多年来的语意变迁，精彩透视当今社会？

且看，中国禅修养导师悟义老师，妙解《中庸》。

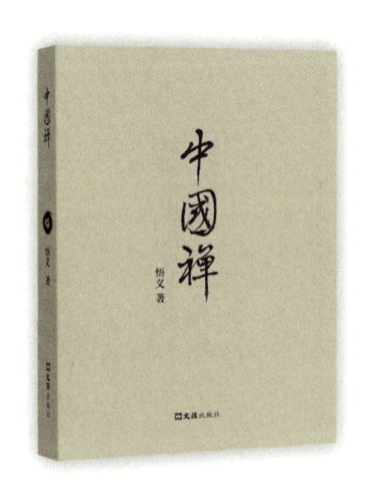

禅法系列
《中国禅》

独解禅法西来、"中国化"之历程。

人脉、法脉,两线并举。

何为"中国禅"?"中国禅"从何时起?由谁创立?有何发展?后来为何式微?如今,即将重新大放光彩的中国禅,将对中国乃至世界的文明,起到什么样的作用?

《中国禅》娓娓道来。

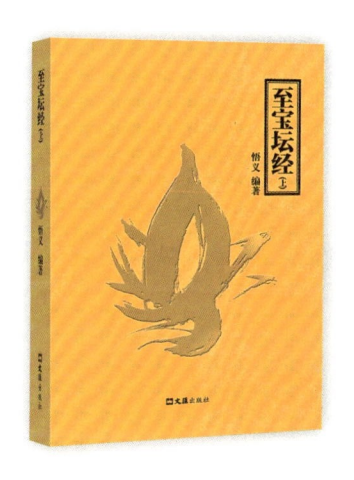

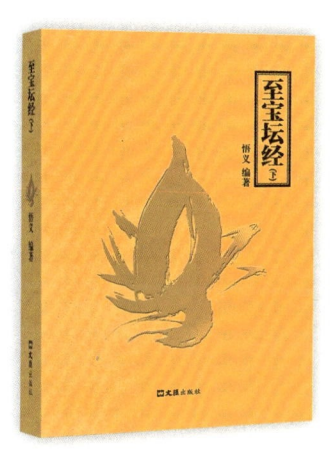

禅法系列
《至宝坛经》上下册

《六祖法宝坛经》是中国禅的根本经典。

虽只有两万余字,却法海难测,现代人想真正理解其中智慧,实非易事。

著者将自修行中对《坛经》法语的证悟,与有缘人分享。

《坛经》是佛法的中国化。

《至宝坛经》是《坛经》的现代化。

禅修系列
《莲花导引》

　　苦于脱不开城市污染生活的人，需要"静中动"不离"动中静"。

　　"莲花导引"功夫，是帮助修者进入禅定修为的辅助功夫。

　　虽，禅定深不可测，然，因人、因事、因境、因机而变，其中必有轨迹可循，必有下手之处。

　　"莲花导引"，乃其入手之一。

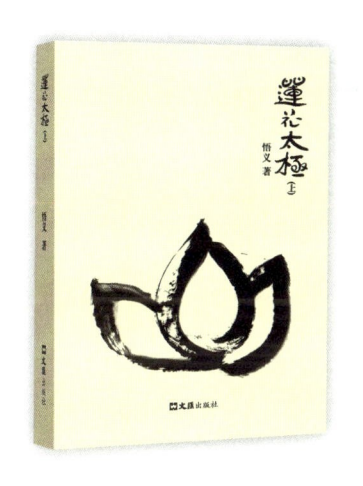

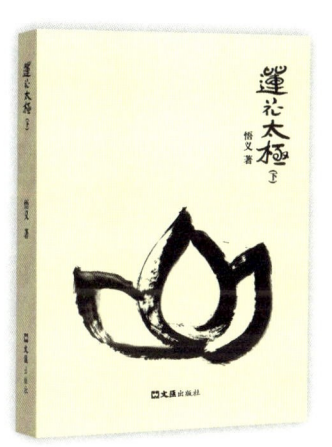

禅修系列
《莲花太极》上下册

　　禅者若想真正心契禅法,必重实证实修。文字、修法、语录,乃指月之手,非"中国禅"本身。而无文字、修法、语录,如何见月?

　　定中生慧,慧不离定。

　　"莲花太极"是帮助禅者契合禅法的助力。

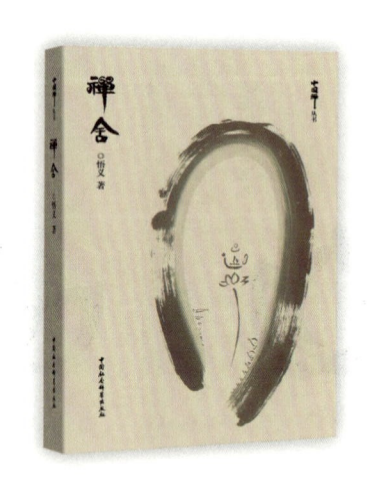

禅修系列
《禅舍》

《禅舍》似言房舍，实论禅"舍"之法。居"舍"禅修，由"舍"契禅。

"舍"是法，"禅"是心，舍它个无漏，无为为法，方契合无相禅心。"舍"，是最大的藏，藏生于法，藏意于心。藏天下于天下，藏财富于生意，藏生命于众生。

灯无尽，藏无尽，灯灯无尽，唤醒生命。

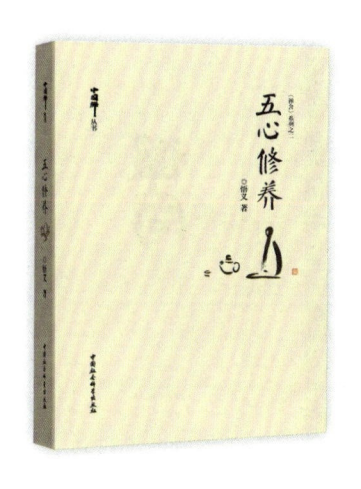

禅修系列
《五心修养》

开篇作者以博大恢弘的视角，全方位追溯了中华文明五千年的历史渊源与辉煌，以及中华文明的古老智慧所具有的当代意义。

"五心修养"是将人之习气分为地、水、火、风、空五类，从而对应地、水、火、风、空五种修养法，是"中国禅"修养者的共修法。

其实质是通过六根清净法净化身心，借用禅法之力帮助初修者卸载冗繁的旧有程序，重启生命自净化系统，唤醒生命的活力。

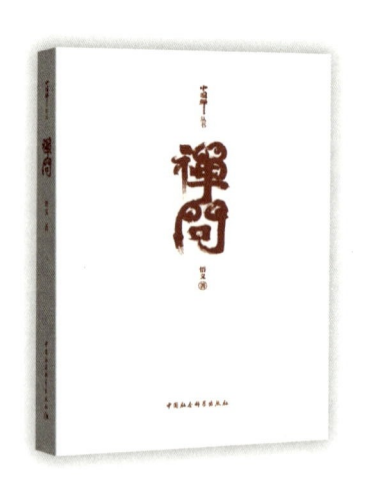

"中国禅"讲座系列
《禅问》

修者参禅问禅；

师者应机破机。

答非答，问非问；

答亦答，问亦问。

此书是2016年腾格里沙漠月亮湖等三次"中国禅"讲座问答之汇编。

全书三十六问答，浅入深出，理趣含密；答在问中，无前无后；任取一页，当有所会。

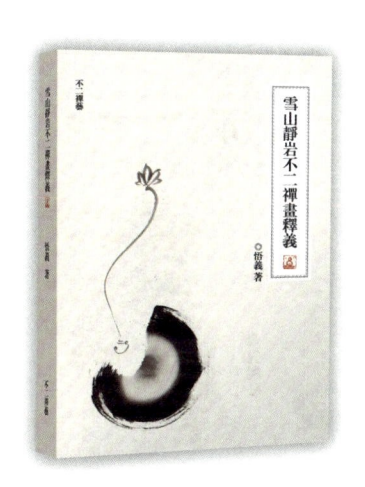

禅艺系列
《雪山静岩不二禅画释义》

  一支如椽大笔,世出世间不二。

  一点浓淡水墨,时空任运往来。

  禅,不可说;却,可画、可意、可道、可契、可印心。

禅艺系列
《不二禅颂》

　　从禅颂印度起源，至中国之演化，到日韩之发展，史海钩沉，本文梳理禅颂渊源、脉络，直契禅颂声法的根底，将这一微妙的修法呈阅修者。

　　生命能量与宇宙能量如何连接？气机如何生发、转化？音声的无量无尽奥妙如何表达？何为如沐春风？声法的震动与人体的关系如何？

　　愿各位有缘听闻不二禅颂的善知识，循声得度，自利利他！